**Zu diesem Buch**

«Das Haushalten gehört nun mal zum Leben. Welchen Stellenwert all das Waschen, Putzen, Kochen einnimmt, muß jeder für sich entscheiden, doch ein bißchen Spaß sollte dabeisein. Damit ist es jedoch nicht weit her. Die Situation am heimischen Herd ist bitterernst.

Das traute Heim, Sinnbild der Geborgenheit, ist zum Schlachtfeld geworden, auf dem ein erbarmungsloser Krieg tobt. Gegen wen eigentlich? Gegen Ungeziefer, gegen Unkräuter, gegen das Unding Schmutz schlechthin, von dem niemand so recht weiß, was das ist. Bei Licht betrachtet nämlich verwandelt sich manch Häßliches in Schönes, Nützliches.

Die Ratschläge und Tips, die ich in diesem Buch gebe, sind nicht mehr als Anregungen. Ihrer Phantasie und Findigkeit sind keine Grenzen gesetzt. Wenn Sie es albern oder angesichts des Hungers in der Welt unverantwortlich finden, Ihr Gesicht mit Milch statt mit Creme einzureiben, dann lassen Sie es eben, suchen Sie nach einer anderen Möglichkeit, die Chemikalien auf Ihrer Haut zu vermeiden.

Wenn Ihr Arbeitszeug jeden Abend vor Schmutz starrt, weil Sie Schornsteine fegen, verstopfte Rohre reinigen, Maschinen ölen oder Häuser anstreichen, dann hilft Ihnen mein umweltschonendes Waschmittel nicht weiter. Wenn eines Ihrer Kinder Scharlach hat, werden Sie nicht umhinkönnen zu desinfizieren. Und was Nahrungsmittel betrifft, die mit allen möglichen Rückständen belastet sein können: Wählen Sie mit Bedacht, aber vergessen Sie nie, daß man das Essen genießen soll.

Eine eherne Faustregel jedoch können Sie in allen Fällen beherzigen: Bevor Sie ins Regal oder in die Tiefkühltruhe greifen, eine Ware in den Einkaufskorb packen, überlegen Sie einen kurzen Augenblick, ob Sie das Produkt wirklich brauchen. Es könnte Abfall sein...»

Helga Wingert, geboren 1941, hat in vier Jahren der Zusammenarbeit mit Horst Stern für die Zeitschrift «Natur» analysiert, beobachtet und getestet, was sie in ihrem «Haushalts-Knigge» beschreibt.

Heute arbeitet sie als freie Journalistin in Hamburg und lebt mit Mann, Kind, Hund, Katze und Hühnern auf dem Land.

Helga Wingert

# Der Haushalts-Knigge

rororo

Rowohlt

Veröffentlicht im Rowohlt Taschenbuch Verlag GmbH,
Reinbek bei Hamburg, Juni 1987

Umschlaggestaltung Manfred Waller
(Umschlagbild Franziska Becker)
Zeichnungen im Text Peter Laux
Gesamtherstellung Clausen & Bosse, Leck
Printed in Germany
980-ISBN 3 499 18368 4

# Inhalt

# Statt einer Widmung

«Die Herstellung eines Produktes, das zur Deckung eines wirklichen Bedarfs diente, warf zumeist die Frage auf, wie die dabei anfallenden Nebenprodukte wirtschaftlich verwendet werden konnten, um auf diese Weise den Produktionsprozeß rentabler zu gestalten. In letzter Konsequenz hieß dies aber, daß man nicht auf bestehende Märkte zurückgreifen konnte, sondern den Bedarf an Nebenprodukten wecken mußte. Die Verbraucher wiederum wurden für die Benutzung ihnen unbekannter Produkte durch entsprechende Informationen umworben, exemplarisch schon am Beispiel von Haushaltschemikalien.»

*‹Ins Zeitalter der Chemie›,* Broschüre des Verbandes der Chemischen Industrie im Jahre 1981

# Vorwort

Auch die längste Reise, sagt ein chinesisches Sprichwort, beginnt mit dem ersten Schritt. Ich habe diesen ersten Schritt unbewußt getan, irgendwann. Als ich die Archäologie beiseite schob und begann, für Horst Sterns Umweltmagazin *natur* über Waschmittel, Windeln und Gift im Essen zu schreiben, war ich bereits unterwegs. Manchmal kam ich so schnell voran, daß es mir den Atem verschlug. Dann wieder fand ich mich am Wegesrand, voller Zweifel und Resignation. Und eines Tages tat ich den nächsten wichtigen Schritt, diesmal bewußt. Ich gesellte mich zu ROBIN WOOD, der fröhlichen Truppe, die unerschrocken auszieht, Kohlekraftwerken, Müllverbrennungsanlagen und Raffinerien aufs Dach steigt, Elektrizitätswerken und Chemiekonzernen auf die Füße tritt, um Bäume und Menschen zu retten.

Soviel habe ich bei *natur* und bei ROBIN WOOD gelernt: Die alte Weisheit, daß die Wahrheit irgendwo in der Mitte liegt, gilt. Wo, das ändert sich von Fall zu Fall; was für den einen richtig ist, mag für den anderen falsch sein. Die Ratschläge und Tips, die ich in diesem Buch gebe, sind also keine Verbindlichkeiten, es sind Anregungen. Ihrer Phantasie und Findigkeit sind keine Grenzen gesetzt. Wenn Sie es albern oder angesichts des Hungers in der Welt unverantwortlich finden, Ihr Gesicht mit Milch anstatt mit Creme einzureiben, dann lassen Sie es eben, suchen Sie nach einer anderen Möglichkeit, die Chemikalien auf Ihrer Haut zu vermeiden.

Wenn Ihr Arbeitszeug jeden Abend vor Schmutz starrt, weil Sie Schornsteine fegen, verstopfte Rohre reinigen, Maschinen ölen oder Häuser anstreichen, dann hilft Ihnen mein umweltschonendes Waschmittel nicht weiter. Wenn eines Ihrer Kinder Scharlach hat, werden Sie nicht umhinkönnen, zu desinfizieren. Und was die Nahrungsmittel betrifft, die mit allen möglichen Rückständen belastet sein können: Wählen Sie mit Bedacht, aber vergessen Sie nie, daß man das Essen genießen soll.

Eine eherne Faustregel jedoch können Sie in allen Fällen beherzigen: Bevor Sie ins Regal oder in die Tiefkühltruhe greifen, eine Ware in den Einkaufskorb packen, überlegen Sie einen kurzen Augenblick, ob Sie das Produkt wirklich brauchen. Es könnte Abfall sein ...

«Schön ist häßlich, häßlich schön», unken die drei Hexen auf der Heide, entschlossen, Shakespeares König Macbeth zu verderben. Verkehrte Welt.

Die Situation am häuslichen Herd ist bitterernst. Das traute Heim, Sinnbild der Geborgenheit, wurde zum Schlachtfeld, auf dem ein erbarmungsloser Krieg tobt. Krieg gegen das Unding Schmutz, über dessen Beschaffenheit reichlich Unklarheit herrscht. So manches, was Sauberkeit verheißt, bringt erst recht Schmutz, schlimmer noch, es macht krank.

Haushaltschemikalien kommen, als Hilfsgeister getarnt, in buntem Gewand, verheißen strahlende Frische, absolute Sauberkeit im Handumdrehen. Andere Stoffe schleichen sich heimlich ein, namenlos beigemengt. Was die zwielichtigen Retortengesellen wirklich bringen, ist Unheil, denn «schön ist häßlich»: Kampfgas in Badezimmer und Kleiderschrank; giftschwangere Substanzen in Kosmetik, Spielzeug, Lack und Farben; Allergien und Krebs in Shampoos und in der Dauerwelle. Der Treibstoff von Spraydosen ruiniert die Ozonschicht über unserer Erde, Pflanzenschutz- und Insektenvernichtungsmittel im Haus und in der Nahrung Leib und Leben ...

Kaum zu glauben, wo doch all und jedes klinisch erprobt, ärztlich getestet und unbedenklich scheint. Doch dieser Schein trügt, die Gesetze haben Lücken.

Kein Hersteller bindet dem Käufer freiwillig auf die Nase, daß sein wundervolles Produkt, das den Haushalt revolutionieren, ewige Jugend schenken oder eine glückliche Familie bescheren soll, nichts anderes ist als lästiger Abfall, Nebenprodukt von Waren, die wirklich gebraucht werden. Und doch ist es so. Aus wertlosen Chemieabfällen entstehen Nonsensartikel, die es bisher nicht gab, weil sie überflüssig sind. Die Industrie erschließt mit diesem Dreh zum einen neue Einnahmequellen, zum anderen ist sie auf einen Schlag den Ärger mit dem Müll los. Vorausgesetzt natürlich, der Verbraucher kauft all die nutzlosen «Neuheiten». Daß das geschieht, dafür sorgt die Reklame – mit Methoden, die an Gehirnwäsche grenzen.

Frau Saubermann, so gaukelt uns die Werbung vor, schafft ihren Haushalt spielend. Sie hat den General im Haus, den Weißen Riesen und Kuschelweich. Dazu eine ganze Kompanie ebenso heimtückischer Dienstboten, von Backofenreiniger und Raumduft bis Fleckenwasser und Intimlotion. Zur Gesellschaft ein paar schwachsinnige Reklamefreundinnen und Fernsehverwandte, die ihr sagen, wo's lang geht: Schnurstracks in den nächsten Supermarkt, die Taschen vollgepackt, womit ist egal, Hauptsache viel und möglichst oft was Neues.

Ein Teufelskreis ohne Anfang und Ende? Einen Anfang hat es gegeben, zu Beginn unseres Jahrhunderts, als die Chemiegiganten den Weltmarkt unter sich aufteilten, ein mächtiges Kartell bildeten und begannen, Dreck in Gold zu verwandeln.

Ein Ende gibt es auch, einen Notausgang, breit wie ein Scheunentor. Ich lasse den Schmutz in den Regalen der Supermärkte liegen, die Hersteller auf ihrem Abfall sitzen, verwende nur Notwendiges, von dem ich weiß, was drin ist.

Das herauszubekommen ist nicht immer einfach. Ein bißchen Chemie gehört dazu, schließlich muß man wissen, wovor es sich zu hüten gilt. Die Dinge sehen indes verwickelter aus, als sie es tatsächlich sind. Wenn man erst den Faden gefunden hat, verliert das Labyrinth seine Schrekken. Wirtschaftliche Zusammenhänge werden klar, Chemikalien gewinnen Konturen, man lernt, sie zu unterscheiden. Ganz sicher jedoch kann man nie sein. Schließlich befinden sich mindestens sechzigtausend synthetische Substanzen, vom Menschen geschaffene künstliche Stoffe, in unserer nächsten Umgebung. Kein Chemikalienhersteller, kein Giftfachmann ist heute in der Lage, über sie erschöpfend Auskunft zu geben.

Auch einer, der, um sicherzugehen, auf Mittel zurückgreift, mit denen unsere Großeltern wirtschafteten, ohne sich und die Umwelt spürbar zu belasten, kann ins Stolpern geraten. Wenn zum Beispiel jeder sein Shampoo fortwirft (was die Müllverbrennungsanlagen belastet), sein Haar womöglich täglich wäscht (wie's ihm die Werbung eintrichtert), nun aber mit einem Ei anstatt mit Chemie, dann wird es noch mehr Hühner-KZs geben, um den wachsenden Eierbedarf einigermaßen billig zu decken. Ganz davon abgesehen, daß Eier Lebensmittel sind. Und wenn jeder statt des Weichspülers in den letzten Arbeitsgang seiner Waschmaschine einen Schuß Essig gießt, dann holen die Fischer den Hering demnächst gleich mariniert aus dem Wasser.

Um Zweifel gar nicht erst aufkommen zu lassen: Weichspüler, die meisten Shampoos und all die anderen Chemieabfallprodukte im Haushalt schädigen über kurz oder lang lebendige Wesen, seien es Wasserflöhe oder Menschen. Es geht nicht so weiter.

Der Ausweg ist, wie gesagt, breit wie ein Scheunentor, für manch einen sicherlich enttäuschend breit und langweilig. In unserem Haushalt killen keine chemischen Waffen Motten und Fliegen, uns helfen Lavendel und Spinnen. Mäuse und Ratten sind für die Katz. Ich werde den Teufel tun, unsere familieneigene Bakterienflora, die schützende, mit Formalin und Phenol zu beseitigen, damit die Krankheitskeime freie Bahn haben. Was den Grauschleier der Wäsche betrifft, das immer weißere Weiß der optischen Aufheller, Enzyme und Superbleichen, so stille ich meine Sehnsucht nach Frieden und Freiheit ohne den Schmutz aus den Schaumfabriken. Und denke an die drei Hexen auf der Heide:

«Wenn der Wirrwarr stille schweigt,
Wer der Sieger ist, sich zeigt.»

# Von der Flasche bis zur Windel – alles Schwindel?

**«Die Rechtsfähigkeit des Menschen beginnt mit der Vollendung der Geburt.»**

**Bürgerliches Gesetzbuch, § 1**

## Kaltsterilisation von Babyflaschen

Neulich hab ich mal wieder in einer Babyzeitschrift geblättert. Im Prinzip scheint sich wenig geändert zu haben, seitdem unsere Tochter geboren wurde. Ob mit oder ohne Vater, in der Klinik oder daheim, Kinder kommen noch immer auf die alte Art und Weise zur Welt. Auch jene, die in der Retorte gezeugt wurden.

Die Geburt von Sechslingen und der Werdegang kindlicher Balletteusen interessieren mich weniger. Ultraschallfotos von Embryos verwirren mich ebenso wie die Tatsache, daß die werdenden Eltern auf den Tag genau sagen können, wann ihr Baby geboren wird. Im allgemeinen behalten sie sogar recht. Wenn der Stichtag naht und das Baby sich nicht bequemt, wird es geholt. Falls es ein Wochentag ist. Am Wochenende lassen's die Kliniken gern langsamer angehen.

Die Frage, ob unser Sprößling ein Haustier haben will, ist bei uns längst geklärt. Wir haben mehrere. Hund und Katze lebten schon im Haus, bevor unser Kind geboren wurde. Ich hab mir damals all die Schreckensgeschichten anhören müssen, die sich unweigerlich ereignen, wenn Kinder und Tiere miteinander aufwachsen. Vor Chemikalien im Haushalt hat mich niemand gewarnt, im Gegenteil.

Als ich nach der Entbindung nach Hause kam, war meine Tasche vollgestopft mit Gratisproben der Babynahrungsindustrie. Unsere Tochter verließ die Klinik als «Beba-Baby», war auf den Branchenriesen Nestlé eingestimmt.

Für die Desinfektion von Flasche und Sauger empfahl mir die Krankenschwester wärmstens die damals neuartige «Kaltsterilisation» der Firma Richardson & Merrell Ltd. Achtzig Prozent aller deutschen Krankenhäuser, so der Hersteller, verwenden sein Milton-Bad. Inzwischen mag sich daran einiges geändert haben.

Beim ersten Kind ist man unsicher – ich war's jedenfalls –, und all die gutgemeinten Ratschläge schwirrten mir im Kopf herum. Dem kleinen Ding sollte es an nichts fehlen.

Hund und Katze blieben. Ich bin auf dem Lande groß geworden, Tiere waren selbstverständlich. Sie gingen natürlich nicht im Haus ein und aus, und Kühe und Schweine verleiten weniger zum Knuddeln und Küssen. Der Kater, der unterm Küchenherd wohnte, hätte es sich eh' nicht gefallen lassen.

Keine Frage, Desinfektion war nötig, denn bei uns gehen halt Hund

und Katze ein und aus. Außerdem hatte mein Mann gerade die schadhaften Holzdielen des Küchenfußbodens entfernt und war noch nicht dazu gekommen, neue einzusetzen. Unsere Tochter dachte nämlich nicht daran, sich an einen Stichtag zu halten.

Das fahrlässige Vertrauen in offenbar gottgegebene Institutionen wie Krankenhäuser, Kirchen und Chemiefirmen hat sich bei uns im Laufe der letzten Jahre gelegt, mehr noch, in ein tiefes Mißtrauen gewandelt. Damals jedoch ergab es sich, daß ich die Gebrauchsanweisung für Milton nie zu Ende las und eigenmächtig handelte, wider die Vorschrift.

Die Sache mit Milton funktionierte so: Zuerst reibt man den Sauger innen und außen sorgfältig mit Kochsalz ab. Diese mechanische Reinigung ist Vorbedingung fürs Gelingen, denn Nahrungsrückstände können zur Nachverkeimung führen. Dann folgt die Chlordesinfektion im Milton-Bad. Danach dürfen Sauger, Flaschen, Beißringe oder Rasseln auf keinen Fall mit Wasser nachgespült werden. Genau das aber tat ich jedesmal, um das stinkende Zeug fortzuschwemmen. Und genau das empfehlen die Hersteller *heute*: anschließend mit abgekochtem Wasser nachspülen.

Inzwischen hat sich nämlich herausgestellt, daß Milton zwar einen Großteil der Bakterien abtötet (steril macht es nicht); kommt das Mittel jedoch mit Fertigmilch in Berührung, die mit Leitungswasser zubereitet wurde, dann können organische Spurenstoffe plus Milton-Reste sich zu Trihalogenmethanen (THM) vereinigen. Etwa zu Chloroform. Mit einem «kaltsterilisierten» Fläschchen, so die Trinkwassergruppe der Universität Bremen, nimmt ein Säugling täglich 33,7 Mikrogramm mehr THM auf als ein Kind, das gestillt wird. Werden Flaschen und Sauger einfach ausgekocht, dann liegt die Mehrbelastung nur noch bei sechs Mikrogramm, und die kommen aus dem Leitungswasser.

Trihalogenmethane stehen im Verdacht, Krebs hervorzurufen, das Natriumhypochlorit im Milton soll das Erbgut verändern können, und was die schwerflüchtigen halogenierten organischen Verbindungen bewirken, ist noch unklar. Davon abgesehen ist die Kaltsterilisation zeitraubend, umständlich und teuer. Es reicht vollauf, wenn man Flaschen und Sauger zehn Minuten auskocht. Die meisten Keime kommen sowieso über ungewaschene Hände ans Baby.

# Bakterien am Windelpo

> «Die neue Luvs ist Liebe, die Ihr Baby fühlt», denn Strampelfältchen «halten das Saugkissen immer sicher am Po.»
> «Geben Sie Ihrem Baby mehr Zärtlichkeit. Mit der Comfort-Windel Baby Slips Peaudouce. Die Comfort-Windel für mehr Zärtlichkeit...»

Babies, Babies, rund und rosig, wohlgenährt und glücklich. Zwischen all den Farbreklamen, schwarzweiß, ein Aufruf des CCF-Kinderhilfswerks, Patenschaften in der Dritten Welt zu übernehmen. (Wer oder was sind eigentlich die Erste und die Zweite Welt?) Rundherum Ferientips für Familien mit kleinen Kindern. «Liebe ist... wenn Sie ein Kind vor dem Verhungern retten... Das kostet Sie nur ein wenig Liebe und 45 DM im Monat.» (Steuerlich absetzbar)

Fünfundvierzig Mark. Das ist ungefähr der Betrag für die monatliche Höschenwindelration, die unseren Kindern Wärme und Geborgenheit schenkt, wenn ich die Werbung richtig verstehe.

Es ist nicht allzu lange her, da enthielten amerikanische Windeln außer Liebe und Zärtlichkeit auch Pentachlorphenol (PCP) zur Desinfizierung. PCP erzeugt Leberzirrhose, Knochenmarkschwund und Nervenschäden.

Daß sich der kanadische Kinderarzt Fred Wiener 1980 mit Pampers-Produzent Procter & Gamble anlegte, hatte einen anderen Grund: Kinder, die Windelhöschen tragen, so warnte der Arzt, haben dreimal häufiger Hautentzündungen als Babies, die nach Großmutterart in Stoffwindeln gewickelt werden. Unter der Plastikhaut luft- und wasserdicht abgeschlossen, in Feuchtigkeit und Wärme, zwischen Kot und Urin gedeihen Bakterien und Pilze gar prächtig. Das leuchtet ein, zumal ja der Anteil an Desinfektionsmitteln gesetzlich beschränkt ist. Hinzu kommt, daß die «Plastiktüten» seltener gewechselt werden als Stoffwindeln, die durchfeuchten. Darum sind sie ja so beliebt. Denn was Saugfähigkeit und Weichheit betrifft, so schnitten gerade Pampers bei der Stiftung Warentest gleich dreimal mit «sehr gut» ab. Die Hautfreundlichkeit wurde nicht untersucht.

Selbstverständlich widersprach Procter & Gamble den Ausführungen des Kinderarztes Frank Wiener mit dem Hinweis auf eigene Untersu-

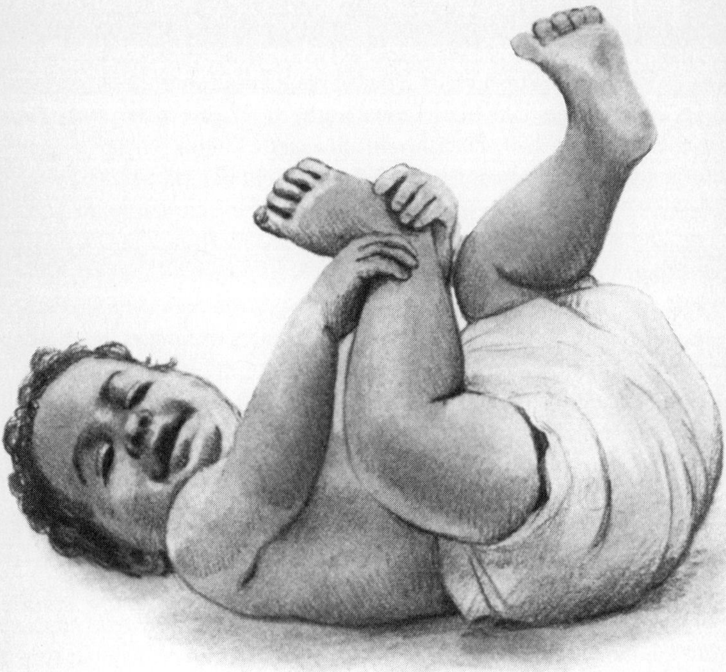

chungen, die keine erhöhte Entzündungsgefahr bei Pampers-Kindern ergaben. Schließlich hat die Firma bei einem Marktanteil von rund fünfzig Prozent etwas zu verlieren. Allein in der Bundesrepublik setzt der Waschpulverkonzern jedes Jahr für eine halbe Milliarde Mark Windelhöschen um. Der Konzern beschloß sein Protestschreiben, das am 6. Juni 1980 in der *Medical Tribune* abgedruckt wurde, mit der Befürchtung, daß durch die Veröffentlichung von Fred Wieners Diagnose «unserem Produkt Pampers durchaus ein schwer wiedergutzumachender Vertrauensschaden entstehen kann».

## Die «Brust des Weißen» bringt farbigen Säuglingen Verderben

Unter Vertrauensschwund litt in den vergangenen Jahren auch ein anderer Konzern – die Schweizer Firma Nestlé. 1977 gab es Ärger mit dem Kaffee. Die schweizerische Einzelhandelskette Migros brachte den multinationalen Konzern vor den Kadi. Nescaré enthielt statt der angegebenen siebzig Prozent Kaffee-Extrakt nur ganze sechsundzwanzig Prozent, und Nescafé, der «Extrakt aus reinem Kaffee», bestand zur Hälfte aus billigen Beimischungen.

Die Firmenleitung findet es zwar schäbig, wenn man die Sünden der Vergangenheit aufrührt. Doch die Auseinandersetzungen um Nestlés Werbung für künstliche Babynahrung in den Entwicklungsländern erscheinen in anderem Licht, wenn man weiß, daß die Firma sich in einem weiteren Fall auch nicht gerade zimperlich zeigte. Im Zweiten Weltkrieg war Dosenmilch gefragt. Nestlé streckte die Vorräte. Ohne mit der Wimper zu zucken und ohne einen Ton zu sagen, wurde der Frischmilchgehalt von 946 auf 707 Gramm pro Dose gesenkt. Diese verdünnte Milch verkaufte Nestlé zum selben Preis wie die gehaltvolle, unter anderem an ein belgisches Kinderhilfswerk, ans Internationale und ans Schweizerische Rote Kreuz. Nach dem Krieg kam es zu einem Prozeß, und der Multi mußte einen Teil des ergaunerten Gewinns zurückzahlen.

Nestlé ist nach Unilever der größte Lebensmittelkonzern der Welt. Unter seiner Flagge segeln zum Beispiel Maggi, Findus, Jopa, Sarotti, Chambourcy, Libby, Vittel, Cailler, Thomy & Franck, Frisco, Gervais. Bärenmarke und Milchmädchen, die Blauen Quellen und der Goldene Oktober – alles Nestlé. Branchenfremd, doch nicht weniger einträglich sind die Stouffer Corporation, eine Hotelkette, und l'Oréal Kosmetik, an der Nestlé beteiligt ist. Entscheidend zu Buch aber schlägt der Umsatz an Babynahrung: Alete, Pelargon, Lactogen, Beba, um nur einige Marken des Hauses zu nennen.

1974 gab die englische Organisation «War on Want», die den Hunger in der Welt bekämpft, eine Untersuchung über die Zusammenhänge zwischen künstlicher Säuglingsnahrung und Kindersterben heraus – ‹*The Baby Killer*›. Die schweizerische Arbeitsgruppe Dritte Welt Bern veröffentlichte die Broschüre in deutscher Sprache unter dem Titel ‹*Nestlé tötet Babies*›. Der Konzern verklagte die Gruppe wegen Ehrverletzung. «Wir sind der Meinung», sagte Dr. A. Fürer, Delegierter des Verwaltungsrats der Firma Nestlé Alimentana SA anläßlich einer Pressekonferenz in Bern, «daß auch in der heutigen wirren Zeit ein Unternehmen sich seinen guten Ruf nicht beschmutzen zu lassen braucht.»

In den Ländern der sogenannten Dritten Welt sterben Jahr für Jahr fünfzehn Millionen Kleinkinder. Tausenden von ihnen bringt die Babyflasche den Tod. Denn in Indien und Nigeria, in Bolivien und auf den Philippinen geht es «Beba-Babies» nicht unbedingt gut, und «Hipp-Babies» haben nicht immer kluge Mütter, wie es hierzulande die Werbung weismacht. Dabei sind die Fertigmilchprodukte und Müslis, die in den Entwicklungsländern erst kostenlos verteilt und später verkauft werden, nicht etwa schlechter als die bei uns angebotenen Produkte. Wenn eine unterernährte Mutter nicht genug oder gar keine Milch hat, wenn sich keine Amme findet, dann könnte industriell gefertigte Flaschennahrung die Rettung für ihr Baby bedeuten. Theoretisch.

In der Praxis aber sieht die Sache anders aus. Denn die Verhältnisse, die sind nicht so ...

Den Kunstmilchherstellern geht es nicht darum, Kinder zu retten. Gratisproben gibt es nur als Köder, später muß bezahlt werden. Das aber können nur die relativ Bessergestellten, denen es möglich ist, ein wenig Geld für diesen «Prestige-Faktor» zusammenzukratzen. Und noch etwas: Selbst wenn all die Frauen, die die Gebrauchsanweisungen nicht lesen können, wüßten, daß sie Sauger und Flasche nach jeder Mahlzeit auskochen müssen, nützte das wenig. Viele von ihnen haben gar keine Möglichkeit, es zu tun. Wenn sie in den Elendsquartieren von Manila oder Bogotá leben, bekommen sie nicht einmal sauberes Wasser, um die Milch anzurichten. Ihre Kinder sind den Bakterien- und Pilzkulturen in Sauger und Flasche, den Krankheitserregern, die übers Wasser in die Kunstmilch geraten, nicht gewachsen.

Weltweit beläuft sich der Absatz von Babynahrung auf eineinhalb Milliarden Dollar. Davon entfallen etwa siebenhundert Millionen auf Entwicklungsländer, die seit dem Geburtenrückgang, dem «Pillenknick», in Nordamerika und in den Industriestaaten Europas als Babymärkte mit ungeahnten Möglichkeiten aufgetan wurden. Die Zahlen nannte der International Council of Infant Food Industries, sie mögen eher höher liegen. Zum ICIFI hatten sich 1975 in Zürich vierzehn Hersteller zusammengeschlossen, darunter die Firmen Nestlé/Schweiz; Gervais-Danone/Frankreich; Cow & Gate/England; Meiji/Japan;

Wyeth/USA; Dumex/Dänemark; Nutricia/Niederlande. Fünfundachtzig Prozent aller Kindernahrung, die in Entwicklungsländer geliefert wird, stammt von ICIFI-Mitgliedern.

Bereits ein Jahr vor der Gründung dieses Interessenverbandes hatte der Amerikaner Derrick Jelliffe, ein Spezialist für Säuglingsernährung, darauf hingewiesen, daß ein direkter Zusammenhang zwischen Flaschennahrung und Säuglingssterblichkeit besteht. Beim Stillen ist die Gefährdung durch Infektionen dreimal geringer. Nicht nur, daß weniger Krankheitserreger in den Körper des Kindes gelangen, die Muttermilch enthält zudem in den ersten fünf Tagen nach der Entbindung besonders viele Fermente und Immunkörper, um die Abwehrkräfte des Neugeborenen zu stärken.

Fertigmilch ist jedoch noch aus einem anderen Grunde gefährlich: Die «Brust des Weißen», wie die Leute in Nigeria die Flaschennahrung nennen, ist teuer. Also versuchen die Frauen, mit dem kostbaren Pulver möglichst lange auszukommen. Sie verdünnen die Milch. Die Babies haben ständig Hunger, ihr Körper ist von der Unterernährung geschwächt, und ihre Anfälligkeit gegen Infektionen wächst von Tag zu Tag.

Um den Babies zu helfen, gründeten private Verbraucherverbände, weltliche und kirchliche Hilfswerke in der Dritten Welt das International Baby Food Action Network (IBFAN). Sie sammelten Daten und Fakten über das Kindersterben, über Werbe- und Verkaufsmethoden der Babynahrungshersteller, riefen zum Boykott von Kunstmilch und Fertigbrei auf und brachten die Angelegenheit schließlich vor die Weltgesundheitsbehörde, die WHO.

Die Firma Nestlé fühlte sich getroffen. Sie reagierte prompt, wenn auch im verborgenen, bis die *Washington Post* dahinter kam. Der Schweizer Konzern überwies Gelder an das Ethics And Public Policy Center, das wiederum eine Studie über Babynahrung in der Dritten Welt in Auftrag gab. Diese Studie wurde im Unternehmermagazin *Fortune* veröffentlicht. Beamte der Weltgesundheitsbehörde und Mitglieder von Hilfsorganisationen, so stand es dort zu lesen, die behaupten, Fertignahrung sei am Tod vieler tausend Kinder in der Dritten Welt schuld, Leute, die gar zum Boykott der Produkte aufriefen, seien «unter dem Banner von Christus marschierende Marxisten».

Gegen die Schweizer Gruppe ging Nestlé direkt vor. Am 24. Juni 1976 wurde das Urteil verkündet. Das Gericht befand, der Titel ‹*Nestlé tötet Babies*› sei in der Tat eine Ehrverletzung. Je dreihundert Franken mußten die Angeklagten berappen. Nestlé war zufrieden. «Wir müssen», sagte der Nestlé-Oberste A. Fürer, «wir müssen unser volles Vertrauen in die Ethik, die uns inspiriert, bekräftigen.»

Im Mai 1981 verabschiedete die Weltgesundheitsorganisation WHO einen «Verhaltenskodex», der die Vermarktung von Muttermilch-Ersatzprodukten regeln soll. Der Kodex hat, wie es heißt, «empfehlenden Charakter». Rechtsverbindlich ist er nicht.

Der Bundesverband der Diätetischen Lebensmittelindustrie e. V., Nestlé ist dort Mitglied, ließ mich zum Thema WHO-Codex folgendes wissen: «... über die Vermarktung von Muttermilchersatz ist zu sagen, daß die Kindernahrungsindustrie sich mit dessen Hauptzielsetzung, weltweit das Stillen zu fördern, voll identifiziert ... Die von IBFAN, einer von niemandem kontrollierten Organisation, angeblich festgestellten Verstöße gegen die WHO-Empfehlungen in der Dritten Welt sind sehr umstritten und nicht geeignet für eine pauschale Beurteilung der Situation. Wir müssen leider mehr und mehr beobachten, daß derartige Organisationen Behauptungen aufstellen können, ohne sie beweisen zu müssen, die dann von Journalisten unkritisch und ungeprüft übernommen werden.»

## «Muttermilch – ein Menschenrecht» und die rauhe Wirklichkeit

Die Muttermilch ist bis in winzige Einzelheiten auf das neugeborene Menschenkind und seine Entwicklung abgestimmt, so wie die Kuhmilch auf die Bedürfnisse des Kälbchens.

Sobald das Baby an der Brust seiner Mutter zu saugen beginnt, setzt der Milchbildungsreflex ein. Über Nervenbahnen gelangt ein Signal von der Brust zum Gehirn, das den Befehl erteilt, das Hormon Prolactin auszuschütten. In den Milchzellen wird nun keimfreie Muttermilch gebildet, die ohne Lagerung, ohne lange Transportwege, wohltemperiert und völlig kostenlos direkt an den Säugling weitergegeben wird. Gleichzeitig mit dem Milchbildungsreflex wird der Milchspendereflex ausgelöst, und kurze Zeit später hat ein anderes Hormon, das Oxytocin, bewirkt, daß die Milch fließt.

Muttermilch besteht zu fünfundsechzig Prozent aus Molkeneiweißen, zu fünfunddreißig Prozent aus Kaseinen, beides leicht verdaulich. Sie enthält außerdem das Enzym Lipase, das die Fette bereits im Magen des Säuglings spaltet.

Im ersten Lebensjahr wird der Energiebedarf des Kindes weitgehend aus Fetten gedeckt, dann mehr und mehr auch durch Kohlenhydrate. Daß Kuhmilch für den menschlichen Säugling schwer zu verdauen ist, liegt daran, daß sie zweieinhalbmal mehr gesättigte als ungesättigte Fettsäuren enthält. Bei der Humanmilch liegt das Verhältnis eins zu eins.

Die Kohlenhydrate sind durch den Milchzucker vertreten, durch die Lactose. Auch hier besteht ein Unterschied zur Kuhmilch. Die Lactose der Humanmilch wird langsamer umgewandelt und gelangt bis in den Dickdarm, wo sie mit dem Lactosebacillus bifidus eine milchsaure Darmflora aufbaut. Flaschenkinder sind deswegen gegenüber Infektionen wesentlich anfälliger als Kinder, die gestillt werden.

Mit der Unsicherheit der Mütter lassen sich gute Geschäfte machen. 1980 wurde, so das Statistische Bundesamt, in der Bundesrepublik auf Milch basierende Säuglingsnahrung im Wert von 348 Millionen Mark hergestellt. Insgesamt 37000 Tonnen Babynahrung, flüssig oder pulverisiert, teiladaptiert oder adaptiert. Teiladaptiert, das bedeutet, daß die Kunstnahrung in der quantitativen Zusammensetzung der Humanmilch angepaßt ist; adaptierte Fertignahrung ist quantitativ und qualitativ angeglichen. Dennoch bleibt industriell gefertigte Säuglingsnahrung ein Ersatz, und zwar ein teurer.

Im Prinzip ist künstliche Babynahrung nichts anderes als verdünnte Kuhmilch mit Zusätzen, wie zum Beispiel synthetisch hergestellten Vitaminen. Die Verdünnung reicht im allgemeinen nicht aus, um den vergleichsweise hohen Salzgehalt der Kuhmilch (740 mg/100 ml) auf das Niveau der Muttermilch (200 mg/100 ml) zu mindern. Salze aber und der wesentlich höhere Eiweißgehalt der Kuhmilch belasten die Nieren des Säuglings. Zuviel Salz schadet auch dem Erwachsenen. 11,3 Gramm Kochsalz nehmen wir am Tag zu uns, zwei leicht gehäufte Teelöffel. Nur 5 Gramm dürften es sein. Die Folge: Bluthochdruck.

Daß Flaschenkinder häufig unter Verstopfung leiden, liegt unter anderem am hohen Calciumgehalt der Kuhmilch (120 mg/100 ml). Das überschüssige Calcium bildet mit den Fettsäuren in der verdauten Nahrung die sogenannten Fettseifen.

Industriell hergestellte Babynahrung ist ein Fertigprodukt von gleichbleibender Qualität. Das ist aber nur auf den ersten Blick ein Vorzug.

Die Muttermilch nämlich verändert sich ständig, paßt sich den Bedürfnissen des Säuglings an. Sie verändert sich nicht nur während der einzelnen Brustmahlzeit, wo das Kind mit den ersten Schlucken dünne, durststillende Milch trinkt, die immer nährstoffreicher nachfließt. Sie verändert sich auch im Verlauf der gesamten Stillperiode.

In den ersten Tagen und Wochen entspricht der hohe Gehalt an Eiweißstoffen der stärksten Wachstumsphase des Neugeborenen. In dieser Zeit bekommt es besonders große Mengen an Immunoglobinen, die den Magen-Darm-Trakt gegen Bakterien und Keime schützen. Im selben Maße, wie der Energiebedarf des Babys ansteigt, erhöht sich auch der Fett- und der Milchzuckergehalt, das Fettsäuremuster paßt sich dem jeweiligen Entwicklungsstadium des kindlichen Verdauungsapparates an.

Ganz zu schweigen von jenen Werten, die sich nicht in Prozent und Milligramm messen lassen. Seit Urzeiten ist die Mutter, die ihr Kind stillt, Sinnbild für Frieden und Geborgenheit. Um so ärger war der Schock, als sich herausstellte, daß der fromme Schein trügt: Die Muttermilch ist schwer belastet.

Sie ist mit Rückständen belastet, vorwiegend mit Rückständen von chlorierten Kohlenwasserstoffen – meist von Pflanzenschutz- und Insektenvertilgungsmitteln –, mit HCB, HCH, DDT und PCBs – soviel mußte selbst das Bundesministerium für Jugend, Familie und Gesundheit eingestehen, das im allgemeinen vorsichtig ist mit drastischen Äußerungen. Und seit Anfang 1984 steht fest, daß Dioxine in uns stecken. Ein Milliardstel Gramm des Seveso-Giftes TCDD genügt, um Hautkrankheiten, Krebs und Erbschäden auszulösen.

Wenn eine Mutter sich auf Grund dieser Meldungen entschließt, ihr Kind mit Fertignahrung zu füttern, ist nicht viel gerettet. Eine Untersuchung im Auftrag des Bundesgesundheitsministeriums ergab nämlich, daß Babyfertignahrung fünfmal soviel krebsfördernde Schwermetalle enthielt wie Muttermilch.

«Der durchschnittliche Bleigehalt industriell gefertigter Beikost», so schreiben Susanne Dietlicher-Kuenen und Hans-Joachim Kursawa-Stucke in ‹*Lebensmittel heute – Überlebensmittel morgen*›, «ist mehr als doppelt so hoch wie der der Milchnahrung, die mit relativ niedrig kontaminiertem Trinkwasser aufbereitet wurde.» Zweieinhalb- bis viermal höher gar liegen die Cadmiumwerte dieser Fertiggerichte. Ich weiß nicht, was zum Beispiel in dem «stuhlfestigenden» Rindfleisch-Karotten-Spaghetti-Menü von Nestlé/Alete drin steckt, doch es überrascht mich sehr, daß die Firma behaupten darf, die Mahlzeit werde «streng auf das Freisein von Schadstoffen kontrolliert».

Nahrungsmittel, die absolut frei von Schadstoffen sind, gibt es heute überhaupt nicht mehr. Das ist doch das Dilemma! Ein bißchen von allem, und es sammelt sich an.

Die Schwermetalle sind besonders unangenehm, weil sie sich im menschlichen Körper speichern. Das Blei vor allem in den Wachstumszonen der Knochen, aber auch in Leber, Nieren, Haaren, im Kleinhirn und in den Zähnen.

Zwar legt die Weltgesundheitsbehörde fest, welche Mengen an Schadstoffen noch geduldet werden können. Nur, diese Werte gelten für Erwachsene, nicht für Säuglinge und Kleinkinder, die im Verhältnis zu ihrem Körpergewicht erheblich größere Nahrungsmengen aufnehmen. Darüber, wie der Organismus eines Babys zum Beispiel auf Schwermetalle reagiert, ist erschreckend wenig bekannt.

«Angesichts der Tatsache», resümiert Gabriele Haussmann von der Aktion «Muttermilch – ein Menschenrecht», «daß Krebs bei Kindern inzwischen die zweithäufigste Todesursache ist, halten wir die derzeitige Situation für untragbar und unzumutbar!»

*«So frißt's Würmlein frisch Keimleinblatt,*
*Das Würmlein macht das Lerchlein satt,*
*Und weil ich auch bin zu essen hier,*
*Mir das Lerchlein zu Gemüte führ'.»*

Diesen Vers schrieb Goethe einst seinen Gastgebern als Dank für ein üppiges Mahl ins Gästebuch.

An chlorierte Kohlenwasserstoffe brauchte damals niemand zu denken. Sie haben die unangenehme Eigenschaft, sich im Fettgewebe, in Leber, Milz und Nieren zu speichern, sind also Summationsgifte. Wenn das Keimleinblatt mit DDT gespritzt ist, sammelt es sich im Würmlein an. Das Lerchlein frißt viele Würmlein und speichert dementsprechend mehr DDT. Und falls der Vogel nicht schon vorher vor lauter Gift tot vom Himmel gefallen ist und statt dessen in den Kochtopf gelangt, dann hat es der Mensch in seinem Körper. Untersuchungen ergaben, daß Frauen, die wenig oder gar kein Fleisch aßen, eindeutig niedriger belastet waren.

Chlorierte Kohlenwasserstoffe finden sich jedoch nicht nur in der Nahrung, sie sind in Pflanzenschutzmitteln enthalten, in Kosmetik, Salben und in mancherlei Haushaltschemikalien wie Reinigungs- und Desinfektionsmitteln.

Rückstände von Bioziden sind weltweit verteilt, sie finden sich selbst im Fell der Eisbären in der Arktis. Das Schädlingsbekämpfungsmittel DDT ist bei uns verboten. Mit importierten Früchten (Bananen, Ananas, Avocados, Kiwis), mit Kakao, Kaffee, Tee, Ölsamen, Getreide kommt es jedoch wieder ins Land und auf unseren Tisch, und zwar nicht nur aus Ländern der Dritten Welt.

Als im Februar 1981 in Straßburg im Europa-Parlament über schädliche Substanzen in der Muttermilch debattiert wurde, stellte sich heraus, daß die Kommission nicht angeben konnte, welche Mitgliedstaaten Herstellung und Gebrauch von DDT und Heptachlor verboten haben. Mit Ausnahme von Dänemark, Irland und England, so war zu erfahren, haben aber sämtliche Mitglieder wenigstens den Gebrauch von DDT strengstens untersagt.

Ebenfalls verboten ist in der Bundesrepublik Hexachlorbenzol, das HCB. Es wurde vor allem als Beizmittel und als Weichmacher für PVC eingesetzt und steckt noch in manchem Plastikspielzeug. Vor allem in den sogenannten Wabbeltieren. Die Spinnen, Monster, Schlangen und Krokodile aus dem Fernen Osten enthalten einen Weichmacheranteil von 60 bis 70 Prozent, eben darum sind sie ja auch so schön glibberig. Ähnliche Mengen an Weich-PVC enthielten die seinerzeit so beliebten Scherzartikel, die echten Lebensmitteln täuschend ähnlich sahen. 1962 starb ein Mann, der ein Stück vom imitierten «Schweizer Käse» verschluckt hatte: Im Magen-Darm-Trakt lösten die Verdauungssäfte den Weichmacher heraus, das Stück Kunststoff wurde hart, und die messerscharfen Kanten perforierten den Darm.

Vorsicht ist auch bei Filzstiften geboten, denn keine Vorschrift reguliert Beschaffenheit oder Kennzeichnung von meist schädlichen Lösungsmitteln. Für die Bemalung hölzernen Spielzeugs gibt es zwar Richtlinien. Lacke und Farben sollen «speichel- und schweißecht» sein, weder Cadmium noch Blei enthalten. Andererseits erlaubt der Normentwurf DIN/pr EN 71 schwermetallhaltige Farbpigmente, wenn unter «magensaftsimulierenden Bedingungen» nur als unbedenklich anzusehende Blei- und Cadmiummengen aus dem Lack herausgelöst werden.

Schwermetalle können sich ferner aus Porzellan, Steingut und Keramik lösen, auf Getränke und Lebensmittel übergehen. Gewerblich importiertes Geschirr wird von den deutschen Lebensmittel-Überwachungsbehörden untersucht. Doch all die buntdekorierten Keramikgegenstände, die an sorglose Urlaubstage erinnern, können beim täglichen Gebrauch Bauchschmerzen und Schlimmeres mit sich bringen. Die Arbeitsgemeinschaft der Verbraucher e. V. in Bonn teilt mit, «daß Porzellangeschirr aus dem Fernen Osten mit chinesischem Aufglasdekor bis zu 100 mg Blei pro Geschirrteil abgab. Und aus einem aus Spanien importierten Sangriatopf wurden sogar 2,16 Gramm Blei aus der ganzen Kanne mit 1,6 Liter Inhalt herausgelöst, das heißt mit jedem Viertelliter Sangriabowle werden maximal 338 mg Blei mitgetrunken. Mexikanische Teller, in Holzkohleöfen gebrannt, ergaben eine Bleilässigkeit von 460 bis 640 mg Blei pro Teller.»

Cadmium kann aus rot emaillierten Schüsseln und Bechern dringen, aus Trinkgläsern, die bunt bemalt sind. Bei deutschem Qualitätsgeschirr ist der Verbraucher im allgemeinen sicher. Im Zweifelsfall, so rät die Arbeitsgemeinschaft der Verbraucher, kann man lösliche Schwermetalle aus neuen Tellern und Tassen entfernen, wenn man sie eine halbe Stunde lang in heißem Essigwasser, halb und halb, auskocht und anschließend klar nachspült.

Bei Kindergeschirr und Gefäßen, in denen man Babynahrung zubereitet, sollte man doppelt vorsichtig sein. Kleinkinder reagieren weitaus empfindlicher als Erwachsene, und mit Blei und Cadmium ist nicht zu spaßen. Blei speichert sich im Knochenmark, es schränkt die Bildung des Blutfarbstoffes ein und kann das zentrale Nervensystem beeinträchtigen. Cadmium, ein Abfallprodukt der Zinkherstellung, ist für Leber- und Nierenschäden verantwortlich, es kann zu Arteriosklerose, zu Mißbildungen und Anämie führen und Krebs erzeugen.

Ebenso allgegenwärtig wie die Rückstände von Pflanzenschutzmitteln sind die polychlorierten Biphenyle, die PCBs. Sie finden sich in der Muttermilch, sie finden sich im Sperma.

Auf Grund ihrer Eigenschaften – sie sind thermisch stabil und unbrennbar – werden sie unter anderem als Kühlmittel, als Hydraulikflüssigkeit, Transformatorenöl, Imprägnierungsmittel für Holz und Papier, als Weichmacher für Kunststoffe und als Isoliermaterial verwendet. In der Bundesrepublik Deutschland dürfen sie nur noch in geschlossenen Systemen, zum Beispiel in Kühlanlagen, verwendet werden. Doch eine Garantie ist das nicht. So sickern im Bergbau aus den Hydraulikmaschinen jährlich etliche Tonnen aus. Mit Kohle und Abraum werden sie an die Oberfläche transportiert, der Regen wäscht sie aus, spült sie in Grund- und Oberflächengewässer. Sie verbrennen mit der Kohle und gelangen in die Luft, die wir atmen. Die Bayer AG, die als einzige bundesdeutsche Firma noch PCBs fabrizierte (7000 Tonnen pro Jahr), stellte 1983 die Produktion dieser Chemikalien ein.

Grenzwerte fehlen bisher, ebenso das exakte Wissen darüber, wie die Stoffe langfristig auf den menschlichen Organismus einwirken. «Ein Kind, das im Mutterleib und durch Humanmilch mit halogenierten Kohlenwasserstoffen belastet wird, könnte infolge eines möglichen Hirnschadens zum Beispiel Lernschwierigkeiten haben oder durch ein geschwächtes Immunsystem öfter erkranken», gab die Gesellschaft für Strahlen- und Umweltforschung in Neuherberg bekannt. «Da dies aber unspezifische Erscheinungen sind, wird niemand wissen, wodurch sie hervorgerufen wurden ... (es) fällt schwer, der gängigen Meinung zuzustimmen, daß der immunbiologische Nutzen der Frauenmilch den möglichen schädigenden Einfluß überwiege.»

Was geschieht, wenn ein Mensch konzentrierte PCB-Mengen aufnimmt, hat ein Unfall gezeigt, der sich 1968 in Japan ereignete. Damals flossen PCBs aus einer Kühlanlage in einen riesigen Tank mit Reisöl. Je nach der PCB-Dosis, die die Betroffenen mit dem Öl zu sich nahmen, zeigten sich folgende Krankheitsbilder: Hautveränderungen; Ausschläge (Chlorakne); Dunkelfärbung der Haut; Leber-, Milz- und Nierenschäden oder Ausbildung von bösartigen Tumoren.

Neunzig Prozent der Kinder, deren Mütter während der Schwangerschaft das vergiftete Öl gegessen hatten, kamen als «schwarze Babies» zur Welt. Säuglinge, die vor dem Unfall geboren waren und von Müttern gestillt wurden, die PCBs im Körper hatten, zeigten dieselben Symptome – abnorme Pigmentierung und Schuppung der Haut.

Allein die Belastung durch die Muttermilch reichte also aus, um die Kinder zu schädigen. Dies ist ein weiterer Beweis dafür, daß die Entgiftungs- und Ausscheidungssysteme des Säuglings wesentlich empfindlicher reagieren als die des erwachsenen Menschen.

Neugeborene männliche Ratten, die mit PCBs gefüttert wurden, hatten als erwachsene Tiere eine ähnliche Enzymausstattung wie weibliche Tiere. Das läßt darauf schließen, daß bestimmte Schädigungen, wie zum

Beispiel die Störung der Fortpflanzungsfähigkeit, erst erheblich später Auswirkungen zeigen.

Ungeklärt ist auch das Zusammenspiel verschiedener Faktoren. Stockenten, die PCBs in Dosierungen erhielten, die scheinbar wirkungslos waren, wurden einige Zeit später mit dem Hepatitisvirus infiziert. Die Sterberate der Enten lag danach um mehr als das Vierfache höher als bei der Kontrollgruppe ohne PCBs. Versuchstiere, die PCBs plus Nitrosamine erhielten, erkrankten schneller und häufiger an Tumoren als Tiere, die nur PCBs erhielten.

Das Ministerium für Jugend, Familie und Gesundheit geht davon aus, daß die Schadstoffbelastung der Muttermilch zurückgegangen ist. In der Broschüre ‹*Das Baby*›, die von der Bundeszentrale für gesundheitliche Aufklärung herausgegeben wird, heißt es, die Konzentration an Schadstoffen in der Humanmilch sei zwar zum Teil höher als in der industriell hergestellten Milchnahrung. «Bisher sind jedoch keinerlei Schäden oder der Verdacht eines Schadens bei gestillten Kindern aufgetreten. Würde man deshalb einer Frau empfehlen, nicht zu stillen, so würden dem Kind die ernährungsphysiologischen, immunologischen und psychologischen Vorteile des Stillens entzogen. Sicher ist also der positive Gewinn des Stillens größer als die Gefahr der möglichen Schadstoffbelastung.»

Die Untersuchung der Chemischen Landesuntersuchungsanstalten und der Chemischen Untersuchungsämter in Baden-Württemberg dagegen zeigt, daß kein Grund zum Aufatmen vorliegt. Vom Februar bis zum Dezember 1981 wurden insgesamt 582 Humanmilchproben auf Rückstände an chlororganischen Pestiziden und Verunreinigungen an polychlorierten Biphenylen (PCBs) und Hexachlorbenzol (HCB) analysiert. Am 8. Januar 1982 gab das Ministerium für Arbeit, Gesundheit und Sozialordnung das Ergebnis bekannt: «Bei HCB ist praktisch keine Veränderung eingetreten, während Alpha- und Gamma-HCH in den Proben aus Baden-Württemberg jetzt um etwa eine Zehnerpotenz niedriger liegen, ist der Gehalt an Beta-HCH merklich, jedoch nicht so stark verringert. Bei DDT und DDE ist kaum eine Abnahme feststellbar, auch die Gehalte an Dieldrin und PCB liegen in den 1976 und 1977 festgestellten Größenordnungen.»

Rund eine halbe Million Männer sind in der Bundesrepublik unfruchtbar. Die Wissenschaftler haben in den Fortpflanzungsorganen eine ganze Reihe halogenierter Kohlenwasserstoffe festgestellt und vermuten, daß sie die Ursache für die Zeugungsunfähigkeit sind. Dazu der

*Spiegel* (27.8.1984): «In den USA, wo die durchschnittliche Anzahl der Samenzellen pro Milliliter seit 1951 von 107 Millionen auf 60 Millionen Spermien gesunken und schon jeder zehnte Mann unfruchtbar ist, fanden Andrologen (Männerheilkundler) in Samenflüssigkeit das Holzschutzmittel Pentachlorphenol (PCP), die in Hydraulikölen eingesetzten polychlorierten Biphenyle (PCB) sowie die Pflanzen- und Insektengifte Hexachlorbenzol (HCB), Dieldrin und DDT.» Wissenschaftler des Hamburger «Instituts für Hormon- und Fortpflanzungsstörungen» entdeckten in der Eizellenflüssigkeit von 47 unfruchtbaren Frauen DDT, PCB, Dieldrin, HCB und andere halogenierte Kohlenwasserstoffe. Sie könnten zur Unfruchtbarkeit der Frauen beigetragen haben.

1972 starben in Frankreich sechsunddreißig Kleinkinder durch Babypuder. Acht Kinder wurden zu unheilbaren Pflegefällen, einhundertfünfzig auf Dauer geschädigt. Das Talc Morhange enthielt 6,35 Prozent Hexachlorophen, das dem Puder versehentlich statt Lavendelparfum beigemischt wurde. Angeklagt war unter anderem auch der Lieferant des Desinfektionsmittels, die Firma Givaudan, weil die Säcke mit HCP nicht ausreichend gekennzeichnet waren. Die Firma zahlte freiwillig siebeneinhalb Millionen Francs an die Betroffenen.

Givaudan ist eine Tochtergesellschaft des Schweizer Chemiekonzerns Hoffmann-LaRoche und gleichzeitig Mutter der italienischen Firma Icmesa.

Am 10. Juli 1976 ereignete sich in dieser Firma Icmesa ein Unfall, der eine Substanz weltbekannt machte, die zum Giftigsten gehört, was Menschen erfanden: 2,3,7,8-Tetrachlordibenzodioxin. Das Dioxin TCDD, schlicht Seveso-Gift genannt. TCDD gehört zu den Ultragiften, für die es keine Verträglichkeitsgrenze gibt. Sobald es vorhanden ist, ist es gefährlich.

Seit Februar 1984 steht fest, daß TCDD in der Muttermilch enthalten ist. Es ist schon früher dagewesen, man hat nie danach gesucht. «Weil sich hierfür nach bisherigem Kenntnisstand keine Erfordernis ergab», erklärte ein Sprecher des Kieler Instituts für Hygiene der Bundesanstalt für Milchforschung, die seit Jahren Muttermilch untersucht. Die Erfordernis ergab sich, nachdem bekannt wurde, daß aus der Deponie Georgswerder im Hamburger Stadtteil Wilhelmsburg laufend Dioxine austreten, daß Müllverbrennungsanlagen das Seveso-Gift über die Lande blasen.

Es war keine Behörde, die die Untersuchung in Auftrag gab. Der Chemiker Imre Kerner und der Journalist Bednarz ließen fünf Proben vom schwedischen Chemiker Christoffer Rappe untersuchen, der ein Fachmann für Dioxinanalytik ist.

Eine Muttermilchprobe aus Freiburg enthielt 0,5 ppt Dioxin; eine aus Haltern in Westfalen 0,8 ppt und eine der beiden Hamburger Proben enthielt 1,0 ppt, also ein Milliardstel Gramm Dioxin.

Zur selben Zeit, als das TCDD bei uns zum erstenmal in der Muttermilch nachgewiesen wurde, war der Neubau der Außenstelle Langen des Bundesgesundheitsamts fertig – ein Hochsicherheitslabor, in dem Dioxine aufgespürt werden können. Am 22. März 1984 gab der Bundesminister für Jugend, Familie und Gesundheit bekannt, daß die Bundesregierung künftig Muttermilch auf Dioxine untersuchen wird. «Für den Nachweis von Dioxinen werden an die Analytik hohe Anforderungen gestellt. Es ist notwendig, zwischen über 200 sehr ähnlichen chemischen Substanzen zu unterscheiden. Außerdem liegen die zu untersuchenden Rückstände in einer kaum vorstellbar niedrigen Konzentration vor, zum Teil in einer Größenordnung von einem Pikogramm. Das ist ein Billionstel Gramm oder 0,000 000 000 001 g. Wegen der großen Giftigkeit einiger Dioxine müssen die Untersuchungen im Interesse des Gesundheitsschutzes der Bevölkerung vorsorglich bis in diese niedrigen Größenordnungen ausgedehnt werden.» Wenn es wirklich soweit ist, daß eine Mutter nur noch frei entscheiden kann, ob sie ihr Kind mit der Brust oder mit der Flasche vergiftet, dann ist die Zeit zum Handeln da.

## Nitrate, Lebertran und Vitamine

Als ich ein Kind war, hieß es stets, ich sei so blaß. Daher mußte ich viel Spinat essen, «dann kriegst du tüchtig Eisen». Daß Spinat so viel Eisen gar nicht enthält, daß dieses Gerücht vielmehr entstand, weil vor Zeiten mal das Komma um eine Ziffer zu weit nach rechts rutschte, hatte sich zu uns noch nicht herumgesprochen. Ich hab den Spinat gern gegessen, viel lieber als den bitteren Mangold. Wenn etwas übriggeblieben war, durfte man ihn leider auf keinen Fall wieder aufwärmen oder am Abend noch kalt essen. Er sah dann etwas bräunlich aus. Damals dachte ich mir, das käme vom Eisen, das vor sich hin rostete.

Ich esse ihn noch immer gern, obgleich ich heute weiß, daß er Kleinkindern unter Umständen zum Verhängnis werden kann. Der Spinat enthält von Natur aus ebenso wie zum Beispiel Radieschen, Rettich, Kopfsalat und rote Bete recht hohe Mengen an Nitrat. Bakterien und Schimmelpilze verwandeln das Nitrat im Verdauungstrakt in Nitrit, in Verbindung mit Eiweißbausteinen entstehen dann Nitrosamine. Die krebserregenden Stoffe stecken auch in geräucherten und gepökelten Fleisch-, Wurst- und Fischwaren und in einigen Käsesorten. Nitrosamine fanden sich auch in Babysaugern. Am 1. Januar 1982 trat die sogenannte «Schnuller-Verordnung» in Kraft, die verfügte, daß diese krebsverdächtigen Substanzen um neunzig Prozent gesenkt werden mußten.

Frisch zubereiteter Spinat wird kaum einem Kind schaden, wenn er nicht von überdüngten Feldern stammt. Falls Sie nicht sicher sind, sollten Sie Spinat lieber vom Speisezettel Ihres Kleinkindes streichen. Eine Überdüngung des Bodens führt zu extrem hohen Nitratwerten im Gemüse und im Leitungswasser. In einigen Gebieten der Bundesrepublik erhalten gerade Flaschenkinder überhöhte Nitratmengen aus dem Trinkwasser. Vor allem im Winter sollten Sie lieber auf Spinat und anderes Blattgemüse aus Treibhäusern verzichten, mahnt die Verbraucherzentrale Hamburg. «Untersuchungen bei Blattgemüse haben ergeben, daß in den Wintermonaten gepflanztes Gemüse den dreifachen Gehalt an Nitrat aufweist wie das Gemüse der Sommermonate. Die höheren Nitratgehalte in den Wintermonaten sind der geringen Lichtintensität zuzuschreiben. Die Pflanze nimmt den Stickstoff aus dem Boden auf und bildet daraus Eiweiße. Hohe Lichtintensität und lange Sonnenscheindauer im Sommer fördern die Assimilation und bewirken im Freiland ein Absinken der Nitratgehalte.»

Für Säuglinge können Werte oberhalb 10 bis 20 mg pro Liter kritisch werden. Für Erwachsene hat die Weltgesundheitsbehörde WHO einen Höchstwert von 45 Milligramm Nitrat pro Liter Trinkwasser festgelegt, in der Bundesrepublik wurde die Obergrenze von 90 mg auf 50 mg gesenkt. Umgewandeltes Nitrat, das Nitrit, ist deshalb so gefährlich, weil es die Sauerstoffversorgung im Körper behindert, es verhindert die Sauerstoffabgabe der roten Blutkörperchen an das Gewebe. Es kann auch bei Erwachsenen zur Hämoglobinblockade kommen, doch Säuglinge sind empfindlicher, so schrieben Egmont R. Koch und Uwe Lahl in der *Zeit* vom 12. Februar 1982, «weil ihr biochemisches Schutzsystem, mit dessen Hilfe sich Nitrit vom Blutfarbstoff wieder abkoppeln läßt, noch nicht ausreichend funktionstüchtig ist. Wenn mehr als zehn Prozent der Transportkapazität der roten Blutkörperchen durch die Nitritbesetzung ausfallen, kommt es zur sogenannten Blausucht. Diese Unterversorgung des Organismus mit Sauerstoff endet oftmals tödlich ...»

Entweder wirkte der Spinat bei mir nicht so recht, oder aber meine Eltern vertraten den Standpunkt, daß viel auch viel hilft. Jedenfalls mußte ich obendrein Lebertran schlucken, den echten, tranigen. An ihn denke ich noch heute mit Grausen.

Als gesund gilt «Oleum Jecoris» vor allem deshalb, weil er die Vitamine A und D enthält. Gewonnen wird er aus der Leber vom Heilbutt und vom Kabeljau, dessen Jugend- und Ostseeform auch Dorsch genannt wird. Nach allem, was man so über Rückstände in der Nahrung liest und hört, müßten sich in der Fischleber außer den Vitaminen auch allerlei Umweltchemikalien anspeichern.

Ein Tip:
Nehmen Sie für die Salatsoße lieber Zitronensaft als Essig. Wissenschaftler haben nämlich festgestellt, daß Ascorbinsäure (Vitamin C), die in allen Zitrusfrüchten enthalten ist, zumindest teilweise die Bildung von Nitrit aus Nitrat behindert.

Im Ernährungsbericht der Bundesregierung war dann 1976 auch die Rede von einer Lebertranprobe, die insgesamt 73,35 Milligramm DDT samt Abbauprodukten DDE und DDD pro Kilo Tran aufwies. Eine erschreckende Menge, denn erlaubt sind laut Höchstmengenverordnung von 1973 für Fischlebererzeugnisse nur fünf Milligramm. Das Gesundheitsministerium beruhigte die Öffentlichkeit, die genannte Probe sei nicht repräsentativ. Analysen aus den Jahren 1972 und 1978 hätten eindeutig niedrigere Werte aufgewiesen.

Das Umweltmagazin *natur* ließ vom Chemischen Institut der Tierärztlichen Hochschule in Hannover fünf verschiedene Lebertransorten untersuchen, die in jeder Apotheke zu kaufen sind.

DDE, ein Abbauprodukt des Pflanzenschutzmittels DDT, das sich in Rückständen über den gesamten Globus verteilt hat, stellte in allen Proben zwar den größten Anteil, doch in so geringen Mengen, daß sie kaum gefährlich werden können. Die höchsten Werte lagen bei 0,0012 und 0,0010 Milligramm pro Kilo. Nicht umgesetztes DDT und PCBs (polychlorierte Biphenyle) wurden «nicht quantifiziert, da diese Mengen weit unterhalb der zugelassenen Mengen für Lebensmittel liegen».

Wenig Licht und falsche Ernährung verursachen eine Stoffwechselstörung, die Rachitis. Sonnenlicht bewirkt, daß die Vorstufe des Vitamins D, die sich in der Haut befindet, in das eigentliche Vitamin D umgewandelt wird. Geschieht das nicht, dann werden die Mineralstoffe aus der Nahrung, insbesondere der Kalk, nicht genügend ausgewertet. Richtig dosierte Sonnenbäder regen die Vitamin D-«Aufnahme» an, abwechslungsreiche und frische Kost beugen Mangelerscheinungen vor.

Mit Vorsicht zu genießen sind die Vitamin D-Präparate. Im Übermaß verabreicht, bewirken sie, daß der Kalk zu rasch in das Bindegewebe und in das Knochengerüst des Kindes eingelagert wird. Das Skelett erhärtet zu schnell, oft bleibt der Schädel klein. Die natürliche Entwicklung des Organismus und der Persönlichkeit wird eingeschränkt. In schweren Fällen, so M. O. Bruker von der Klinik Lahnhöhe, ist eine regelrechte Vergreisung des Kindes zu beobachten.

Im Winter und bei unvollkommener Ernährung kann der echte Lebertran Kräfte geben, weil er das Vitamin D in seiner natürlichen Form enthält. Bei den Eskimos jedenfalls wirkt er Wunder. Er hilft ihnen seit undenklichen Zeiten, die düstere Jahreszeit ohne Frischgemüse durchzustehen, ohne daß sie gesundheitliche Schäden erleiden.

Die dänischen Ärzte Dyerberg und Bang vom Kreiskrankenhaus Aalborg schwören auf die Lebertrankur. Zehn Jahre lang forschten sie, dann war ihnen klar, warum Blutgerinnsel (Thromben) bei den Eskimos unbekannt sind: Im Blut der Eskimos entdeckten die beiden Forscher eine spezielle Fettsäure, das Eicosapentän, die das Zusammenballen von Blutplättchen verhindert. Im Blut dänischer Versuchspersonen fehlte diese Fettsäure. Das mußte, so folgerten sie, mit der Ernährung zusammenhängen. Nach einigem Experimentieren hatten Dyerberg und Bang das Problem gelöst: Sie verabreichten den Versuchspersonen drei Löffel Lebertran täglich, das sind vierzig, fünfzig Milliliter, und schon nach einer Woche bildete sich auch in ihrem Blut Eicosapentän. Die Tendenz zur Blutverklumpung, zur Arteriosklerose, ging zurück.

Synthetischer Lebertran allerdings hilft nicht. Der echte tranige muß es sein, denn nur er enthält diese Fettsäure.

## Süßer Schlaftee sorgt für Alpträume von Karies und Fluor

Zu den Chemikalien im Haushalt, vor denen man Kinder schützen sollte, zählt auch – der Zucker. Die wissenschaftliche Bezeichnung ist Saccharose, die chemische Formel $C_{12}H_{22}O_{11}$. Das bedeutet: Ein Molekül besteht aus zwölf Atomen Kohlenstoff, 22 Atomen Wasserstoff und elf Atomen Sauerstoff.

Saccharose läuft zwar meist unter «Rohrzucker», er kann jedoch ebensogut aus Zuckerrüben hergestellt sein. Egal, ob er sich Trauben-, Frucht-, Rohr-, Malz- oder Milchzucker nennt, beim Zucker, der im Haushalt gemeinhin verbraucht wird, der industriell hergestellten Nährmitteln zugesetzt wird, handelt es sich durchweg um isolierte Kohlenhydrate, die auf physikalischem und chemischem Wege gewonnen werden. Anders als in natürlichen Lebensmitteln, im Obst zum Beispiel, wo er als Teilbestandteil eingebettet ist, ist der Fabrikzucker hundertprozentig konzentriert und isoliert. Er enthält nicht einmal mehr Spuren von Aufbaustoffen. Beim Abbau im menschlichen Körper allerdings verbraucht er Vitamine, vornehmlich solche des B-Komplexes.

Hundert Gramm Fabrikzucker ißt der statistische Bundesbürger pro Tag, und der will verdaut sein, ob er nun weiß oder braun aussieht. Zwei Eßlöffel Ketchup enthalten bis zu einem Teelöffel Zucker, ein Liter Cola-Getränke etwa 110 Gramm, Nuß-Nougat-Cremes bestehen bis zu 65 Prozent aus dem Zahn- und Vitaminkiller. Zucker bewirkt, daß andere Nahrungsmittel (zum Beispiel Vollkornbrot) unbekömmlich werden, er verändert die Darmflora, führt zu Mangel an Vitamin B 1, einem wichtigen Nervenvitamin, und zerstört die Zähne.

Fünfzehn Millionen Fälle von Karies werden hierzulande jedes Jahr verzeichnet. Daß an die zehntausend Kinder nicht nur Löcher in den Zähnen, sondern auch vereiterte Kiefer und Zahnwurzeln bekamen, lag nicht nur an Bonbons und Lollis, sondern auch am «Gute-Nacht-Trunk», an Fertigtee-Getränken, die Kindern und Eltern einen gesunden Schlaf verhießen.

Dabei verheimlichten die Hersteller eigentlich nicht, daß ihr Gebräu das reinste Zuckerwasser ist. Das Alete-Baby-Fenchel-Teegetränk enthielt laut Aufschrift 50 Prozent Saccharose, 46 Prozent Traubenzucker und 4 Prozent Fenchelauszüge. 96 Prozent Zucker also. Die Gebrauchsanleitung für Milupa-Kindertee (67 Prozent Traubenzucker, 29 Prozent Saccharose, 3 Prozent Kräuterextrakt – ein Prozent fehlt) enthielt sinnigerweise noch den Hinweis «Nachsüßen ist überflüssig».

«Nachdem unser Sohn mit acht, neun Monaten seinen Schnuller ablehnte», berichtete eine Mutter, «ging er mit seinen Teeflaschen ins Bett. Er trank nachts zwei bis drei Flaschen von diesem Tee, und wir haben oft beobachtet, daß er seine Flasche auch während des Schlafens im Mund hatte.» Kein Wunder, daß seine Schneidezähne kaputt sind. Durch das Nuckeln wurden die oberen Frontzähne ständig vom Zuckergebräu umspült, Karies entstand. Tausenden von Kindern mußten die Schneidezähne schon im zweiten Lebensjahr gezogen werden. Die Lükken können Mißbildungen des Kiefers zur Folge haben, die zweiten Zähne, die nach dem sechsten Lebensjahr durchbrechen, stehen oft falsch und wachsen schief nach. Die Kinder ohne Schneidezähne haben Schwierigkeiten, das Kauen zu lernen und richtig zu sprechen, weil sie keine S-Laute bilden können.

Dazu auszugsweise die Stellungnahme des Bundesverbandes der Diätetischen Lebensmittelindustrie e. V.: «Im Fall des Kindertees wird offenkundig, daß bei falschem Gebrauch selbst das harmloseste Lebensmittel gefährlich werden kann. Würde der Tee, wie es seine Bestimmung ist, allein zum Durstlöschen und nicht als jederzeit verfügbares Dauerberuhigungsgetränk verwendet, dann wäre es nicht zu den festgestellten schweren Zahnschäden gekommen ... Würde der Tee ganz ohne Zuk-

ker hergestellt, dann würde er den Kindern spätestens von dem Zeitpunkt an nicht mehr schmecken, wo sie durch andere Speisen oder Getränke mit der Geschmacksrichtung ‹süß› Bekanntschaft machen. Die Folge wäre, daß dann entweder unkontrolliert mit Haushaltszucker gesüßt oder auf andere Getränke mit z. T. erheblich höheren Zuckergehalten ausgewichen würde. Was den Zuckergehalt der Kindertees betrifft, so ist es einfach unfair, den Verbraucher mit den Prozentsätzen des Konzentrats zu irritieren, das in dieser Form ja nicht verzehrt wird. Es ist vielmehr richtig, den Zuckergehalt des verzehrfertigen Getränkes mit 5 bis 6 Prozent mit dem wesentlich höheren Zuckergehalt anderer Süßgetränke, wie selbst zubereitete Tees oder Fruchtsäfte, zu vergleichen.»

Man hätte annehmen sollen, daß das Debakel mit dem Zuckertee die gesamte Innung der Zahnärzte auf die Barrikaden gerufen hätte. Irrtum. Im Februar 1984 trafen sich in Hamburg Zahnärzte und Kieferorthopäden zu einem Symposium. Sie beratschlagten, wie man der Karies wirksam zuleibe rücken könnte. Die Antwort: Indem man Fluor verabreicht.

Mehr als 95 Prozent der Bewohner der westlichen Welt, so hieß es beim IME-Symposium, leiden an Karies, mehr als 80 Prozent an Erkrankungen des Zahnfleisches und des «Zahnhalteapparates». Damit sind wohl die Kiefer gemeint.

Bis zu dreitausendmal am Tag werden die Zähne durch Säuren angegriffen, «die durch Bakterien aus vergärbaren Kohlenhydraten oder auch saurer Nahrung und säurehaltigen Getränken entstehen.» Wenn man das hört, könnte man glauben, nur Saures durchlöchere den Zahnschmelz. In Wirklichkeit aber sind es in erster Linie jene hundert Gramm Zucker, die wir täglich vernaschen. Die 0,101 Milligramm Fluor, die im Speichel des Menschen enthalten sind, können diese Zukkermengen nicht bewältigen. Also muß der Mensch, so meinten die Fachleute in Hamburg, lebenslang zusätzlich Fluor schlucken oder vielmehr langsam kauen. Gleich nach der Geburt soll, wenn es nach den Teilnehmern der Tagung ginge, die vorbeugende Fluorbehandlung beginnen. Das lösliche Fluorid wird über Magen- und Darmwände aufgenommen und lagert sich im Skelett und in den Zähnen an. Eine tägliche Zufuhr sei deshalb nötig, weil es zum Teil mit dem Urin wieder ausgeschieden wird.

Einer der Ärzte führte aus, er und seine Kollegen seien gar nicht gegen den Verzehr von Zucker an sich, sondern gegen den häufigen Verzehr in kleinen Portionen. Lieber eine ganze Tafel Schokolade auf einmal. Doch Fluor allein täte es auch nicht, räumte er ein, darüber hinaus seien selbstverständlich zusätzliche Mundhygiene und eine vernünftige Ernährung notwendig.

Wenn man die Diskussion ums Fluor verfolgt, fragt man sich, was hier eigentlich vor sich geht. Karies entsteht durch falsche Ernährung, in erster Linie durch zuviel Zucker und Backwaren aus weißem Mehl ohne jeden Nährwert. Keinesfalls wird diese «Zivilisationskrankheit» durch einen Mangel an Fluor verursacht.

Es ist ganz interessant, daß nicht nur die Zuckerbranche am «Fluorboom» profitiert. Dazu M. O. Bruker:

«Bei der Herstellung von Aluminium und Stahl fallen ... Fluorsalze als Nebenprodukte an. In den USA wurden eine Zeitlang diese giftigen Fluorsalze einfach in die Flüsse eingeleitet. Als es 1950 im Columbiafluß dadurch zu einem großen Fischsterben kam, wurde diese Einleitung in die Flüsse verboten. Auf der Suche nach anderen Absatzmöglichkeiten wurde dann ein Teil zur Ratten- und Insektenvernichtung verwendet; der restliche Teil wurde unter Mitwirkung des Nationalen Forschungsrats zur Bekämpfung der Zahnkaries eingesetzt. Dies war nur dadurch möglich, daß einer der Anwälte der Aluminium-Company zugleich Direktor des Wohlfahrtsministeriums der USA und der Leiter des Nationalen Gesundheitsdienstes war. Um dies durchzusetzen, wurden Forschungsgelder von der Industrie zur Verfügung gestellt, mit denen *bewiesen* wurde, daß die Fluoridierung unschädlich und gefahrlos sei.»

Eine Zwangsfluoridierung des Wassers, wie sie in einigen Ländern praktiziert wird, blieb uns bisher erspart. In unserem Trinkwasser tummelt sich sowieso eine ganze Menge Unerfreuliches. Wenn jedoch Fluor oder Jod beigemischt wird (Jod ist im Gespräch, um die Bevölkerung vor Schilddrüsenerkrankungen und Kropf zu bewahren), dann wird aus dem Lebensmittel Wasser ein Arzneimittel, das jedermann schlucken muß in Einheitsdosis, egal, wieviel Fluor er sonst noch mit dem Essen oder der Atemluft zu sich nimmt. Denn die Abgase der Industrie blasen uns das Halogen Fluor obendrein in die Nase, durch Mineraldünger und Biozide gerät es in die Nahrung. Hinzu kommt, daß ja nur ein Teil des Wassers getrunken wird. Der größere Anteil geht ins Abwasser und würde dann die Umwelt mit dem Unrat belasten.

Für Trinkwasser beträgt die höchstzulässige Fluormenge 1,5 Milligramm pro Liter. Der duldbare Grenzwert für eine tägliche Aufnahme liegt zwischen 0,8 und 1,2 Milligramm. Solange das Trinkwasser noch nicht zwangsfluorisiert ist, empfehlen Zahnärzte folgende Mengen in Tablettenform: 0,25 mg für Kinder bis zu zwei Jahren; 0,5 mg (drei Jahre); 0,75 mg (vier bis fünf Jahre); ab dem Alter von sechs Jahren soll es ein Milligramm sein. Kommt zur «Umweltbelastung» noch fluorhaltige Zahnpasta dazu und gar einmal pro Woche das empfohlene aminfluoridhaltige Gelee zum Einbürsten, dann ist der «duldbare Grenzwert» schnell überschritten, und der Körper reagiert allergisch. Denn Fluor kann dem Menschen gefährlich werden.

Ein Übermaß stört den Calciumstoffwechsel und führt zu Knochenschäden, zum Beispiel dem Erweichen und Verbiegen der Beinknochen. Zuviel Fluor ruft Störungen der enzymatischen Stoffwechselvorgänge der inneren Drüsen hervor, besonders der Schilddrüse; es verursacht Sehstörungen, Kopfschmerzen, Ausschlag und Beschwerden des Magen-Darm-Traktes.

Die Kölner Katalyse-Umweltgruppe hat in ihrem Buch ‹*Chemie in Lebensmitteln*› aufgelistet, daß Untersuchungen in Chile eine erhöhte Todesrate durch fluoridiertes Trinkwasser nachgewiesen haben; in den USA wurden steigende Krebsraten und Erbschäden registriert, die bei einem Milligramm Fluor pro Liter eintreten. Schließlich zitieren die Autoren aus einem Brief des amerikanischen Chemikers Perkins, der nach dem Krieg die I. G. Farben leitete. Perkins schrieb am 2. Oktober 1954 an die Lee Foundation For Nutritional Research, Fluor im Trinkwasser könne unter anderem die Zentren für geistige Reflexe in der linken Gehirnhälfte abschwächen und Frauen unfruchtbar machen. «Endlich sage ich Ihnen mit der vollen Überzeugung und dem Ernst eines Wissenschaftlers, der fast zwanzig Jahre lang Forschung über Chemie, Biochemie, Physiologie und Pathologie des Fluors betrieben hat, daß jeder Mensch, welcher über eine Zeitdauer von einem Jahr oder mehr künstlich fluoridiertes Wasser trinkt, danach niemals mehr der gleiche Mensch sein wird, weder geistig noch körperlich.»

Rund 100 Millionen Mal im Jahr setzen deutsche Zahnärzte bei Kariespatienten den Bohrer an, stopfen 50 Tonnen Füllmaterial in die Zuckerlöcher. Nicht jeder kann sich für alle Zähne goldene Füllungen leisten, und nicht jeder Zahnarzt verzichtet auf das einst so beliebte Amalgam – das bis zu 50 Prozent Quecksilber enthält.

Mats Hansson, Neurologe an der schwedischen Universität Lund, beschäftigte sich mit elektrischen Spannungen, die zwischen zwei verschiedenartigen Metallen entstehen, mit dem Galvanismus. Er stellte in einer 1982 veröffentlichten Untersuchung fest, daß zwischen Goldfüllungen und Amalgamplomben eine Wechselwirkung besteht. «Wenn Gold und Amalgam eine Strombrücke schlagen, geschieht die Herauslösung des Quecksilbers besonders schnell, die Plomben ‹rosten› sozusagen kaputt. Das Quecksilber dringt durch das Zahnfleischgewebe unter die Zähne und wird dann auf den Nervenbahnen ins Gehirn transportiert. Offenbar habe ich mit meiner Erkenntnis erst die Spitze eines Eisberges freigelegt. Die meisten Menschen, die an zum Teil schweren, unerklärlichen Erkrankungen leiden, bringen dies wohl kaum in Verbindung mit früheren Zahnarztbesuchen.»

Hansson vermutet in diesem «oralen Galvanismus», der einer permanenten Quecksilbervergiftung gleichkommt, eine Ursache für Geisteskrankheiten, Gelenkrheumatismus, Herz- und Kreislaufschäden, Hauterkrankungen und für die Schädigung von ungeborenen Kindern.

Tag für Tag Katastrophenmeldungen, das stumpft ab. Hinter der Diskussion ums Stillen vermutete ich früher eher weltanschauliche Gründe. Und was das Wasser angeht, beruhigte ich mich – solange es aus meinem Hahn fließt, kann es ja wohl nicht schädlich sein. Es steckte noch der alte Kinderglaube in mir, daß schützende Hände uns vor Unheil bewahren. Erst die Sache mit Daldorf zeigte mir, daß wir uns selbst helfen müssen.

In Daldorf, Kreis Bad Segeberg, wiesen einige Brunnen Nitratgehalte auf, die das erträgliche Maß überschritten. Die Gemeinde versorgte daraufhin Schwangere und Familien mit Säuglingen mit Mineralwasser. Die Leute nahmen es hin, waren gar noch angetan, daß es gratis war.

Ein Foto aus Süddeutschland – Daldorf ist kein Einzelfall – zeigte Frauen, die mit Kannen anstanden, um trinkbares Wasser aus einem Tankwagen entgegenzunehmen. Als wäre nichts geschehen. Wenn das Leitungswasser ungenießbar ist, trinkt man halt Mineralwasser. So einfach ist das. Und wenn auch die Quellen verschmutzt sind? Was trinken wir dann? Etwa Milch?

## Tips

* Säuglinge und Kleinkinder, die mit frischer, abwechslungsreicher Kost ernährt werden und genügend Luft und Sonne bekommen, brauchen keine Vitaminpräparate.
* Fluor ist schädlich und gehört weder ins Trinkwasser, noch in die Zahnpasta. Nicht Fluormangel, sondern Zucker macht die Zähne kaputt.
* Auf die «Kaltsterilisation» von Flaschen und Saugern können Sie ohne weiteres verzichten. Abreiben mit Salz und Auskochen genügt. Bei ansteckenden Krankheiten in der Familie fragen Sie bitte Ihren Arzt, ob Desinfektion nötig ist.
* Windelhöschen sind teuer, empfindliche Säuglinge können in der luftdichten Verpackung Ausschlag und Entzündungen bekommen. Viele Mütter, die zu den Stoffwindeln zurückgekehrt sind, schwören auf Höschen aus reiner Wolle. Sie saugen Flüssigkeit gut auf und nehmen kaum Geruch an. Ganz allgemein verträgt der menschliche Körper Naturfasern besser als Synthetikgewebe.
* Wer auf Gegenstände und Spielzeug aus Kunststoffen (die schon bei der Herstellung die Umwelt belasten) nicht verzichten mag, sollte wenigstens darauf achten, daß sie lebensmittelecht sind und als Zeichen dafür ein gekreuztes Besteck tragen.
* Ob Ihr Leitungswasser überhöhte Nitratwerte aufweist, können Sie selbst feststellen. Teststäbchen erhalten Sie in allen Apotheken.
* Wenn Sie im Zweifel sind, ob Sie Ihr Baby stillen sollen – hier ein paar Adressen, die Ihnen weiterhelfen. Sie erfahren dort, wo Sie Ihre Milch untersuchen lassen können und ob es in Ihrer Nähe eine Stillgruppe gibt:

Arbeitsgemeinschaft freier Stillgruppen (AfS)
Sylvia Brunn, Rheingaustr. 14, 5429 Welterod
La Leche Liga (LLL)
Welda Hörz, Stöchelstr. 8, 8000 München 60
Aktion «Muttermilch – ein Menschenrecht»
Reichsgrafstr. 4, 7800 Freiburg im Breisgau
Öko-Institut, Schönauer Str. 3, 7800 Freiburg

**Literatur**

«Lebensmittel heute – Überlebensmittel morgen?», Stiftung Verbraucherinstitut, Berlin 1982
M. O. Bruker, Ilse Gutjahr, «Biologischer Ratgeber für Mutter und Kind», Hopferau 1982
Ute Philippeit, Silke Schwartau, «Zuviel Chemie im Kochtopf?», Reinbek 1982
«Exportinteressen gegen Muttermilch», Dokumentation der Arbeitsgruppe Dritte Welt Bern, Reinbek 1976
«Wie geb ich's meinem Kinde?», *natur* 5, 1982
Katalyse-Umweltgruppe Köln, «Chemie in Lebensmitteln», Köln 1981
U. Lahl, K. Bätjer, J. v. Düszeln u. a., «Gesundheitliche Gefahren für Säuglinge durch Desinfektion der Fütterungsutensilien mittels Natriumhypochlorit?» in: *Hygiene und Medizin* Nr. 12/80, Mainz 1980
«Milton, die Sterilisier-Methode für Babyflaschen und Sauger», Wick Pharma, Groß Gerau o. D.
«Lebensmittel- und Bedarfsgegenstände-Gesetz», in: *Verbraucher-Rundschau* Nr. 12, Arbeitsgemeinschaft der Verbraucher, Bonn 1980
Arbeitsdokument 1–903/80 (4.3.1982) und Sitzungsdokument 1–903/81 (12.2.1981), Europäisches Parlament, Ausschuß für Umweltfragen, Volksgesundheit und Verbraucherschutz
«Was Sie schon immer über Umweltchemikalien wissen wollten», Umweltbundesamt Berlin 1980
«Umweltgift PCB», *B. U. N. D. information* 21, Freiburg 1982
Hans-Joachim Dohmeier, Erich Janson, «Zum Töten von Fliegen und Menschen», Reinbek 1983
M. O. Bruker, «Krank durch Zucker», Bad Homburg 1983
«Rückstände in unserer Nahrung», Arbeitsgemeinschaft der Verbraucher e. V., Bonn, in: *Verbraucher-Rundschau* Nr. 11, Bonn 1980
«Cadmium», Stiftung Verbraucherinstitut Berlin, 1983
Imre Kerner, Toya Maissen, «Die kalkulierte Verantwortungslosigkeit», Reinbek 1980
«Säuglingsernährung und Muttermilch 1981», Arbeitsgemeinschaft der Verbraucher e. V., in: *Verbraucher-Rundschau* Nr. 10, Bonn 1983
«Bericht über Humanmilch-Untersuchungen», Arbeitsgemeinschaft der Leiter der Chemischen Untersuchungsanstalten Baden-Württemberg, Stuttgart 1982
«Stillen – Trotzdem», Stiftung Verbraucherinstitut Berlin 1983
K. Ballschmiter, H. Buchert u. a., «Baseline Studies of the Global Pollution», aus *Fresenius Zeitschrift für Analytische Chemie*, 306, Berlin 1981
K.-E. Krüger, L. Nieper, «Der Quecksilber-Gehalt der Seefische im Nordatlantik», in: *Bundesgesundheitsblatt* Nr. 16, Berlin 1977

# Keimfrei von Kopf bis Klo

**«Ist dies schon Tollheit,
hat es doch Methode.»**

**William Shakespeare, ‹*Hamlet*›**

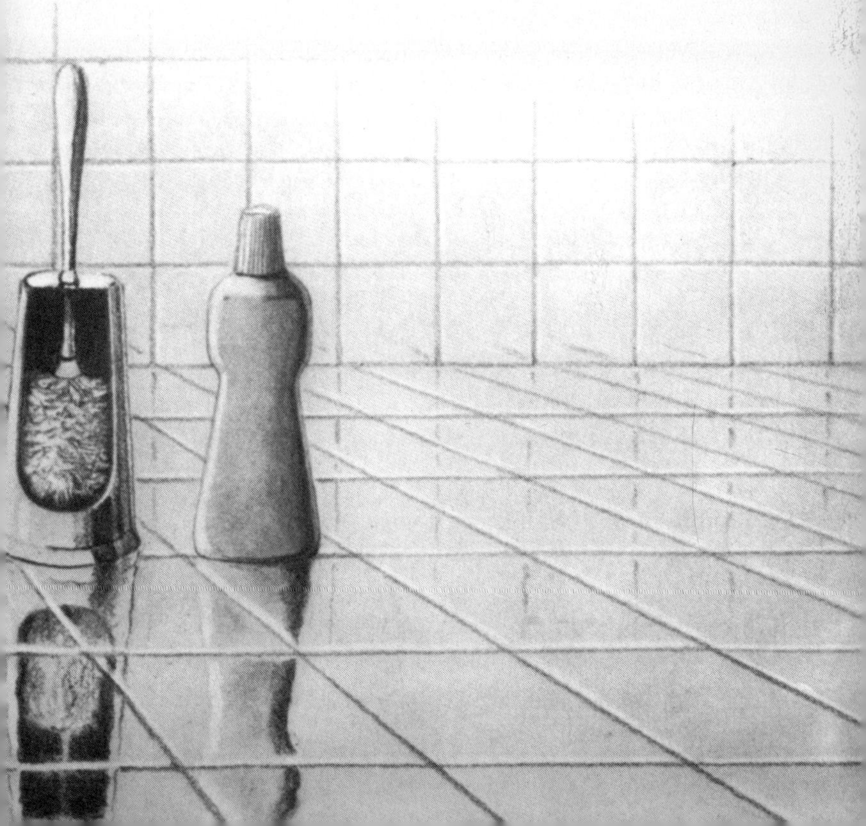

## Hygiene im Wandel der Zeiten

Wieviel Kilogramm Desinfektionsmittel pro Jahr pro Kopf der Bevölkerung verbraucht werden, konnte ich nicht herausbekommen. Wie soll man das auch zusammenrechnen!

Sie verbergen sich in Waschmitteln und Weichspülern, in Intimpflegemitteln, Deos, Seifen und Kosmetik, in Spezialreinigern für Schwimmbäder, Klos und Küchen. Oder sie sind offen als Desinfektionsmittel deklariert, zum Beispiel für Krankenhäuser und Fabriken, die Lebensmittel verarbeiten.

Insgesamt werden in der Bundesrepublik pro Jahr etwa dreißigtausend Tonnen «mikrobizide Wirkstoffe» eingesetzt, das ist etwas mehr als die Menge der Pestizide, die jährlich über unser Land gestreut werden. Unter den Begriff «mikrobizide Wirkstoffe» fallen Desinfektionsmittel und Konservierungsstoffe, von der Gesellschaft Deutscher Chemiker so definiert: «Desinfektionsmittel sind Stoffe, die zur Bekämpfung von pathogenen Mikroorganismen und für die mikrobielle Dekontamination verwendet werden. Konservierungsmittel sind chemische Verbindungen, mit deren Hilfe Maßnahmen durchgeführt werden, welche Materialien in ihrem gegenwärtigen Zustand erhalten, indem sie diese vor Verderb durch mikrobiellen Angriff schützen.» Dabei kann eine chemische Substanz, das Hexachlorophen zum Beispiel, durchaus beide Funktionen wahrnehmen, also Krankheitskeime abtöten und auch vor Befall durch Keime schützen.

Desinfektion im Krankenhaus, das leuchtet ein. Obgleich sie, trotz geballter Dosis, auch dort nicht das Allheilmittel zu sein scheint. Denn acht Prozent aller Todesfälle in Krankenhäusern, so heißt es in einer Vorstudie der Fachgruppe Wasserchemie vom Juni 1981, müssen «auf im Krankenhaus erworbene Infektionen zurückgeführt werden. Man rechnet damit, daß mehr als zehn Prozent aller Pflegetage für im Krankenhaus infizierte Patienten aufgewendet werden müssen.»

Wenn man allerdings die Werbung und die steigenden Umsatzzahlen von desinfizierenden Haushaltsmitteln betrachtet, dann bekommt man den Eindruck, als verwechselten immer mehr durchaus gesunde Leute ihr trautes Heim mit einer Seuchenstation. Gerade so, als steckten ihnen noch die Pest- und Choleraepidemien vergangener Jahrhunderte in den Knochen. Ganz ohne Zweifel hätten Desinfektionsmittel damals helfen können, die Seuchen einzudämmen. Die

Ursachen für diese ansteckenden Krankheiten, die ganze Landstriche entvölkerten, lagen jedoch anderswo.

Die Menschen in den aufstrebenden Städten Europas lebten zu dicht aufeinander und mißachteten die einfachsten Regeln der Sauberkeit. Ein öffentliches Badehaus im Stadtzentrum, Badezimmer in Privathäusern, Müllschlucker und ein System von Abwasserkanälen, Einrichtungen, wie sie in den alten Städten des Industales um 2200 vor Christi Geburt selbstverständlich waren, gab es bei uns im Mittelalter nicht.

Unrat und Abfälle wurden auf die Straßen gekippt, in den Gassen suhlten sich Schweine.

Es gab auch Abfallgruben, und zwar in den engen Hinterhöfen, wo häufig Rinder und Kleinvieh gehalten wurden. Direkt daneben lagen die Hausbrunnen mit dem Trinkwasser, das sich im Laufe der Zeit mit Jauche vermischte, die durchs Erdreich in die undichten Brunnen drang. Der Tod lauerte buchstäblich im Hinterhof.

Ein weiterer Seuchenherd war der Wochenmarkt. Die Vorratslager der Kaufleute, Abfälle von Schlachthöfen und verdorbene Lebensmittelreste, die man achtlos fortwarf, waren, die Engländerin Reay Tannahill führt das recht anschaulich aus, «Brutstätten für alle Arten von Bakterien und ein Paradies für die gefräßigen schwarzen Ratten, die im 13. Jahrhundert die meisten der neuen Städte Europas verseuchten. Wenn sich im Gedränge des Marktplatzes eine kranke Ratte in der Gosse kratzte, konnten ihre Flöhe auf einen vorübergehenden Menschen überspringen. Der Biß eines Rattenflohs konnte aber Pest oder Typhus übertragen, und wenn das Opfer schon unter Läusen litt und mit Menschen zusammenlebte, die ebenfalls von Läusen geplagt wurden (was in den meisten mittelalterlichen Städten der Fall war), so konnte leicht eine verheerende Epidemie ausbrechen, da Läuse Typhusbakterien übertragen.»

In Europa waren die einfachsten Sauberkeitsregeln vergessen, die für jeden sogenannten «Primitiven» oberstes Gebot sind. «Wenn ein Primitiver», so schreibt der Schweizer Arzt Henry E. Sigerist, «nicht in einen Fluß, aus dem er sein Trinkwasser holt, uriniert oder Unrat hineinwirft, sieht das für uns wie eine hygienische rationale Maßnahme aus, doch wissen wir, daß er sich einer solchen Handlung enthält, um den Flußgeist nicht zu beleidigen. Und wenn er seinen Stuhl eingräbt, tut er es nicht aus hygienischen Gründen, sondern weil er sich vor der Kontaktmagie fürchtet.» Sigerist läßt außer acht, daß derlei Gebote durch-

Mit WC-Reinigern lassen sich offenbar gute Geschäfte machen: 1980 wurden 32522000 Kilo verkauft, das bedeutet gegenüber 1976 einen Zuwachs von 97 Prozent!

aus auf Erfahrungen beruhen, die die Menschen schon sehr früh machten. Doch das spielt in diesem Zusammenhang keine Rolle.

Flußgeist und Kontaktmagie samt den dahinterstehenden Erfahrungen sind uns heute schnuppe, und letzten Endes auch die Hygiene. Ungeniert leiten wir unseren Unrat in die Flüsse, die sich in Kloaken verwandelten, werfen ihn auf Müllberge, die die Landschaft verschandeln, das Erdreich verseuchen und das Grundwasser vergiften. Statt Sauberkeit haben wir die Chemie. Wir desinfizieren, und zwar gründlich.

Trotzdem werden Läuse in unseren Haaren wieder heimisch, Geschlechtskrankheiten gehen um. Und selten hab ich fettere Mücken gesehen als vorm Hamburger Boehringer-Werk, das Insektenvertilgungsmittel herstellte und Hexachlorcyclohexan (HCH), einen Ausgangsstoff für das Desinfektionsmittel Hexachlorophen (HCP). Die persönliche Sauberkeit, so warnen immer mehr Ärzte, läßt in dem Maße nach, wie der Umsatz an Pflegemitteln steigt. Davon abgesehen, daß all die Desinfektionsmittel die Hygiene nicht ersetzen können, sorgen sie in der Küche und auf dem Körper gerade dafür, daß jene Bakterien groß und stark und resistent werden, die eigentlich verschwinden sollten.

Professor Franz Daschner, Hygieniker an der Freiburger Universitätsklinik, hat es klipp und klar formuliert: «Im Haushalt müssen weder Hände noch Toilettenbrillen noch Spielzeug noch Waschbecken noch Telefon noch Windeleimer oder Windeln routinemäßig desinfiziert werden. Desinfektion im Haushalt ist nur notwendig nach meldepflichtigen übertragbaren Erkrankungen auf Anordnung des Arztes und Gesundheitsamtes.»

Sauberkeit muß sein, keine Frage. Doch mit so manchem «Putz»-Mittel holen wir uns genau das ins Haus, was das Wort einst bedeutete und was wir vermeiden wollten – nämlich «Schmutz». Der «Butz» war ursprünglich die Schnuppe an der Kerze und die Unreinigkeit an der Nase, der Popel.

Da wir gerade dabei sind: Unser Wort «waschen» rührt vom altgermanischen «wat-sko», das heißt «mit Wasser reinigen». Das altfranzösische «waschier, guaschier», bedeutete «rühren, rudern». Die Grundbedeutung von «waschen» ist demnach «in fließendem Wasser hin und her bewegen».

Fußböden «wusch» man demzufolge nicht, man «wischte» sie. Das althochdeutsche Wort «wisken» beschreibt eigentlich «aus Gerten einen Zaun flechten». Geflochten beziehungsweise gebunden wurden auch die Besen für den Hausputz, und zwar aus Ginster oder Reisig, sofern sich die Hausfrau nicht mit einem Stroh«wisch» begnügte. «Wiska» hieß auch die Schlinge, mit der die Germanen jene erwürgten, die zum Tode verurteilt waren.

Daß allzu eifriges «Wischen» durchaus gefährlich sein kann, mußten Sauberkeitsfanatiker erfahren, denen es nicht genügte, ihren «stillen Ort» mit einem einzigen Mittel zu traktieren.

# Natriumhypochlorit, Natriumhydroxid und andere tückische Haushaltshilfen

Hausfrauen und Hausmänner, die nach der Devise «doppelt hält besser» WC-Reiniger oder Abflußfrei plus Domestos in die Toilette schütteten, gingen anschließend in die Knie. In der Kloschüssel brodelte und zischte es, die Inhaltsstoffe der Haushaltshilfen vereinigten sich zu einem neuen Produkt – zu Chlorgas, das im Ersten Weltkrieg als Grünkreuz-Kampfstoff eingesetzt wurde. Den erschrockenen Putzleuten blieb der Atem weg, manch einem auch die Haare. Denn Natriumhypochlorit und Natriumhydroxid schädigen, wenn sie aufeinandertreffen, den Hornstoff des Haares, das büschelweise ausfällt. Ein schwacher Trost für den, dem's passiert: Das Haar wächst wieder nach.

Natriumhypochlorit ist in einem relativ neuen Typ von Haushaltsreinigern enthalten. Der bekannteste ist Domestos. Diese Mittel dürfen niemals gleichzeitig mit ausgesprochenen WC-Reinigern verwendet

**Natriumhydroxid**

Natriumhydroxid hat die chemische Formel NaOH, es kommt in Form von weißen Brocken, Pillen, Schuppen oder Körnern vor und zieht Feuchtigkeit an. Andere Namen für NaOH sind «Ätznatron», «kaustische Soda», «Natronhydrat» und, wenn es als wäßrige Lösung auftritt, «Natronlauge».

Ätznatron zählt zu den «gefährlichen Stoffen in Sonderabfällen» und wird dementsprechend im Handbuch des Umwelt-Bundesamtes beschrieben.

Natriumhydroxid/Ätznatron wirkt im festen wie im gelösten Zustand ätzend und zersetzend auf alle Körpergewebe, es verursacht Verbrennungen und Geschwüre, die tiefe Narben hinterlassen. Nie mit bloßen Händen damit hantieren!

«Treten Nebel, Dämpfe oder Stäube auf, die Natriumhydroxid enthalten, so kann es zu Verbrennungen der Haut, bei Kontakt mit den Augen zu schweren Schädigungen der Hornhaut und beim Einatmen zu Reizungen und weitergehend zu starken Verätzungen des Atem- beziehungsweise Verdauungstraktes kommen.»

werden, die – ebenso wie Abflußreiniger – Natriumhydroxid enthalten, das auch allein schon schlimm genug ist.

Wenn sich Natriumhydroxid im Wasser löst – und genau das geschieht ja bei Abfluß- und WC-Reinigern –, gibt es starke Erhitzungen. Beim Kontakt mit Metallen wie Zink, galvanisiertem Eisen und Aluminium kann sich Wasserstoff entwickeln, der mit dem Sauerstoff der Luft «explosible Gemische» bildet – zum Beispiel Knallgas!

Im übrigen macht sich der Abflußreiniger nicht nur über den Dreck im Klo und in den Rohren her, sondern auch über die Rohre selbst. Egal, ob aus Kunststoff oder Blei, sie werden zerfressen.

Kein Wunder, daß Natriumhydroxid/Ätznatron auch im Abwasser Schaden anrichtet, und zwar als Folge der pH-Wert-Erhöhung. Die Fische werden durch Ätznatron schwer geschädigt, es kommt zu Verätzungen der Oberhaut ihrer Kiemen und zu starker Schleimbildung. Die

Fische ersticken also jämmerlich, während der Abflußreiniger ihre Atemorgane langsam zerfrißt.

Wer trotz allem diese Kampfstoffe im Haushalt einsetzen will, sollte sich gleich mit einer Gasmaske und einem speziellen Schutzanzug versorgen. Denn alle einschlägigen Produkte, die die Stiftung Warentest prüfte, verätzen die Haut, die Schleimhäute und Textilien. Davon abgesehen lädieren sie auch das Mobiliar.

Kloreiniger dürfen nicht mit Email in Berührung kommen, sie fressen hölzerne Klobrillen und -deckel an, sie hinterlassen unter Umständen Flecken auf Teppichen und Böden.

Ähnlich Schlechtes ist auch über jene Hilfsmittel zu sagen, die das Klosett in Düfte von Tannenwäldern und Rosengärten hüllen sollen: WC-Desodorierer enthalten Paradichlorbenzol, eine leicht flüchtige Chemikalie, die nicht nur das Wasser gefährdet, sondern auch das Zentralnervensystem des Menschen. Es greift außerdem Leber und Nieren an.

Luftverbesserer in Spraydosen enthalten Acetaldehyd, das leicht verdunstet und bei langanhaltender Einwirkung (und lange soll es ja einwirken) die Leber schädigt. Außerdem brennt es leicht, löst Gummi und Kunststoffe auf. Die Luftverbesserer in fester Form enthalten Paraldehyd, das ebenfalls an die Leber geht.

Für das ganze Sortiment der chemischen Haushaltshilfen gilt folgendes: Bei gleichzeitiger Anwendung mehrerer Mittel laufen Sie jederzeit Gefahr, Bad oder Küche in ein Labor zu verwandeln, in dem chemische Prozesse ablaufen, deren Resultat niemand vorhersagen kann.

Wenn Mensch oder Tier versehentlich dieses Teufelszeug von Rohrreinigern, Sanitärreinigern, Desinfektionsmitteln usw. verschlucken, sofort ins nächste Krankenhaus. Versuchen Sie auf keinen Fall, Erbrechen herbeizuführen. Mundhöhle und Schlund werden dann gleich zweimal verätzt.

Obgleich bei gleichzeitiger Anwendung von Mitteln, die Natriumhypochlorit und Natriumhydroxid enthalten, nachweislich Chlorgas entsteht, sind sie weiter im Handel. Dazu die Stiftung Warentest: «Das Bundesgesundheitsministerium ist nach Kontakt mit mehreren Vergiftungszentralen und dem Bundesgesundheitsamt in Berlin zu der Auffassung gekommen, daß auch bei mißbräuchlicher Anwendung keine erhebliche Gefährdung besteht.»

# Drei Arten der Desinfektion

Wenn einer sein Klo desinfizieren will, so kann ich das notfalls verstehen. Manch einem genügt es vielleicht nicht, daß er nur auf einen Knopf drückt, und schon sind seine Exkremente verschwunden. Möglicherweise ist da noch eine Art Urinstinkt, ein dunkler Wunsch zu verscharren. Denn jedes Tier, das nicht völlig überzüchtet ist, beachtet im Zusammenhang mit seinen Ausscheidungen ganz bestimmte Rituale. Und dann sitzt halt vielen von uns die recht rigorose Reinlichkeitsdressur der Kindheit noch im Nacken.

Wenn einer aber darangeht, das ganze Haus und gar sich selbst zu desinfizieren, mit Mundduschen, Deodorants und Intimsprays, dann zeugt das im wahrsten Sinne des Wortes von pein-licher Sauberkeit. Der Mensch macht sich krank.

«Desinfizieren heißt, einen Gegenstand in einen Zustand zu versetzen, daß er nicht mehr infizieren kann», definiert Heinrich Mrozek in seinem Aufsatz *‹Der Desinfektionserfolg und sein Nachweis›* den Vorgang des Entkeimens. Dieser Nachweis kann aber, das führt er im Folgenden aus, nur über das Nichteintreten einer Infektion erbracht werden. «Hieraus geht hervor, daß ein absoluter Desinfektionserfolg grundsätzlich nicht nachweisbar ist.»

Ob ein Mensch sich ansteckt, also infiziert, hängt zu einem wesentlichen Teil von seinen Abwehrkräften ab. Die aber werden gerade durch Desinfektionsmittel geschwächt, gleich auf zweierlei Weise: Zum einen direkt durch bestimmte Substanzen, die für den Menschen gefährlich sind, zum anderen indirekt durch die Art und Weise, wie diese Mittel auf Bakterien einwirken.

Grundsätzlich gibt es für die «Entkeimung» drei Anwendungsbereiche. Da ist zunächst die Körperdesinfektion, auch «Feindesinfektion» genannt. Mittel, die hierbei eingesetzt werden, kommen unmittelbar mit dem Körper in Berührung, sei es vor oder nach Operationen, bei der Behandlung von Wunden, als Deodorant, Mundspray oder bei der Intimpflege. Generell werden vorwiegend Alkohole angewendet, die möglichst schnell auf Mikroorganismen wirken und verhältnismäßig gut verträglich sind – zumindest, was Hautreizungen und dergleichen betrifft. Sollen Pilze und Viren abgetötet werden, muß entweder eine höhere Konzentration oder aber ein Zusatzmittel verwendet werden. Neben Alkoholen kommen Phenolabkömmlinge und kationische Tenside zum Einsatz, die auch in Waschmitteln, vor allem in Weichspülern stekken. Herstellerfirmen empfehlen aber auch Mittel, die Aldehyd enthalten, zum Beispiel Lysoform. Professor Franz Daschner aus Freiburg äußerte sich dazu in der *Täglichen Praxis*: «Die Empfehlung von ‹Lysoform› zur Haut- und Händedesinfektion muß geradezu als Kunstfehler betrachtet werden. Formaldehyd (Lysoform) ist bei Ärzten, Pflegepersonal und Hausfrauen eine der häufigsten Ursachen von Hautunverträglichkeiten und Allergien geworden.»

Bei der Instrumentaldesinfektion, hier handelt es sich vorwiegend um den Bereich Krankenhaus, wirken zumeist Phenole, Aldehyde und Aktivchlorträger. Material, das Hitze nicht verträgt, wird kaltsterilisiert mit Peressigsäure. Bei dieser Instrumentaldesinfektion ist nach Ansicht der Hersteller die lokale Verträglichkeit nicht so wichtig – man kann beim Hantieren mit den Mitteln Handschuhe tragen.

Zum dritten gibt es die Flächen- oder «Grobdesinfektion» für Klinik und Haushalt, bei der unter anderem Aldehyde, Phenole und Alkohole eingesetzt werden. Diese Mittel konzentrieren sich in der Atemluft, ganz besonders, wenn sie versprüht werden. Sie reizen die Schleimhäute im Atmungstrakt und können, so der Toxikologe Werner Kästner von der Firma Henkel, zu «systematischen Vergiftungserscheinungen infolge Inhalation» führen – sofern die Benutzer keine Gasmasken tragen.

Aldehyde, Phenole, Aktivchlorträger, kationische Tenside, Hexachlorophen, kurzum alle desinfizierenden Substanzen, greifen die Zellenmembran der Mikroorganismen an, wirken auf das Protoplasma der Zellen oder auf ihr Enzymsystem. «Es kommt», so Kästner, «zu einer Veränderung des Stoffaustauschs zwischen Zellinnerem und Außenmilieu, zu einer Proteindenaturierung oder Eiweißpräzipation oder zu einer Hemmung oder Blockade der Enzymsysteme.»

Unverdünnte Desinfektionsmittel sind strikt unter Verschluß zu halten, denn sie haben eine «lokale Reizwirkung», wie es im Jargon der Toxikologen heißt. Das reicht von einer leichten Rötung der Haut bei Berührung bis zur Verätzung der Speiseröhre, falls so ein Mittel verschluckt wird. Vorsicht ist auch geboten bei Mitteln, die die Hände desinfizieren (siehe Lysoform), vor allem, wenn sie zusätzlich mit Seife geschrubbt werden.

«Die durch die Desinfektion der Haut entzogenen Substanzen», so Kästner, «müssen durch entsprechende pflegende Maßnahmen ersetzt werden, denn der dauernde Gebrauch von Seifen oder synthetischen Tensiden sowie Alkoholen entfernt nicht nur den Schmutz von der Haut, sondern löst gleichzeitig die Hautlipide aus den Hornschichten heraus. Dadurch kommt es zu einem verminderten Zusammenhang der einzelnen Hornschuppen des Stratum cornexum, was als Hautrauhigkeit oder Sprödigkeit der Haut auffällt.» Eine Rückfettung der Haut ist wichtig, damit andere Schadstoffe, «und dazu müssen auch die Desinfektionswirkstoffe gezählt werden», nicht eindringen können. Akute Reizsymptome lassen sich nach Kästner vermeiden, während «chronische Schäden wie Abnutzungsdermatosen, verminderte Alkalineutralisationsfähigkeit der Haut und Sensibilisierungen nicht völlig auszuschließen sind».

## Die familieneigene Bakterienflora oder Das Geheimnis der Abwehrkräfte

Der Zweck eines Desinfektionsmittels ist es, Mikroorganismen zu töten. Dabei können die Wirkstoffe nicht unbedingt zwischen nützlichen und schädlichen Kleinlebewesen unterscheiden, und keinesfalls beschränken sie sich auf sie. Desinfektionsmittel greifen genausogut Makroorganismen an, zum Beispiel den Menschen. Wie gesagt, auf zweierlei Weise.

Überall, um uns, auf uns, in uns befinden sich, unserem Auge unsichtbar, winzige Lebewesen, sogenannte Mikroorganismen. Sie sind noch längst nicht ausreichend erforscht. Eines jedoch steht fest: Die einzelnen Arten sind sorgsam aufeinander abgestimmt, und in ihrer Gesamtheit erfüllen sie ganz spezielle Aufgaben.

Beim Menschen sorgt zum Beispiel die Bakterienflora im Magen-Darm-Trakt für eine reibungslose Verdauung. Die Vaginalflora schützt vor Infektionen im Unterleibsbereich. Dasselbe tun Mikroorganismen auf der Haut, im Mundbereich und so weiter. Diese Winzlebewesen befinden sich auch auf dem Fußboden, auf Möbeln, in Gardinen. Wo mehrere Menschen zusammenleben, bildet sich eine regelrechte «familieneigene» Bakterienflora heraus. Mikroorganismen sind im Boden, im Wasser, an Bäumen und Tieren, sie sind überall.

Sobald diese ganz besondere Mischung winziger Lebewesen gestört wird, und genau das geschieht ja, sobald Desinfektionsmittel eingesetzt werden, gerät das Gleichgewicht durcheinander. Bestimmte Mikroorganismen, zum Teil sehr schädliche, sterben, während andere sich übermäßig vermehren. Das bleibt für den Menschen nicht ohne Folgen. Die natürlichen Abwehrkräfte erlahmen, der Körper wird anfällig gegen Infektionskrankheiten und Allergien.

Der Kontakt mit Bakterien zwingt nämlich den Körper, auf sie zu reagieren. Er entwickelt Abwehrstoffe, die mit den Bakterien fertig werden, er kann sogar immun gegen sie werden. Das gilt selbst für eine so gefährliche Krankheit wie die Blattern, die Schwarzen Pocken, an denen noch Mitte des 18. Jahrhunderts in Westeuropa jährlich eine halbe Million Menschen starben. Personen, die die Blattern überstanden hatten, das war lange bekannt, blieben zeitlebens gegen die Krankheit gefeit.

Diese Tatsache hatte man sich zunutze gemacht und eine Art Impfung erfunden: Getrockneter Pockeneiter wurde in Ritzwunden gebracht. Gesunde Personen ließen sich also absichtlich mit abgeschwächtem Pockengift anstecken, um immun zu werden. Allerdings konnte bei dieser Art der Impfung niemand vorhersagen, welchen Verlauf die vorsätzliche Infektion nehmen würde. Das Risiko war groß.

Andererseits gab es Menschen, die auf die «Variolation», das kommt von «variola» = Pocken (lat. varius – mannigfach, buntfarbig) überhaupt nicht reagierten. Diese Personen hatten sich irgendwann in ihrem Leben mit den sogenannten «Kuhpocken» angesteckt. Die «variolae vaccinae» (lat. vacca – die Kuh), eine Pustelerkrankung am Euter der Kuh, bringt dem Menschen nur Pusteln an Händen und Armen, sonst nichts. Als der englische Landarzt Edward Jenner (1749 bis 1823) davon hörte, begriff er, was dieses alte Volkswissen für die Medizin bedeutete. Er ließ sich durch nichts beirren, und zu Beginn des 19. Jahrhunderts hatte es ein Ende mit der riskanten «Variolation». An ihre Stelle trat die «Vakzination», die Schutzimpfung mit Kuhpocken. Ihre Wirkung beruht auf der Tatsache, daß der menschliche Körper, der mit Krankheitskeimen infiziert wird, Abwehrstoffe gegen sie bildet.

In Küche und Klo tobt zwar der gnadenlose Krieg gegen Keime, trotzdem häufen sich die Vergiftungen – zum Beispiel durch Salmonellen.

Die Verbraucherzentralen schlugen Alarm, der Ernährungsminister erteilte den Untersuchungsämtern Presseverbot. Grund: bis zu 60 Prozent aller Tiefkühlhähnchen können mit Salmonellen verseucht sein.

Doch nicht allein die Gummiadler wimmeln von Bakterien der Salmonella-Gruppe, mit Vorsicht zu genießen ist auch Fleisch von Schwein und Rind, besonders frisches; salmonellenverdächtig sind Milch- und Eiprodukte wie Mayonnaise, Puddingpulver oder Instantspeisen mit Eipulver sowie Meerestiere.

Salmonellose ist auf Grund des Bundesseuchengesetzes meldepflichtig. 1965 wurden in der Bundesrepublik 6500 Fälle bekannt; 1974 waren es 22200 und 1979 mehr als 40000.

Die unsichtbaren, geruch- und geschmacklosen Salmonellen verursachen zweierlei Krankheit. Die echte Vergiftung äußert sich nach wenigen Stunden. Wenn jemand, so der Krefelder Professor Wolfgang Thiel, Fachmediziner für Lebensmittelhygiene und Mikrobiologie, pro Gramm Geflügelsalat zehn Millionen der winzigen Salmonellen verschluckt, dann kommt es kurze Zeit später zu Übelkeit, Erbrechen, Durchfall und Fieber.

Eine Infektion dagegen äußert sich erst zwei bis vier Tage später. Hat einer pro Gramm nur hundert Salmonellen mitverspeist, dann beginnt im Körper ein Gerangel zwischen Abwehrkräften und den Salmonellen, die sich im Innern des Erkrankten alle zwanzig Minuten verdoppeln. Das Krankheitsbild von Vergiftung und Infektion ist sehr ähnlich, die Behandlung dagegen grundverschieden.

Doch selbst wenn der Patient eine Salmonellose überwunden hat, ist er noch nicht unbedingt aus dem Schneider. Es kann nämlich geschehen, so Thiel, daß Salmonellen und Körper eine Koalition eingehen. Man fühlt sich gesund und munter – und gibt dabei massenhaft Bakterien ab, ist zum «Dauerausscheider» geworden.

Daß sich die Salmonellenvergiftungen häufen, hat mehrere Ursachen: Tierfutter, zum Beispiel Fischmehl, kann verseucht sein; in Intensivstallungen steckt ein Tier das andere an; mangelnde Hygiene in Großschlachtereien, etwa beim «Spinchilling» der Hähnchen, die in Eiswasser schwimmen, oder in Großküchen.

Frost kann den Salmonellen nichts anhaben; sobald die Lebensmittel erwärmt werden, vermehren sich die Bakterien weiter. Erst bei 65 Grad Celsius sterben sie. Und diese Temperatur wird längst nicht immer erreicht.

Wenn man etwa Klopse brät, dann liegt die Temperatur zwischen Pfanne und Öl zwar bei 150 bis 200 Grad, im Innern der Buletten jedoch nur um 45 bis 50 Grad. Und ein Brathähnchen, das bei 250 Grad im

Backofen brutzelt, erreicht die erforderlichen 65 Grad erst gegen Ende der Bratzeit. Wer es etwas saftiger liebt, ißt gefährlich.

Für die Kontrolle der Massentierhaltung, der Großschlachtereien, der importierten Lebensmittel, für Hygiene in Großküchen und Kantinen sind die Behörden verantwortlich. Für die eigene Küche aber ist jeder Verbraucher selbst zuständig.

Professor Thiel gibt folgende Tips, wie man sich vor Salmonellen schützen kann:

* Tiefgefrorenes aus der Plastikhülle nehmen, in einem leicht zu säubernden Gefäß im Kühlschrank auftauen lassen
* Kühlschränke regelmäßig gründlich auswaschen, auch wenn sie sauber erscheinen
* Statt der traditionellen Wischlappen lieber Papiertücher verwenden
* Geschirrtücher täglich wechseln
* Küchengeräte nach Gebrauch heiß abspülen
* Verderbliche Lebensmittel spätestens zwei Stunden nach dem Einkaufen kühlstellen
* Speisereste nicht nur aufwärmen, sondern durchkochen. Gegarter Fisch kann nur gesäuert länger gehalten werden.
* Instantprodukte mit Ei und Milch direkt vorm Verzehr zubereiten, Reste nicht aufbewahren. Das gilt auch für Säuglingsnahrung.
* Grundsätzlich alle Speisen, die Eier, Sahne oder Milch enthalten, kühl aufbewahren
* Fleisch gründlich durchgaren (Fleischthermometer), Hack am selben Tag aufbrauchen oder zumindest zubereiten und dann in den Kühlschrank stellen
* Besonders gefährlich ist das sogenannte «Anbraten». Durch dieses Verfahren werden die Bakterien zur Vermehrung und Toxinbildung angeregt. Das Anbraten hat keinen Konservierungseffekt.

## Hexachlorophen und Dioxine

Wer sich und seine Umwelt ständig desinfiziert, und zwar zum Teil mit Chemikalien, die nicht einmal mehr im Krankenhaus verwendet werden, weil sie wahre chemische Keulen sind, der verändert das eingependelte Gleichgewicht der Mikroorganismen, die für sein Wohlergehen sorgen, er macht sich krank.

Diese Tatsache allein genügt eigentlich, um einen das Gruseln zu lehren. Doch es kommt noch schlimmer. In manchen Deoseifen, -stiften und -sprays, in Mundwasser und Nagelhärter, in der Zahnpasta und im Kölnisch Wasser, in Shampoos, Aknepräparaten, Desinfektions- und Waschmitteln sind chemische Substanzen enthalten, die im wahrsten Sinne des Wortes «zum Töten von Fliegen und Menschen» taugen. Nämlich Dioxine und Furane. Gifte dieser Klasse stecken mit Sicherheit in allen Produkten, die Hexachlorophen enthalten. (Listen dieser Produkte liegen bei den Verbraucherzentralen aus.) Vieles weist darauf hin, daß Dioxine und Furane, von denen bereits ein Milliardstel Gramm beim Menschen Krebs auslösen kann, bei nahezu allen Verbrennungsvorgängen entstehen, bei denen Chlor, Kohlenstoff und Sauerstoff beteiligt sind.

Schauen wir uns das Hexachlorophen einmal näher an. Im ‹*Vergiftungsregister*› (1982) von Braun/Dönhardt heißt es dazu: «Desinfektionsmittel, das vor allem Seifen (0,5 Prozent), Deo-Sprays und Kölnisch Wassern zugesetzt wird. Höhere Konzentrationen sind haut- und schleimhautreizend. Allergische Reaktionen kommen selten vor. Nach oraler Aufnahme wurden Anorexie, Nausea, Erbrechen, Diarrhöe, Sehverlustsyndrom und Kreislaufkollaps beobachtet.» Es folgt ein Verweis auf «Dichlorophen», ein «Bakterizid und desodorierend wirkender Stoff. Zusatz bis ca. 3 Prozent zu Seifen, Pudern, Rasierwässern usw. Hautreizend in höheren Konzentrationen. Krämpfe und Diarrhöen sind aus Tierversuchen bekannt.»

Hexachlorophen, kurz HCP genannt, ist nicht nur ein Bakterizid. Es ist auch ein Nervengift. Daß mit dieser Substanz nicht zu spaßen ist, zeigt der Produktionsprozeß, bei dem die Zusammenhänge, gewissermaßen die Verwandtschaftsverhältnisse, zwischen HCP, Agent Orange, dem «Seveso-Gift» TCDD und HCH deutlich werden.

Am Anfang der Hexachlorophenproduktion stehen Chlor und Benzol. Die werden beim sogenannten Druckphenolprozeß (ich zitiere aus Dohmeier/Janson, ‹*Zum Töten von Fliegen und Menschen*›) «in einem

Chlorierungsreaktor bei Temperaturen von 20 bis 60 Grad Celsius mit ultraviolettem Licht bestrahlt. Dabei entsteht ein Gemisch verschiedener Isomere von Hexachlorcyclohexan (HCH).»

Im Juni 1984 lagen der Hamburger Umweltbehörde BBNU die Analyseergebnisse von Proben vor, die aus den Zersetzerrückständen der HCH-Produktion von Boehringer/Hamburg stammen. Sie enthielten Dioxine im Grammbereich, zum Beispiel 32 Gramm OCDD (Octachlor-dibenzo-dioxine) pro Kilogramm Rückstände und 500 Mikrogramm des «Seveso-Giftes» TCDD.

Bis zu diesem Zeitpunkt galt es als ausgemacht, daß lediglich bei der Produktion von T-Säure Dioxine anfallen. Diese Säure wird seit 1983 in Hamburg nicht mehr hergestellt. Daß sie auch in den Zersetzerrückständen der HCH-Produktion stecken, war neu. Zumindest den Behörden. Denn Chemiker weisen schon länger darauf hin, daß sie anfallen, daß sie auch in allen Folgeprodukten enthalten sein müssen. Doch zurück zum Produktionsprozeß. Aus Chlor und Benzol sind also HCH-Isomere entstanden. Das Gemisch aus Alpha-, Beta-, Gamma- und Delta-Isomeren wird gereinigt. Aus den Gamma-Isomeren fabrizierte die Firma H. C. Boehringer Sohn das Insektengift Lindan. «Die übrigen Isomere, Abfallprodukte der ‹Lindan›-Herstellung, können zu Trichlorbenzol weiterverarbeitet werden. In einem Chlorierungsreaktor wird dieses Trichlorbenzol unter weiterem Zusatz von Chlor und Benzol und erneutem Einsatz von ultraviolettem Licht in Tetrachlorbenzol verwandelt. Das Tetrachlorbenzol wird bei dem Druckphenolprozeß in einem Druckbehälter in Gegenwart von Natronlauge und Methanol bei Temperaturen zwischen 150 und 170 Grad Celsius zu Trichlorphenol verseift.

Das Trichlorphenol kann dann kondensiert werden. So entsteht Hexachlorophen (HCP), ein begehrter Ausgangsstoff für pharmazeutische und kosmetische Präparate.»

Wird statt dessen Chloressigsäure zugesetzt, entsteht Trichlorphenoxyessigsäure, das Ausgangsprodukt für 2,4,5-T-Säure, das in Vietnam als Entlaubungsmittel Agent Orange eingesetzt wurde und Tausenden Tod und Verderben brachte.

Die Schweizer Firma Givaudan besaß ein Patent zur Herstellung von Hexachlorophen, das sich immer besser verkaufen ließ, weil es immer mehr Produkten beigefügt wurde. Das Ausgangsprodukt Trichlorphenol kaufte Givaudan jahrelang von anderen Herstellern, obgleich die Firma auch für dessen Fabrikation ein Patent besaß. Aus welchen Gründen auch immer – die Givaudan, die dem Chemiegiganten Hoffmann-LaRoche gehört, beschloß eines Tages, ihre italienische Tochter, die Icmesa, solle fortan Trichlorphenol herstellen.

Die Produktion lief an und «am 10. Juli 1976 gegen 12 Uhr 40 entwich aus der Fabrik Icmesa in Meda bei Mailand eine weiße Wolke». Sie enthielt ungefähr zwei Kilogramm 2,3,7,8-Tetrachlordibenzo-p-dioxin: TCDD. Seveso-Gift.

## HCP schädigt Kinder im Mutterleib

Anfang 1971 erreichte der amerikanische Verbraucheranwalt Ralph Nader, daß Hexachlorophen in den Vereinigten Staaten nur noch begrenzt eingesetzt werden kann: Seifen dürfen bis zu 0,75 Prozent, kosmetische Präparate bis zu 0,1 Prozent HCP enthalten. In der Bundesrepublik Deutschland ist die Substanz inzwischen für die Intimhygiene und die Babypflege verboten. Als Konservierungsmittel, zum Beispiel bei Deo-Sprays, darf es bis zu 0,1 Prozent eingesetzt werden, bei Seifen sind ein Prozent, bei sonstigen kosmetischen Mitteln 0,5 Prozent HCP erlaubt. Eine Deklarationspflicht besteht nicht.

Schon seit 1968 ist bekannt, daß sich HCP im Blut von Patienten ansammelt, deren Brandwunden mit hexachlorophenhaltigen Mitteln desinfiziert wurden. Bei Kindern traten sogar Krämpfe auf. Bei Ratten führte HCP zu Hirnödemen und Veränderungen des Rückenmarks.

1971 pinselten Wissenschaftler in den Labors der Firma Winthrop, die das Antiseptikum ph-isoHex herstellt, neugeborenen Rhesusäffchen eine dreiprozentige Lösung des Mittels auf den Leib und wuschen sie anschließend fort. Alle Tiere zeigten Schäden an der weißen Gehirnsubstanz im Großhirn und im Kleinhirn, im Rückenmark und im Hirnstamm. ph-isoHex blieb im Handel und wird auch in der Bundesrepublik verkauft.

In Washington untersuchte der Arzt E. C. Alvord 26 frühgeborene Säuglinge nach ihrem Tode. Er stellte bei allen schwere Hirnläsionen fest. 23 der Säuglinge, so fand er heraus, waren mindestens zweimal mit einem Reinigungsmittel gewaschen worden, das drei Prozent Hexachlorophen enthielt.

1977 erschien eine Untersuchung der schwedischen Ärztin H. Halling im *Swedish Medical Journal*. Frau Halling untersuchte die neugeborenen Kinder von 65 Krankenschwestern, die bei ihrer Arbeit regelmäßig HCP-haltige Desinfektionsmittel, nämlich ph-isoHex und Sanisoap (0,5 Prozent HCP) verwendeten. Zwölf von den 65 Kindern kamen mit Mißbildungen auf die Welt: Zysten in der Niere, Harnröhrenspalte, Wolfsrachen, unterentwickelte Lunge, fehlender Mastdarm.

In der Kontrollgruppe von 65 Krankenschwestern, die nicht mit HCP desinfizierten, war nur ein Säugling leicht mißgebildet. Die Mutter, so stellte sich heraus, hatte im ersten Monat ihrer Schwangerschaft eine Seife benutzt, die Hexachlorophen enthielt.

Eine ganze Reihe von Untersuchungen war also zu dem Ergebnis gekommen, daß HCP gefährlich ist. Um so erstaunlicher, daß noch 1979 in Römpp/Raaf, ‹*Chemie des Alltags*› zu lesen steht: «Zur Desodorierung des Körpers dienen Lösungen, Cremes, Stifte, Seifen, die Hexachlorophen ... und andere bakterienhemmende, für den Menschen unschädliche Stoffe enthalten.» Im folgenden wird unter anderem auf den 8 × 4-Stift der Firma Beiersdorf, Hamburg, hingewiesen: «... enthält Irgasan DP (2,4,4'-Trichlor-2'-hydroxydiphenyläther), das den Bakterienbefall durch Entwicklungshemmung bekämpft ...»

Irgasan ist identisch mit Triclosan, das gelegentlich als Ersatz für Hexachlorophen dient. Bei Waschmitteln zum Beispiel als Konservierungsstoff. Dieses Triclosan ist, darauf stießen die Chemiker Mackwitz und Köszegi (‹*Zeitbombe Chemie*›), «ein Prädioxin, ein Molekül, dessen Atome so angeordnet sind, daß bei Hitze oder Lichteinwirkung Spuren der Dioxine entstehen können».

Auch deutsche Mediziner haben vor Hexachlorophen gewarnt. Schon vor sechs Jahren, 1978, zog die Arzneimittelkommission der Deutschen Ärzteschaft das Fazit aus den vorliegenden Forschungsarbeiten: Frauen im gebärfähigen Alter sollten HCP-haltige Desinfektionsmittel meiden. Ihre Kinder könnten mißgebildet zur Welt kommen.

Viel genützt hat diese Warnung nicht, denn sie ist zu den Konsumenten gar nicht recht durchgedrungen. Verboten wurde die Substanz, ich sagte es schon, lediglich für die Babypflege und für die Intimhygiene. Wenn offenbar nicht einmal Ärzte und Krankenhauspersonal daran interessiert sind zu erfahren, mit welch gefährlichen Chemikalien sie umgehen, wie soll man es dann vom Verbraucher erwarten, der wenig oder gar nichts von Chemie und Medizin versteht?

## Phenol und Kresol

HCP ist ein Phenolderivat, ein Abkömmling der Phenole, zu denen auch das Kresol zählt, das unter dem Handelsnamen Lysol verkauft wird.

Phenol ist als Hydroxybenzol, Karbolsäure, Benzophenol, Phenylalkohol und Steinkohlenkreosot bekannt. Die farblosen bis rötlichen Kristalle ziehen die Feuchtigkeit stark an.

Praktisch angewendet wird Phenol als zehnprozentige Karbolsäure oder als 1,3prozentiges Karbolwasser, und zwar bei der Desinfizierung von Räumen, Geräten und Instrumenten. Früher verwendete man es sogar zur Behandlung von Wunden. Inzwischen hat sich jedoch herumgesprochen, daß Phenol ein starkes physiologisches Gift ist. Es zählt heute zu den «gefährlichen Stoffen», die als Sonderabfall behandelt werden müssen. Auf die Idee, daß es besser wäre, das Mittel gar nicht erst anzuwenden, ist das Bundesgesundheitsamt bisher nicht gekommen.

Phenol verätzt die Haut und dringt in sie ein. Nach vorangehenden Schmerzen, so heißt es im ‹*Handbuch gefährliche Stoffe in Sonderabfällen*›, vom Umweltbundesamt in Berlin herausgegeben, wird die betroffene Stelle unempfindlich, anschließend verfärbt sich die Haut, wird nacheinander weiß, rot und schließlich braun. Phenol verursacht Gefäßschäden (Phenolgangrän) und Vergiftungen, die einen tödlichen Verlauf nehmen können.

Benetzt Phenol die Hornhaut des Auges, entstehen durch Verätzungen Narben, die bleibende Sehschäden hinterlassen. Gelangt es über die Haut oder über die Atemwege in den Körper, wird dem Betroffenen schlecht: es verursacht Benommenheit, Schwindel und Störungen des Kreislauf- und Nervensystems, die zur Bewußtlosigkeit führen können. In extremen Fällen gar zum Tod durch Atemlähmung oder Kollaps. Das gilt für eine einmalige erhöhte Aufnahme.

Ebenso schrecklich sind die Spätschäden. Sie entstehen durch ständige Einwirkung geringer Mengen und werden in der Praxis so gut wie nie auf Desinfektionsmittel zurückgeführt. Welcher Arzt fragt schon seinen Patienten, der an Nieren- oder Leberfunktionsstörungen leidet, Veränderungen des Blutbildes aufweist oder eine entzündete Bronchitis, ob er im Haushalt oder am Arbeitsplatz Produkte verwendet, die Phenol enthalten?

Dasselbe gilt für Kresol, das etwas schwächer wirkt, aber durchaus lebensgefährlich werden kann. Wer mit dem kresolhaltigen Lysol desinfiziert, sollte mit Schutzbrille und Schutzanzug ausgerüstet sein und auf alle Fälle für Durchzug sorgen, damit die giftigen Dämpfe entweichen können. Sonst sind ihm bleibende Schäden sicher. Denn Kresol ist selbst in einer Verdünnung von 1 : 50 noch gesundheitsschädigend.

Die Phenole samt Abkömmlingen werden nicht nur in Desinfektionsmitteln und kosmetischen Präparaten verwendet. Amtlich zugelassen sind sie auch als Konservierungsstoffe in Lebensmitteln. Hinter den EG-Nummern E 230/E 231/E 232 verbergen sich Diphenyl, Orthophenylphenol und Natriumorthophenylphenolat. Zitronen, Orangen und Pampelmusen werden mit diesen Chemikalien gespritzt, damit sie nicht schimmeln. «Die Schalen der behandelten Früchte sind nicht mehr weiter verwendbar. Der Saft enthält bis 1 mg Diphenyl im Liter, Konzentrationen, die für den Menschen angeblich unschädlich sind. In Tierversuchen wurden bei sehr hohen Konzentrationen Krämpfe und Lähmungen gesehen» – so steht es im ‹*Vergiftungsregister*›.

Erlaubt ist ebenso das Fungizid Thiabendazol, Nummer E 233, das gegen Pilzbefall schützt. In größeren Mengen führt es zu Sedierung, Erbrechen, Diarrhöe, Fieber, Blutdrucksteigerung, Sehstörungen und vorübergehenden Psychosen. Das klingt nicht sehr einladend. Und doch ist Thiabendazol geradezu harmlos im Vergleich zu Formaldehyd.

## Formaldehyd – allgegenwärtig

Formaldehyd zählt zu den zehn wichtigsten krebserregenden Stoffen. Verboten wurde es bis heute nicht. Bei den meisten Produkten erfährt der Verbraucher nicht einmal, daß es drin ist.

Als ich gelesen habe, daß Formamint-Tabletten aus Milchzucker und «etwa 1 Prozent desinfizierendem Formaldehyd» bestehen, mußte ich kräftig schlucken. Die hab ich als Kind zu lutschen bekommen, wenn ich Halsschmerzen hatte. Und ich hatte oft welche.

Das Formaldehyd trägt verschiedene Namen: Methanal, Methaldehyd, Ameisensäurealdehyd und Formalin beziehungsweise Formol. Seine chemische Formel ist HCHO ($CH_2O$). Es handelt sich um ein farbloses Gas mit stechendem Geruch, das sich ausgezeichnet in Wasser löst: Formalin ist eine wäßrige Lösung, die 35 bis 50 Prozent Formaldehyd enthält und bis zu 15 Prozent Methanol (oder Benzoguanamin) zur Stabilisierung.

Formalin erinnert mich immer an den Biologie-Unterricht, an Gläser mit eingelegten Salamandern und Blinddärmen – es wird noch heute «auf Grund seiner Polymerisationseigenschaften als Konservierungsmittel für anatomische und histologische Präparate verwendet». Wobei es, solange die Gläser fest verschlossen sind, kaum Schaden anrichten kann.

Seit etwa neunzig Jahren dient Formaldehyd zur Desinfektion. Im Jahre 1905 entwickelte der flämische Chemiker Leo Hendrik Baekeland für die BASF in Ludwigshafen das erste Phenol-Formaldehyd-Kunstharz, das Bakelit. Noch heute produziert die BASF die Hälfte der insgesamt 500000 Tonnen Formaldehyd, die jährlich in der Bundesrepublik Deutschland hergestellt werden.

Seit 1979 steht fest, daß Formaldehyd im Tierversuch Krebs erzeugt. Daß es ein sehr starkes physiologisches, also auf den Körper wirkendes Gift ist, steht seit längerem fest. Schon geringe Mengen legen die Funktionen der lebenden Zelle lahm, sie stirbt. Lokale Ekzeme und Überempfindlichkeitsreaktionen, Allergien, sind laut Umweltbundesamt dem Arbeitsmediziner bekannte Erscheinungen.

Wenn ich bedenke, mit welch riskanten chemischen Substanzen Hausfrauen und Hausmänner heutzutage hantieren, dann wundert es mich nicht, daß so mancher Hausarzt überfordert ist. Wenn sich selbst Arbeitsmediziner schwertaten und -tun, die Zusammenhänge etwa zwischen Asbest und Krebs oder Dioxin und Mißbildungen bei Säuglingen aufzudecken und anzuerkennen!

Daß die chemische Industrie auf Formaldehyd nicht verzichten mag, wundert mich ebenfalls nicht. Es ist außerordentlich vielseitig einzusetzen. Zunächst einmal ist es Ausgangsmaterial für Kunstharze, von Äthylenglykol, Hexamethylentetramin (Urotropin) und Pentaerythrit. Aus den letzten beiden entstehen hochbrisante Sprengstoffe: Hexogen, Cyclonit und Nitropenta. Hexogen ist das am meisten verwendete Sprengmittel, gelegentlich wird es aber auch als Rattengift benutzt. Ich würde lieber die Hände davon lassen.

Äußerst verblüfft hat es mich, daß an derlei explosiven Produktionsprozessen mein gutes altes Hexamethylentetramin beteiligt ist. Ich dachte, damit würden nur Rollmöpse eingelegt, die ich leidenschaftlich gern esse. Also habe ich ein bißchen weitergeforscht und Dinge erfahren, die mir das Hexamethylentetramin vergällen. Nicht nur, daß es zur Herstellung von Sprengstoffen verwendet wird, dieses Harnantiseptikum steckt auch in Deodorantien. Das reicht. Jetzt lege ich die Rollmöpse selbst ein, in Essig, der hoffentlich noch ohne Zusätze konserviert.

Auf alle Fälle habe ich noch einen Blick ins ‹*Vergiftungsregister*› geworfen. Auch da taucht es auf. «Hexamethylentetramin brennt leicht (Hartspiritus). Dabei wird Formaldehyd frei. Bei unvollkommener Verbrennung kann sich Blausäure bilden.» Hartspiritus verwende ich eigentlich nie, der riecht so eklig. Als unsere Tochter klein war, bekam sie einen Kochherd samt Spiritustabletten geschenkt, die derart entsetzlich stanken, daß einem der Appetit verging. Sie hat fortan all die abenteuerlichen Pfannkuchen und Nudelsuppen mit Hilfe von Teelichten zubereitet.

Was mir jetzt allerdings Bauchschmerzen bereitet, das ist unser Gasherd. Geheuer war er mir nie, ich lese immerzu von Häusern, die bei Gasexplosionen in die Luft geflogen sind. Doch ich wurde überstimmt. Das sei nun wirklich albern, die Herde seien supersicher, und im übrigen sei Gas die umweltfreundlichste Energie, die ich mir denken könne. Gewiß.

Aber nun lese ich, daß beim Verbrennen von Gas Formaldehyd entsteht, dazu Stickstoffdioxid, Kohlenmonoxid und Stickstoffoxid. Daß irgend etwas entsteht, riecht man ja ohnehin.

Wenn man eine Dunstabzugshaube besitzt, soll alles gar nicht so schlimm sein. An die neunzig Prozent saugen die ab. Wenn man keine hat, bleiben all die Gase und Dämpfe im Zimmer, besonders dann, wenn man als energiebewußter Verbraucher Fenster und Türen hermetisch abgedichtet hat. Manchmal ist es zum Verzweifeln, was man alles bedenken muß!

Jetzt, wo ich's weiß, leuchtet es mir natürlich ein: So ein Gasherd ist nichts anderes als ein offenes Feuer – allerdings ohne Kamin oder Schornstein.

Nun sitze ich da, und guter Rat ist in jedem Fall teuer: Entweder kommt der Gasherd wieder fort, der bis zu 8 ppm Formaldehyd freigibt, oder wir schaffen eine Dunstabzugshaube an, die Lärm und Kosten verursacht und obendrein Strom schluckt, dessen Verbrauch wir gerade einschränken wollten. Das Fenster öffnen genügt vermutlich nicht ...

Eine Langzeituntersuchung an englischen Schulkindern ergab klipp und klar, daß Kinder aus Wohnungen mit Gasherden eindeutig häufiger an Erkältungen und Bronchitis leiden als Kinder, bei denen elektrisch oder auf dem Kohleherd gekocht wird.

Gasherde und Petroleumöfen verschlechtern die Atemluft der Innenräume beträchtlich. Es wurden Verschmutzungsgrade gemessen, die denen entsprechen, die an extremen Smogtagen in der Außenluft zu finden sind. Das geht auf die Dauer an die Gesundheit. Wissenschaftler der amerikanischen Harvard-Universität kamen zu dem Ergebnis, daß Formaldehyd bei Erwachsenen das Nervensystem schädigt, sobald die Konzentration 0,14 ppm überschreitet. Die Einwirkung der Giftgase äußert sich in schweren Fällen durch Gedächtnisverlust.

Das Bundesgesundheitsamt empfiehlt einen Grenzwert von 0,1 ppm für Wohn- und Aufenthaltsräume. Dieser Wert wird allerdings in manchem Zimmer überschritten, das mit Sperrholz- oder Spanplatten verkleidet ist. Ganze Wohnungen und Häuser – so berichtete der *Stern* 1981 –, deren zweischaliges Mauerwerk mit «Harnstoff-Formaldehyd-Ortsschaum» gedämmt wurde, mußten geräumt werden. Die Reizgase treten noch jahrelang nach dem Einbau aus, sie verursachen Übelkeit, Atemnot, Brechreiz, Kopfschmerzen, Hautausschläge, Augenentzündungen – und Krebs.

Formaldehyd wird als Reifungsmittel auf Früchte und Gemüse gesprüht, es entströmt Mottenkugeln, Bohnerwachs und Backofensprays. Es steckt in knitterfester Kleidung, in Gerbstoffen, Farben und Fotochemikalien, als Faserschutzmittel in der Wolle. Shampoos, Mundwasser, Luftauffrischer, Nagelhärter, Deos, Insektizide, Fungizide, Kunstdünger, Einkaufstüten, Wachspapier, Abschminktücher, Plastikprodukte, Zeitungen, Klebstoff, Seife, Zahnpasta, Tapeten, Möbel, Gardinen, Teppiche – sie alle können Formaldehyd enthalten. Die Liste ist endlos lang. Erst ab 0,2 Prozent muß es gekennzeichnet sein. Verboten ist es bei uns nicht. Es existieren lediglich Beschränkungen für die Verwendung formaldehydhaltiger Materialien beim Innenausbau von Räumen.

In Büros wurden zwischen 0,04 und 0,25 ppm Formaldehyd gemessen – diese Konzentrationen entstanden durch kohlefreies Durchschreibepapier. «Opas Kohlepapier» hat sich nämlich zum «Redaktionsdurchschreibpapier» gemausert, gewissermaßen mit eingebautem Durchpauseffekt. Auf die Rückseite des ersten Blattes wird eine Schicht aus winzigen Mikrokapseln aufgetragen, die eine Lösung aus Farbgebern enthalten, aus leicht gefärbten Vorstufen von Farbstoffen. Bei Druck platzen die Kapseln. Entweder durch Einwirken der Luft oder durch sauer reagierende Komponenten entsteht ein Farbstoff von hohen Intensität.

Für das sogenannte «Zweiblatt-Durchschreibepapiersystem» reicht dieses «Geberpapier» nicht aus. Die «Kopie» (das Nehmerpapier) wird mit farbentwickelnden Pigmenten oder mit bestimmten Phenolteilchen beschichtet. Die Mittelblätter von Formularsätzen oder Schreibbögen mit mehreren Blättern sind auf der Vorderseite mit Nehmer-, auf der Rückseite mit Geberqualitäten ausgestattet.

Achtzig Prozent Marktanteile hat dieses Redaktionspapier inzwischen erobert. 1981 wurden in der westlichen Welt einschließlich Japans etwa eine Million Tonnen hergestellt, allein in Westeuropa 350000 Tonnen.

Am 3. September 1981 warnte die Landesärztekammer Rheinland-Pfalz vor Formaldehyd in Wasch- und Reinigungsmitteln. «Fast alle diese Industrieprodukte enthalten Formaldehyd, das in die Reihe der zehn stärksten Kanzerogene eingestuft ist.»

Die Landesregierung war anderer Meinung. Auf eine Kleine Anfrage erwiderte der Minister für Soziales, Gesundheit und Umwelt, es bestünde kein Grund zur Besorgnis. Formaldehyd sei in Wasch- und Reinigungsmitteln, wenn überhaupt, nur als Konservierungsmittel eingesetzt, und zwar im Sinne des Lebensmittel- und Bedarfsgegenständegesetzes. Wegen der sehr guten antibakteriellen Wirksamkeit, so der Minister, reichten Konzentrationen von weniger als 0,1 Prozent aus. Erzeugnisse mit höheren Konzentrationen würden nur als Desinfektionsmittel verwendet. Der Zusatz zu Wasch- und Reinigungsmitteln sei notwendig, «weil diese nach dem Detergentiengesetz biologisch abbaubar, d. h. im Abwasser mikrobiell angreifbar sein müssen».

Er beschloß seine Ausführungen: «Aus den oben dargelegten Gründen ist die Landesregierung nicht der Auffassung, daß vor Gefahren durch Formaldehyd oder andere Schadstoffe in Wasch- und Reinigungsmitteln gewarnt werden müßte.»

Daß Wasch- und Reinigungsmittel biologisch abbaubar sein müssen, ist richtig. Nur muß deshalb kein Formaldehyd drin sein. Auch vor drei Jahren war bekannt, daß Desinfektionsstoffe wie Formaldehyd und Phenole im Abwasser Probleme schaffen. Sie fallen gewohnheitsgemäß über Mikroorganismen her, die das Abwasser reinigen sollen, sie reichern sich in Fischen an.

Die Fachgruppe Wasserchemie hat einige Komplikationen und Forderungen, die sich daraus ergeben, aufgelistet:

Formaldehyd führt zu

Störungen in kommunalen Kläranlagen – deshalb Beschränkung auf abbaubare Desinfektions- und Konservierungsmittel;

vermindert die Selbstreinigungskraft in Oberflächengewässern – deshalb Vorschriften für das Einleiten in fließende Gewässer;

reichert sich in Nahrungsketten an (z. B. Phenole in Fischen) – deshalb Verbot von anreicherungsfähigen Verbindungen;

durchbricht Trinkwassergewinnungs- und Aufbereitungsanlagen – deshalb Prüfung des Verhaltens bei der Trinkwasseraufbereitung und gegebenenfalls Nichtzulassung.

## Tips

* Für den Abwasch verwende ich ein mildes Geschirrspülmittel, ein Gärungs-Milchserum. Dem übrigen Schmutz im Haus – von Fußboden, Klo und Kacheln bis hin zu Tisch, Fenster und Backofen – rücke ich mit Wasser und ein paar Spritzern Allzweckreiniger zu Leibe.
* Zum Entkalken nehme ich Wasser und Essig. Verstopfte Ausgüsse und Toilettenbecken machen wir mit heißem Wasser und der Saugglocke frei. (Vorbeugen ist angenehmer!)
* Frische Flecken entfernen wir sofort mit Wasser und Geschirrspülmittel, ganz hartnäckige oder ältere mit dem Kochwasser weißer Bohnen (kühl aufbewahren).
* Desinfiziert wird nicht. Wir bauen auf unsere Abwehrkräfte und die familieneigene Bakterienflora.

* Wenn Sie an Ihrem Arbeitsplatz ständig mit Desinfektionsmitteln in Berührung kommen, sollten Sie sich bei der Deutschen Forschungsgemeinschaft nach den maximalen Arbeitsplatzkonzentrationen und nach Alternativen erkundigen:

Deutsche Forschungsgemeinschaft
Kennedyallee 40
5300 Bonn 2

* Tips und Tricks für den Haushalt zu beziehen bei:
Sibylle Sharma-Hablik und Joan Scheel
Gasstraße 16
2210 Itzehoe
(Bitte 3,50 DM in Briefmarken plus Rückporto beilegen.)

* Näheres über «Waschzwänge» und «Umweltfreundliche Produkte» erfahren Sie bei der
Verbraucher-Zentrale Niedersachsen e. V.
Georgswall 7
3000 Hannover

* Einzelheiten zum Fall Formaldehyd in:
Rainer Grießhammer, Fritz Vahrenholt, Frank Claus, ‹*Formaldehyd. Eine Nation wird geleimt*›, Reinbek 1984

**Literatur**


H. Augustin u. a., «Mikrobizide Wirkstoffe als belastende Verbindungen im Wasser», Vorstudie des Fachausschusses FA III/6 der Fachgruppe Wasserchemie in der Gesellschaft Deutscher Chemiker, Bochum 1981.

Reay Tannahill, «Kulturgeschichte des Essens», München 1979

«Handbuch für gefährliche Stoffe in Sonderabfällen», Umweltbundesamt Materialien 5, Berlin 1978

Kurt Langbein u. a., «Bittere Pillen», Köln 1983

Henry E. Sigerist, «Anfänge der Medizin», Zürich 1963

Gerhard Venzmer, «5000 Jahre Medizin», München 1968

Friedrich Kluge, «Etymologisches Wörterbuch der deutschen Sprache», Berlin 1975

Werner Kästner, «Toxikologische Probleme beim Einsatz von Desinfektionsmitteln», in: *Henkel Referate* 16, Düsseldorf 1980

«Umweltfreundliche Produkte», Verbraucher-Zentralen Baden-Württemberg, Hamburg und Niedersachsen, 1983

Heinz Mrozek, «Der Desinfektionserfolg und sein Nachweis», in: *Henkel Referate* 16, Düsseldorf 1980

Walter Braun, Axel Dönhardt, «Vergiftungsregister», Stuttgart 1982

«Chemie im Haushalt», Verein für Umwelt- und Arbeitsschutz e. V., Bremen o. D.

Hans-Joachim Dohmeier, Erich Janson, «Zum Töten von Fliegen und Menschen», Reinbek 1983

Hanswerner Mackwitz, Barbara Köszegi, «Zeitbombe Chemie», Wien 1983

Wellhöner, «Pharmakologie und Toxikologie», Frankfurt 1976

Römpp/Raaf, «Chemie des Alltags», Stuttgart 1979

Rainer Grießhammer u. a., «Formaldehyd. Eine Nation wird geleimt», Reinbek 1984

Walter L. H. Moll, «Taschenbuch für Umweltschutz», Darmstadt 1980

«Arbeitsgruppe Formaldehyd» in: *Wohnung und Gesundheit*, Heft 14, 1982

Manfred Dahm, «Mikrokapseln helfen Probleme lösen», in: *Bayer-Berichte*, Heft 48, Leverkusen 1982

«Was Sie schon immer über Umweltschutz wissen wollten», Stuttgart 1981

«Was Sie schon immer über Abfall und Umwelt wissen wollten», Stuttgart 1981

# Wäsche weiß – Natur im Eimer

**«Setz einen Frosch auf einen weißen Stuhl,
Er hüpft doch wieder in den schwarzen Pfuhl.»**

**Wilhelm Müller, ‹*Das Element*›**

# Die Sehnsucht nach Weißem einst und heute

Die Menschheit sehnt sich nach Weiß. Warum, das mag der Teufel wissen, der ja bekanntlich schwarz ist. Der alte Lichtbringer Luzifer ist aus religionspolitischen Gründen ins Dunkel gestürzt worden. Schwarz und Weiß, Hell und Dunkel, das sind die Pole, zwischen denen die Menschen sich seit undenklichen Zeiten bewegen. Zwischen Tag und Nacht, zwischen Gut und Böse. Wobei Nacht nicht Böse, Tag nicht Gut sein muß. Grau aber ist verpönt. Jedenfalls, wenn es um die Wäsche geht. Da ist weißer als weiß höchstes Ziel.

Daß Hausfrauen in Stadt und Land durch unsinnige Saubermannparolen in einen Weißwaschtaumel gerieten, hat seinen Grund. Weiß entspricht einem seelischen Bedürfnis des Menschen. Es symbolisiert, so entdeckte der Farbenpsychologe Max Lüscher, die Sehnsucht nach Frieden und Reinheit, nach Vollkommenheit. Weiß symbolisiert, so hat der Schweizer Seelenkundler an rund zweitausend Testpersonen erproben lassen, die absolute Freiheit, Freiheit von allen Beschränkungen und Problemen.

Die Werbung mit immer weißerem Weiß funktioniert nach Lüscher deshalb so prächtig, weil zum einen älteste Teile des menschlichen Gehirns angesprochen werden, die direkt, heftig und uns unbewußt auf Weiß als Reiz reagieren. Zum anderen bekam Weiß im Laufe der Jahrtausende eine bewußte, wenn auch symbolische Bedeutung. Auch die bezieht die Werbung ein. Weiß steht noch immer für Reinheit, Unbe-

**Gesetz über die Umweltverträglichkeit von Wasch- und Reinigungsmitteln (Waschmittelgesetz) vom 20. August 1975**

**§ 1.1** Wasch- und Reinigungsmittel dürfen nur so in den Verkehr gebracht werden, daß nach ihrem Gebrauch jede vermeidbare Beeinträchtigung der Beschaffenheit der Gewässer, insbesondere im Hinblick auf die Trinkwasserversorgung, und eine Beeinträchtigung des Betriebs von Abwasseranlagen unterbleibt.

rührtheit und Frieden. Weiße Kleidung, die ursprünglich nur bei rituellen, später auch bei festlichen Anlässen weltlicher Art getragen wurde, entwickelte sich nach und nach zum Statussymbol. Das ist bis heute so. Am Schreibtisch kann man ein weißes Hemd tragen, bei der Feldarbeit, am Hochofen, unter Tage nicht. «White collar crimes», diese «feinen» Verbrechen, begehen nur die mit einem weißen Kragen.

Es war ein geschickter Schachzug der Waschmittelindustrie, die Seelenkunde einzuschalten. Gar manche Hausfrau vergaß über all dem Rummel ums weißeste Weiß, warum sie eigentlich wäscht: Damit Schmutziges sauber wird.

«Wird das Waschen von einer Woche auf die folgende verschoben, dann ist die Arbeit für eine Hausfrau, die keine Magd und keine Aushülfe haben kann, zu groß, alle übrigen Arbeiten müssen drunter leiden und die größte Unordnung im Hauswesen ist die nöthige Folge. Der Mann findet bei der Heimkehr von der Arbeit noch Bütten, Wäsche, Seifengeruch überall im Wege, findet das Essen nicht zeitig oder schlecht zubereitet und wird mißmuthig und bös gelaunt.»

*‹Das häusliche Glück›*
*Vollständiger Haushaltungsunterricht nebst*
*Anleitung zum Kochen für Arbeiterfrauen. Leipzig 1882*

Das Wäschewaschen ist wohl nie ein reines Vergnügen gewesen. Boshafte Königinnen in Sagen und Märchen machten sich einen Spaß daraus, ungeliebte Stieftöchter zur Winterszeit barfuß und leichtgeschürzt an den Bach zu schicken, wo sie beim Waschen des königlichen Linnens halb erfroren, bis endlich ein Königssohn zu ihrer Rettung herbeieilte. In wärmeren Gegenden mag der Waschtag lustiger gewesen sein, doch allem Anschein nach so lustig auch wieder nicht, daß man auf Hilfsmittel verzichtet hätte.

Die alten Sumerer, die im Zweistromland zwischen Euphrat und Tigris, im heutigen Irak, Tempel und Städte bauten, hinterließen aus der Zeit um 2200 v. Chr. Inschriften, in denen von einer Asche namens «naga» die Rede ist, die zusammen mit einem Öl zum Waschen verwendet wurde.

Die Ägypter benutzten etwas später eine schäumende Paste aus Asche und Tonerde, die sie «swabu» nannten, von «wab», soviel wie «rein, sauber». Im römischen Pompeji, das 79 nach Christi durch einen Ausbruch des Vesuvs zerstört wurde, reinigten Stadtwäscher die schweren Wollstoffe mit Urin, den sie per Lizenz an den Straßenecken sammelten. Arme Leute und Soldaten rieben ihre verdreckten Gewänder mit Walkerden sauber. Die Römer kannten auch «sapo», ein Mittel, das Plinius der Ältere (der beim Vesuvausbruch ums Leben kam) als eine Mischung aus Ziegentalg und Buchenholzasche schildert. Doch Seife in unserem Sinne war dies «sapo» wohl nicht, sondern eher eine Art Haarpomade.

Für das 4. Jahrhundert ist dann endlich der «saponarius», der Seifensieder, schriftlich bezeugt. Um 805 befahl Karl der Große seinen Gutsverwaltern, neben vielerlei anderen Vorräten stets auch reichlich Seife auf Lager zu haben. Für die normale Wäsche allerdings war Seife zu kostbar, höchstens für allerfeinste Gewebe kam sie in Frage. Gewöhnliche Textilien schrubbte man im Mittelalter mit einer Lauge aus Holzasche. Diese Asche, die die Städter von den Stubenheizern kauften, wurde in Beutel gefüllt und mit kochendem Wasser überbrüht. Je öfter man diese Lauge über die Wäschestücke goß, um so klarer wurden sie. Dieses «Bäuchen» oder «Buiken» kannte noch meine Großmutter.

Womit meine Großmutter wusch, weiß ich nicht mehr mit Sicherheit, ich habe die Waschtage ohnehin in unangenehmer Erinnerung. Montag für Montag bot sich in allen Waschküchen des Dorfes dasselbe Bild: Frauen mit Kopftüchern, von Nebelschwaden umhüllt wie Walküren auf dem Weg nach Walhall, walkten Laken und Bezüge, rubbelten Handtücher auf Waschbrettern, daß die Schaumflocken nur so flogen. Überall stand man im Wege.

«Die Textilien sind am besten zwölf Stunden vor dem Waschen in sodahaltigem Wasser einzuweichen. Auf 100 Kilo Wäsche rechnet man 150 Kilo Wasser plus viereinhalb Kilo kristallisierte Soda. Oder aber, ‹mit großem Vorteil›, eine Mischung aus 50 g Ammoniakgeist und 100 g Terpentinöl. Beides gut mischen, in einen Eimer mit 500 g aufgelöster Seife geben, dann so schnell wie möglich die Wäsche hineinstecken.»

*nach ‹Meyers Konversationslexikon› von 1887*

Von Gerüststoffen, Stabilisatoren, Inhibitoren und Regulatoren, von Tensiden, Proteasen oder Diaminostilbenderivaten hatte meine Großmutter keine Ahnung. Daß Henkels Bleichsoda Natriumcarbonat und Natriumsilicat enthielt, hat sie vielleicht gewußt, nur hätte sie sicher Soda und Wasserglas gesagt. Bis 1900 gab's das Bleichsoda in Beuteln, dann in Päckchen, ab 1920 hieß es Henko.

Am 6.6.1907 kam das erste «selbsttätige» Waschmittel auf den Markt: Persil (PERborat und SILicat). Es enthielt dieselben Zutaten wie Henko, zusätzlich jedoch Natriumperborat, ein Bleichmittel, das die Rasenbleiche überflüssig machte. Ich glaube, meine Großmutter hielt es mit Henko. Nie werde ich jenen schrecklichen Tag vergessen, als Singelmanns Gänse über die blütenweißen Laken und Bezüge watschelten, die zum Bleichen im Gras ausgebreitet lagen.

## Die weiße Weste – eine optische Täuschung

Sonderbar fand ich, daß die Großmutter sich traute, ins letzte Spülwasser Wäscheblau zu schütten, nachdem sie sich den ganzen Morgen abgeplagt hatte, um das Leinen so weiß wie möglich zu rubbeln. Ihre Auskunft: «Die Wäsche wird dann weißer» erschien mir unglaubwürdig.

Und doch ist es so. Damals allerdings konnte ich mir den Trick nicht erklären, denn von optischer Täuschung hatte ich nie gehört, Schwarz und Weiß waren für mich noch Farben, mit dem Begriff «Unbuntpunkt» hätte ich nichts anfangen können. Inzwischen habe ich es gelernt: Schwarz erscheint uns all das, was einfallendes Licht vollständig absorbiert. Weiß dagegen ist, was alles Licht reflektiert. Die geringste Abweichung wird als Farbnuance registriert, und eigenartigerweise erscheint dem menschlichen Auge ein blaustichiges Weiß weißer als das «echte» Weiß.

Meine Großmutter zauberte mit Stärkepulver und Ultramarinblau ihre Laken weißer als weiß. Die moderne Hausfrau – oder vielmehr ihr Waschpulver – tut's seit 1950 mit den Weißtönern, den optischen Aufhellern. Winzige Partikel irgendwelcher Diaminostilbenderivate setzen sich auf den bereits sauberen Fasern fest und verwandeln jene drei bis fünf Prozent des Sonnenlichts, die an sich unsichtbar sind, in längerwelliges, sichtbares, blaues Licht, verschieben gelbstichiges Weiß über den

Unbuntpunkt Weiß in Richtung Blau. Doch hat das strahlendste Weiß unseres Lebens neben dem gewollten Blaustich leider ein paar Schönheitsfehler.

Es war mehr oder weniger Zufall, daß ein Wissenschaftler, der gar nichts mit Waschmitteln zu tun hatte, bei seiner Arbeit auf die optischen Aufheller stieß. Heinz Baron, der sich um die Wundheilung hoch verdient machte, untersuchte, bei welcher Art Verbandmaterial Wunden am schnellsten und besten heilen.

Am 3.12.1954 untersagte der Arbeitsausschuß *Textilnorm* die optische Aufhellung von Wundtextilien: Heinz Baron und seine Mitarbeiter hatten festgestellt, daß Weißtöner die Heilung von Wunden erheblich verzögern, weil sie die Blutgerinnung beeinträchtigen. Doch nicht nur das. Aufgehellte Haut erwies sich als strahlenresistent. Das bringt Probleme in der Röntgendiagnostik, in der gesamten Strahlentherapie mit sich. Möglicherweise in anderen Bereichen auch Vorteile. So schlug Baron der amerikanischen Raumfahrtbehörde NASA vor, sie sollten ihre Raumschiffe mit optischen Aufhellern auskleiden. Der Strahlenschutz sei perfekt.

Im Verlauf seiner Forschungsarbeit entdeckte Baron weitere Pferdefüße der Weißtöner: Bei optisch aufgehellter Haut bleiben äußerlich angewandte Salben und Tinkturen in einigen Fällen wirkungslos; optische Aufheller

in Textilien erhöhen die Temperatur zwischen Körper und Kleidung, man gerät leichter ins Schwitzen. Die Partikel der Weißtöner gehen also schneller auf die Haut über.

Barons wichtigstes und alarmierendstes Forschungsergebnis: Die Aufheller erzeugen zwar keinen Krebs, sie haben «jedoch gemäß unseren Befunden eine erhebliche Schrittmacherfunktion, welche das Wachstum von Tumorzellen fördert». Baron verwendete seinerzeit bei seinen Versuchen optische Aufheller in Konzentrationen von 0,01 bis 0,04 Prozent. Ein typisches Waschmittel enthält heute nach Angaben des Umweltbundesamtes (Stand Januar 1983) die zehnfache Menge, nämlich 0,1 bis 0,3 Prozent Stilbendisulfonsäure-Derivate oder Bis(styryl)biphenyl-Derivate.

Rein waschtechnisch gesehen sind die optischen Aufheller genau das, was ihr Name aussagt – etwas fürs Auge. Sauberer machen sie die Wäsche nicht. Die 1,8 bis 4 Kilo Schmutz, die in hundert Kilo schmutziger Wäsche enthalten sind, hat die Lauge längst herausgezwungen. Wenn man sich Untersuchungen der Waschmittelindustrie ansieht, dann kommen einem leise Zweifel, ob Sauberkeit überhaupt höchstes Ziel der Waschprozedur ist. Zwar wird in einem Vier-Personen-Haushalt, so ergab die Umfrage, die Waschmaschine wöchentlich drei- bis viermal angeworfen. Was jedoch gewaschen werden muß, entscheidet die deutsche Hausfrau offenbar nach der Devise «Sauber ist, wenn man den Dreck nicht sieht».

Weiße Hemden jedenfalls gelten nach einmaligem Tragen als schmutzig und wandern in die Wäsche; pastellfarbene erst nach zweimaligem Tragen. Die bunten, die berühmten «Dauerhemden», müssen drei Tage halten. Und ein Handtuch, in dem sich allerlei ansammelt, steckt die Durchschnittshausfrau gar erst am siebten Tag in eine der 21,6 Millionen Waschmaschinen unseres Landes. Dafür gießt sie dann in den letzten Spülgang tüchtig Weichspüler, damit die «Wasserstarre» weicht, die «wurmartigen Schlingengruppen» der Handtücher sich zum Kuschelweich entspannen. Mehr als dreihunderttausend Tonnen Weichspüler werden jährlich durch die deutschen Textilien gejagt, eine einsame Spitzenleistung, international unangefochten. Leider enthalten die Weichspüler ganz spezielle Tenside, über deren Abbau und Verbleib noch reichlich Unklarheit herrscht.

## Tenside, Tenside, Tenside ...

Tenside, auch «waschaktive Substanzen» genannt, sind in jedem Waschmittel enthalten. Reine Seifen sind reine Tenside. Jedes Jahr kommen bei uns nach Angaben des Industrieverbandes Waschmittel und Körperpflege e.V. 275000 Tonnen Tenside auf den Markt, 60 Prozent davon (165000 t) in Wasch-, Reinigungs- und Körperpflegemitteln.

Ihre Hauptaufgabe ist an sich, die Grenzflächenspannung des Wassers herabzusetzen, es sozusagen flüssiger zu machen. Aber sie schäumen auch. Ende der fünfziger Jahre taten sie es besonders ungehemmt in Kläranlagen und auf Flüssen, wo die Schaumberge stellenweise gar die Schiffahrt behinderten. Daraufhin wurde 1964 ein Gesetz erlassen, nach dem diese Tenside abbaubar sein müssen. Kein Waschmittelhersteller kann also mit der «biologischen Abbaubarkeit» hausieren gehen. Allerdings fragt sich, zu was die einzelnen Tenside abgebaut werden und was während des Abbaus im Wasser vor sich geht.

Ohne Tenside, so versichern die Waschmittelchemiker, geht es nicht, kein Waschmittel kann auf sie verzichten. Ihrer chemischen Struktur entsprechend hat man die WAS, die waschaktiven Substanzen, in vier Gruppen unterteilt: in anionische und nichtionische, in amphotere und kationische Tenside.

Das bekannteste und älteste anionische Tensid ist die Seife. Das heißt allerdings noch nicht, daß sie harmlos ist. Wenn alle bundesdeutschen Haushalte mit Seifenflocken, grüner Seife und ähnlichem wüschen, gerieten jährlich 300000 Tonnen Seife ins Abwasser. Sie würden, so argumentiert der Waschmittelverband, die Kläranlagen um mindestens ein Drittel mehr belasten als die herkömmlichen Produkte. Da ihre Leistung bei niedrigen Temperaturen und bei zu hartem Wasser zu wünschen übrig läßt, wird Seife kaum noch als Tensid eingesetzt. In manchem Vollwaschmittel steuert sie statt dessen die Schaumbildung.

Das Tensid Tetrapropylenbenzolsulfonat war seinerzeit billig und wusch gut. Es bescherte uns allerdings die Schaumberge, erschwerte die Reinigung des Abwassers und beeinträchtigte Kläranlagen.

Am 30.1.1977 wurde diese ökologische Forderung noch genauer ausgeführt, und zwar in der «Verordnung über die Abbaubarkeit anionischer und nichtionischer grenzflächenaktiver Stoffe in Wasch- und Reinigungsmitteln», kurz Tensidverordnung genannt. Die Tenside müssen danach zu achtzig Prozent biologisch abbaubar sein. Das heißt, achtzig

Prozent müssen innerhalb von drei Wochen durch Mikroorganismen abgebaut werden, vom Rest müssen wiederum achtzig Prozent innerhalb von drei Wochen abgebaut werden und so weiter. Seither setzt die Waschmittelindustrie vor allem lineares Alkylbenzolsulfonat ein, das LAS. Es gilt als Arbeitstier unter den anionischen Tensiden, in üblichen Vollwaschmitteln sind vier bis zehn Prozent LAS enthalten. Weil es gut löslich ist, eignet es sich auch für flüssige Produkte. Die intensive Schaumbildung, zu der dieses Tensid neigt, ist mit Seifen oder anderen Inhibitoren zu bremsen. Sobald der Abbau des LAS in der Kläranlage begonnen hat, verläuft er sehr schnell, unabhängig von der Konzentration.

Leider nimmt seine Waschkraft bei steigender Wasserhärte ab. Solange Phosphate, die die Wasserhärte binden, in beliebigen Mengen eingesetzt werden durften, war das weiter nicht schlimm. Seitdem Phosphate jedoch nur noch begrenzt beigegeben werden dürfen, macht sich diese Schwäche des LAS bemerkbar.

Den Fettalkoholsulfaten werden durchweg ein gutes Waschvermögen und günstige ökologische Eigenschaften nachgesagt, allseits beliebt sind Alkyläthersulfate, die durch Oxäthylierung von nativen oder synthetischen Alkoholen mit anschließender Sulfatierung entstehen. Sie sind gut löslich, härteunempfindlich, hautverträglich, kältestabil und schaumintensiv. Sie schäumen nicht nur in Fein- und Wollwaschmitteln, sondern auch in Badezusätzen, Zahnpasten, Haarshampoos und Geschirrspülmitteln.

Als noch Phosphate, die unsere Gewässer überdüngten, nach Herzenslust als Komplexbildner verwendet werden konnten, war die Waschmittelwelt heil. Die Kombination von Triphosphat und dem anionischen Arbeitstier LAS war optimal. Dann kam die Phosphathöchstmengenverordnung, und es stellte sich heraus, daß die Ersatzstoffe samt und sonders zu wünschen übrig lassen. Da bisher auch kein Supertensid erfunden wurde, bleibt nur eine Möglichkeit: Die sorgfältige Anpassung neuer Tensidkombinationen zum Beispiel von anionischen und nichtionischen Tensiden.

Doch auch ohne die Phosphatbegrenzung mußten die Waschmittelchemiker umformulieren, denn die Beschaffenheit des «Waschgutes» hatte sich verändert. Synthetische Stoffe und Mischgewebe aus Natur- und Synthetikfasern setzten sich durch, immer neue Farben und Stoffarten kamen auf den Markt. «Pflegeleichtes» aber und manches «Modische» verträgt nur niedrige Temperaturen. Tenside mußten her, die auch bei dreißig, vierzig Grad den Schmutz rauszwingen.

Drittens kam die Preisfrage ins Spiel. Als das Antiklopfmittel Bleitetraäthyl im Kraftstoff vermindert werden mußte, mischten die Benzinhersteller statt dessen aromatische Kohlenwasserstoffe bei. Der Preis für Aromen stieg, sie wurden als Rohstoff für Tenside immer unwirtschaftlicher.

Erdgas und Erdöl, beziehungsweise die Abfallstoffe der Petrochemie, die den Rohstoff für Tenside lieferten, wurden teuer. Kohle als Ausgangsstoff für Tenside ist unwirtschaftlich, solange Erdgas und Erdöl Primärenergie sind. Bleiben Fette. Die Mengc der tierischen Fette ist begrenzt, da es sich um Überschüsse der Abfallprodukte der fleischverarbeitenden Industrie handelt. Anders verhält es sich mit pflanzlichen Fetten. Kokospalmen wachsen nach. Eine andere Frage ist, ob die Plantagen, die Naturfette für Tenside liefern, auf Ackerland heranwachsen, von dessen Erträgen bisher die Einheimischen lebten.

Allgemein läßt sich zu den nichtionischen Tensiden sagen, daß sie gut für phosphatfreie oder phosphatarme Waschmittel geeignet sind, bei niedrigen Temperaturen gute Waschergebnisse bringen. Ihre Waschkraft ist für Gewebe aus Baumwolle und Polyester-Baumwollgemischen bei sechzig Grad ebensogut wie bei neunzig Grad. Optimale Mischungen wirken gar bis vierzig Grad herunter.

Fettalkoholoxäthylate oder auch Fettalkoholethoxylate sind inzwischen in Vollwaschmitteln in Anteilen von ein bis sechs Prozent enthalten. Allerdings werden nicht alle aus nativen, also natürlichen Fettsäuren gewonnen. Der größere Teil stammt aus synthetisch hergestellten primären Alkoholen. Der Kunde erfährt natürlich nicht, ob sein Waschmittel «echte» oder «künstliche» nichtionische Tenside enthält.

Ampholytische oder amphotere Tenside gewinnt man vorwiegend durch Alkylierung geeigneter Amine und erhält dabei Betaine. Sie besitzen eine hervorragende Waschkraft, sind allerdings sehr teuer und werden daher nur selten eingesetzt.

Die vierte Gruppe, die kationischen Tenside, hat an sich für Waschmittel überhaupt keinen Nutzen. Trotzdem werden sie in rauhen Mengen eingesetzt – als Weichspüler. Das Reinigungsvermögen der Kationentenside (auch quartäre Ammoniumverbindungen, kurz QAV genannt) ist mäßig. In niedrigen Konzentrationen ist die Waschkraft oft sogar noch schlechter als die klaren Wassers. Selbst bei hohen Tensidkonzentrationen kann der gelöste Schmutz wieder auf die Textilfasern aufziehen. Als sogenannte Avivagemittel jedoch (frz. aviver: beleben) machen die Weichspüler vor allem Baumwoll- und Cellulosefasern weich und griffig, rüsten synthetische Gewebe antistatisch aus.

Weltweit steht die Bundesrepublik im Weichspülerverbrauch an der Spitze: Auf jeden Bundesbürger entfallen pro Jahr mehr als 0,33 kg kationische Tenside.

1980 wurden in der Bundesrepublik Deutschland insgesamt 27000 Tonnen Kationentenside (Wirksubstanz) verbraucht. Davon entfielen 76 Prozent auf die Haushaltungen (Wäschebehandlung); 12,7 Prozent auf die chemische Industrie (Desinfektionsmittel, Pflanzenschutz); 6,8 Prozent auf die Textilindustrie; 2,2 Prozent auf den Straßen- und 1,1 Prozent auf den Bergbau; 0,6 Prozent auf die Kosmetikindustrie.

Von diesen 27000 Tonnen gelangten rund 85 Prozent, das sind 23000 Tonnen pro Jahr, ins Abwasser. Was sie dort bewirken, ist alles andere als geklärt.

Die Kationentenside bilden im Wasser und im Abwasser mit den meist reichlich vorhandenen Aniontensiden Elektroneutralsalze. Die kationischen Tenside werden sehr fest und zum Teil irreversibel an Feststoffe wie Sedimente und Belebtschlamm gebunden, was sie weniger giftig macht. Die akute Fischtoxizität der kationischen Tenside in Weichspülern liegt bei 1,5 bis 3 Milligramm pro Liter. Bei den gefundenen Konzentrationen von fünf bis dreißig Mikrogramm (ppm) sind, so heißt es, keine Schädigungen zu erwarten. Versuche mit Karpfen ergaben allerdings, daß sich kationische Tenside, die mit dem Futter verabreicht wurden, in Galle und Darm ansammeln. Setzte man die Fische in reines Wasser, waren sie nach sieben bis vierzehn Tagen wieder «sauber».

Sportangler dürfte diese Tatsache wenig beruhigen, denn noch immer fließen Abwässer ungeklärt in unsere Flüsse und Seen. Welcher Angler läßt seinen Fang ein bis zwei Wochen in der Badewanne schwimmen, bevor er ihn brät? Bisher nicht erforscht wurde die Anreicherung über die Nahrungskette.

Die kationischen Tenside sind ein schlagendes Beispiel dafür, daß Chemikalien erst einmal in Umlauf gesetzt werden – was es mit ihnen auf sich hat, stellt sich dann schon heraus. So werden die kationischen Tenside einerseits als «Substanzklasse ohne besonderes Umweltrisiko» eingestuft, andererseits gelten sie als «toxische Stoffe an der Grenze zu sehr toxisch». Als sie bei uns auf den Markt kamen, gab es nicht einmal ein Analyseverfahren, mit dem man sie im Abwasser messen konnte. Auch heute sind nur wenige Laboratorien in der Lage, die aufwendigen Messungen durchzuführen.

Ungeklärt ist nach wie vor, in welcher Form die Weichspüler in den Sedimenten der Gewässer festgesetzt werden, welchen chemischen und biochemischen Umwandlungen sie dort unterliegen und ob sie das Metallbindungsvermögen von belebten Schlämmen beeinflussen, gar herabsetzen. Der letzte Punkt ist besonders wichtig, weil zunehmend synthetische Komplexbildner wie NTA und Zitrate eingesetzt werden, die Schwermetalle lösen.

Fest steht eigentlich nur, daß die Kationentenside nicht unter das Wasch- und Reinigungsmittelgesetz fallen, denn sie reinigen ja nicht. Aus diesem Grund entfällt für Kationentenside die Auflage, daß sie zu mindestens achtzig Prozent biologisch abbaubar sein müssen.

Bei der Fabrikation der Tenside, so beteuern BASF und die Chemischen Werke Hüls, die beiden größten Tensidproduzenten der Bundesrepublik, gibt es keine Abfallprobleme.

Mag die Herstellung dieser naturfremden Substanzen ohne Komplikationen verlaufen, sobald sie in Umlauf gesetzt werden, beginnen die Schwierigkeiten. Zwar werden in unserem Land jedes Jahr mehr als 275000 Tonnen Tenside verbraucht, davon mehr als die Hälfte in Wasch- und Reinigungsmitteln, jedoch ihre Umweltverträglichkeit ist keineswegs ausreichend geklärt.

Eine direkte karzinogene Wirkung einzelner Tenside konnte nicht nachgewiesen werden. Sobald jedoch Versuchstiere, die unter anderem lineares Alkylbenzolsulfonat schlucken mußten, zusätzlich Karzinogene (krebserregende Stoffe) erhielten, lag die Tumorbildung im Magen-Darm-Trakt deutlich höher als bei der Kontrollgruppe, die nur Karzinogene erhielt.

Nicht erforscht sind mögliche chronische Schädigungen durch Tenside, weitgehend unbekannt ist ihre Wirkung im Verein mit anderen Substanzen (Synergismus). Petroleumprodukte zum Beispiel wirken auf Wasserlebewesen merklich giftiger, sobald lineares Alkylbenzolsulfonat hinzukommt.

Auch mit der gesetzlich vorgeschriebenen «biologischen Abbaubarkeit» hapert es. Gefordert und gemessen wird lediglich der «enzymgesteuerte substanzspezifische Abbau der Tenside bis zum Verlust der grenzflächenaktiven Eigenschaften». Sobald ein Tensid also nicht mehr das Wasser entspannt, hat es der Verordnung entsprochen. Verschwunden ist es damit aber nicht. Bruchstücke, manchmal gar der Hauptteil des Tensidmoleküls, sind durchaus noch vorhanden. Bei ihrem Abbau verzehren sie Sauerstoff, und nach neuen Untersuchungen schädigen die Abbauprodukte nichtionischer Tenside in größeren Konzentrationen Fische und andere Wasserorganismen.

Eine Festlegung der Giftwirkung auf Fische ist an sich nicht vorgeschrieben. Im allgemeinen wird sie jedoch ermittelt, weil sich herausgestellt hat, daß biologische Abbaubarkeit und Schädigung der Wasserlebewesen zweierlei Dinge sind. Ein Tensid, das schnell und problemlos abgebaut wird, muß nicht unbedingt harmlos sein. Nichtionische Tenside zum Beispiel sind an sich giftiger als anionische. Andererseits aber verlieren sie ihre Toxizität erheblich schneller als die an sich ungiftigeren Anionentenside.

Wirklich unbedenklich sind für Gewässer und Wasserorganismen lediglich solche Stoffe, deren Kohlen- und Wasserstoffverbindungen innerhalb kurzer Zeit durch Mikroorganismen zu $CO_2$ und $H_2O$ oxidiert werden, zu Kohlendioxid also und zu Wasser.

Die Bezeichnung «biologisch abbaubar» besagt demnach wenig. Auch biologisch abbaubare Stoffe können durch toxische Wirkung direkt, durch Sauerstoffauszehrung indirekt die Lebensgemeinschaften eines Gewässers schädigen. Und leider gelangt noch immer ein beträchtlicher Teil unserer Abwässer ohne vollbiologische Klärung in die Gewässer.

Daß die mechanische Klärung so gut wie gar nichts bringt, haben Messungen bewiesen. Die Konzentration der anionischen Tenside im Abwasser, die bei 1,5 bis 6 Milligramm pro Liter lag, hatte sich nach Durchlaufen der mechanischen Reinigungsstufe nicht wesentlich verringert. Erst die vollbiologische Stufe führte zu einem merklichen Rückgang: Die Konzentrationen im Ablauf enthielten nur noch 0,1 bis 0,5 Milligramm anionische Tenside pro Liter.

## Allergien – trotz verätzter Kaninchenaugen

Ende der fünfziger Jahre kamen die Trommelwaschmaschinen auf den Markt, und in denen beeinträchtigt Schaum die Waschkraft spürbar. Also zog die Waschmittelindustrie die Bremse. Ganz raffiniert, mit Schauminhibitoren, die ihrerseits wiederum Komplexbildner benötigten. Es klingt zwar kompliziert, ist aber durchaus nicht ungewöhnlich. Die Waschmittel-Inhaltsstoffe scheinen mir allesamt recht anlehnungsbedürftig zu sein, eins kann ohne das andere nicht bestehen.

Das ginge ja an, wenn wenigstens die Chemiker wüßten, welche Verbindungen die einzelnen Substanzen eingehen und was dabei herauskommt. Aber das ist offenbar nicht der Fall. Das Verhalten der Waschmittel-Komponenten untereinander und gegenüber Textilien ist, so verlautet es aus dem Bundesministerium des Innern, «streng wissenschaftlich schwer zu erklären und enthält eine Menge Empirie».

Aus Erfahrung also wird man klug. Erst als die Flüsse schäumten, die Seen überdüngt waren, wußte man, was Tenside und Phosphate nach getaner Arbeit in der Waschmaschine draußen in der Natur bewirken. Wobei die meisten Gewässer bereits so heruntergewirtschaftet sind, daß von Natur nicht mehr die Rede sein kann.

Nur unzureichend bekannt ist auch, wie sich einzelne Waschmittelzutaten auf den Menschen auswirken. Trotz der Tierversuche in den Labors. Da müssen Mäuse den Badetest durchstehen: An fünf aufeinanderfolgenden Tagen liegen die Tiere mit einer Klammer um den Hals jeweils eine Stunde in einer zweieinhalbprozentigen Waschlauge von 37 Grad. Anderen spritzt man eine Lösung in die Bauchhaut, zieht ihnen 24 Stunden später das Fell über die Ohren und betrachtet die Tiere von innen. Da gibt es Schleimhautverträglichkeitstests am Kaninchenauge und andere Quälereien, nur damit irgendein dämliches Tischtuch blütenweiß auf der Kaffeetafel prangt. Trotz allem aber «stützt sich die Prüfung auf Hautverträglichkeit auch heute noch im wesentlichen auf reine Empirie. Es ist noch viel zu wenig darüber bekannt, welche Reaktionen Tenside und andere Waschmittelkomponenten mit den Proteinen und anderen Inhaltsstoffen der Haut eingehen und welche Effekte sie bewirken, die letztlich Schädigungen der Haut auf ihrer Oberfläche und in der

## Flecke

* Die meisten Flecke verschwinden, wenn man sie sofort mit klarem Wasser, notfalls mit Seife oder Feinwaschmittel behandelt.
* Wenn Sie trotzdem einmal «härtere» Fleckentferner verwenden, probieren Sie zuerst an einer unsichtbaren Stelle, ob der Stoff ausbleicht. Arbeiten Sie nach Möglichkeit im Freien oder bei geöffnetem Fenster, denn auch die Dämpfe herkömmlicher Mittel sind nicht ungefährlich. Außerdem besteht bei einigen Mitteln Feuergefahr. Also nicht rauchen, keine offene Flamme!
* Bei Verwendung von Salmiakgeist wird die behandelte Stelle meist heller. Der neue Fleck verschwindet, wenn Sie die Stelle mit schwacher Essiglösung befeuchten.
* Achten Sie darauf, daß die Flaschen mit Fleckenmitteln deutlich gekennzeichnet sind, damit sie nicht verwechselt werden können.
* Glyzerin, Salmiak, Spiritus, Wasserstoffsuperoxid, Weingeist und ähnliche Hausmittel sind Chemikalien. Sie müssen so aufbewahrt werden, daß Kinder nicht an sie herankommen.
* Terpentinöl ist ein Destillat aus Kiefernharz. Terpentinersatz dagegen ein gesundheitsschädigendes Lösemittel aus Testbenzin, Tetralin oder Dekalin. Vorsicht!
* Verdünnungen, die Sie nicht aufgebraucht haben, bitte nicht in den Ausguß schütten. Füllen Sie sie in eine gekennzeichnete Flasche um, bewahren Sie die Mischung bis zum nächsten Fleck auf.
* Auch «Großmutters Hausmittel» haben ihre Tücken. Nur im Notfall und äußerst sparsam anwenden!

**Fleckenwasser für schwierige Fälle**

Ungesalzenes Kochwasser von weißen Bohnen entfernt selbst so hartnäckige Flecke wie Rotwein und Tinte
oder
ein Teil Salz, vier Teile Salmiakspiritus, vier Teile neunzigprozentiger Weingeist. Gut vermengen. Vor Kindern sichern.

**Flecken entfernen**

*Apfelsinen:* mit etwas Glyzerin aufweichen, mit lauwarmem Wasser nachspülen.

*Bier:*

Seide: Wasser und Spiritus zu gleichen Teilen mischen, mit Schwamm bearbeiten.

Wolle: klares Wasser, mit einer Spur Feinwaschmittel.

*Blaubeeren:* mit Zitronensaft befeuchten, einwirken lassen, klar nachspülen. Oder saure Milch draufgeben, einziehen lassen, spülen.

*Blut:* bei älteren Flecken vorbehandeln mit Salz- oder Sodawasser, in lauwarmem Seifenwasser waschen. Samt: mit reinem Alkohol behandeln. Seide: reiner Spiritus oder Wasserstoffsuperoxid. Vorsicht!

Frische Blutflecke verschwinden, wenn man den befeuchteten Fleck auf eine harte Unterlage legt und vorsichtig mit dem Ring eines Schlüssels über den Stoff reibt.

*Bohnerwachs:* Stoff mit Fleck zwischen zwei Löschblätter legen, heißes Bügeleisen darübergleiten lassen.

*Brandflecken:* sofort mit Essigwasser behandeln oder mit Zitronensaft beträufeln und gut auswaschen. Oder Fleck mit Wasser befeuchten und mit Salz ausbleichen.

*Butter:* mit Seifenlauge oder Waschmittel auskochen.

*Erdbeeren:* s. Obst.

*Fett:* Kartoffelmehl auf Flecken streuen, einwirken lassen, ausbürsten. Auf gröberen Wollstoffen: Terpentinspiritus oder Quillayarinde.

*Fruchtsaft:* mit lauwarmem Wasser auswaschen, mit Salz einreiben, auswaschen, anschließend zum Bleichen in die Sonne legen.

*Gras:* Baumwolle und Weißwäsche mit sehr heißem Wasser behandeln, waschen. Empfindliche Stoffe: Spiritus oder Salmiakwasser. Alte Flecke mit Zitronensaft vorbehandeln, lauwarm spülen.

*Harz:* Fleck mit reinem Terpentinöl einweichen, mit rektifiziertem Weingeist befeuchten und mit warmem Wasser nachwaschen.

*Heidelbeeren:* mit heißer Milch betupfen, mit Lösung aus verdünntem Salmiakgeist und etwas Salz nachbehandeln, klar spülen.

Oder ein bis zwei Stunden in saure Milch legen und handwarm auswaschen.

*Himbeeren:* mit Zitronensaft beträufeln, klar auswaschen. Alte Flecken: zuerst mit Wasserstoffsuperoxid, dann mit Salmiakgeist behandeln, klar nachspülen.

*Holunderbeeren:* Wasserstoffsuperoxid, klar nachspülen.

*Johannisbeeren:* Zitronensaft auf Fleck träufeln, lauwarm nachspülen.

*Kaffee:* lauwarmes Glyzerin, warm nachwaschen, Stelle halbfeucht auf linker Seite bügeln. Sonst Fleck mit angefeuchteter Kernseife einreiben, in heißes Wasser legen, auswaschen.

*Kakao:* Eigelb und Glyzerin zu gleichen Teilen vermischen, Fleck bestreichen, eine halbe Stunde einwirken lassen, anschließend heiß auswaschen. Oder: mit lauwarmem Glyzerin einreiben und dann auswaschen.

*Kaugummi:* Kleidungsstück in Beutel stecken, eine Stunde

ins Kühlfach oder in die Gefriertruhe stecken, läßt sich dann mühelos entfernen.

*Kirschen:* mit Seifenwasser auswaschen, restlichen Fleck mit etwas Milch betupfen, einwirken lassen, nach ein, zwei Stunden klar auswaschen.

*Klebstoff:* in warmem Wasser aufweichen, mit warmem Essig nachbehandeln, klar nachspülen.

*Kopierstift und Kugelschreiber:* in weißen Textilien mit erwärmtem Zitronensaft behandeln, nachspülen. Sonst Gemisch aus Essig und Spiritus zu gleichen Teilen, nachspülen.

*Lackfarben:* reines Terpentinöl

*Leim:* alte Flecke in Seifenwasser weichen, auswaschen, gut spülen.

*Lippenstift:* mit Glyzerin einreiben, wenn gelöst auswaschen.

*Milch:* alte Flecke mit Terpentinöl ausreiben, klar nachspülen. Frische Flecke mit lauwarmem Seifenwasser entfernen. Seide: Wasser und Glyzerin zu gleichen Teilen, etwas Salmiakgeist zugeben.

*Obst:* mit warmer schwacher Salmiaklösung vorbehandeln, über Nacht in Buttermilch einweichen mit ein paar Spritzern Zitronensaft, dann auswaschen.
Seide: mit reinem Alkohol lösen, mit frischem Alkohol ausreiben.

*Ölfarben:* reines Terpentinöl, anschließend waschen und spülen. Alte Flecke: vier Teile Spiritus, drei Teile Schmierseife, ein Teil Salmiakgeist.

*Orangen:* aus empfindlichen Stoffen mit Glyzerin. Auftupfen, einwirken lassen, nachspülen.

*Paraffin:* wie Wachs, zwischen zwei Löschblättern ausbügeln.

*Parfum:* aus Kochwäsche: indem man die Flecke mit Seifenspiritus betupft, einweicht und wäscht. Aus empfindlichen Stoffen: mit Glyzerin ausreiben, klar nachspülen.

*Pfirsich:* mit Glyzerin probieren, einige Zeit einwirken lassen, dann in Seifenlauge waschen und nachspülen. Sehr hartnäckig.

*Rost:* Zitronensaft. Alte Flecke aus Leinwand mit warmer Zuckerlösung.

*Rotwein:* mit Salz bestreuen, anschließend mit heißem Wasser auswaschen. Oder: mit Salz bestreuen, mit Seife und unverdünntem Zitronensaft auswaschen. Oder (wie bei Kaffee, Kakao) Tischtuch mit Fleck nach oben über eine Schüssel spannen und aus etwa einem halben Meter Entfernung kochendheißes Wasser in starkem Strahl direkt über den Fleck gießen. Rotweinflecke können auch mit kochender Milch entfernt werden.

*Schweiß:* reiner Essig oder verdünnter Salmiakgeist.

*Sekt:* Seidenstoff: mit feuchtem Schwamm betupfen, sonst klares Wasser.

*Sengflecke:* rohe geschälte Zwiebel auflegen, Fleck sollte nach einer Viertelstunde verschwunden sein. Sonst: Stelle befeuchten, mehrmals Salz draufreiben, dann zum Bleichen in die Sonne legen.

*Spinat:* mit roher Kartoffel abreiben, mit warmem Seifenwasser nachwaschen, spülen.

*Stempelfarbe:* reiner Zitronensaft, eventuell mit etwas Salz, nachspülen.

*Stockflecke:* Leinen: Vermischen Sie gut einen Eßlöffel Kochsalz, ein Eßlöffel Salmiak in genügend Wasser, streichen Sie die Lösung auf den Fleck, hängen Sie das Kleidungsstück einige Stunden an die Luft, anschließend waschen. Oder: Fleck anfeuchten, Gemisch aus Seife und Kreidepulver aufstreichen, einwirken lassen, auswaschen.

*Tee:* warmes Wasser, sonst mit Glyzerin bestreichen, warm auswaschen. Aus Wollstoffen: Eigelb mit Glyzerin zu gleichen Teilen mischen, auf Fleck streichen, einwirken lassen, warm auswaschen.

*Teer:* mit Seifenlauge behandeln, die Reste mit reinem Spiritus ausreiben. Vorsicht! Es helfen auch Eidotter oder ungesalzene Butter, die nach einigen Stunden herausgewaschen werden.

*Tinte:* Flecke in saure Milch, Buttermilch oder Zitronenwasser legen. Nach Einweichen mit Waschmittel kochen. Auf frische Flecke sofort Salz streuen. Alte Flecke: in Milch einweichen, in Seifenwasser auswaschen oder mit Glyzerin betupfen und klar ausspülen. Oder: Wäsche vor dem Wasser einige Zeit in Essigwasser legen. Wolle: mit Milch beträufeln, Flüssigkeit mit Watte aufsaugen.

*Tomaten:* mit warmem Seifenwasser. Alte Flecke in Waschlauge einweichen, etwas Wasserstoffsuperoxid dazugeben.

*Wachs:* abkratzen, zwischen zwei Löschblättern ausbügeln.

*Wagenschmiere:* Fleck mit Butter oder Eigelb bestreichen, ein bis zwei Stunden wirken lassen, abschaben, Rückstände auswaschen. Spülen.

*Teppichböden:*

Blut: mit Seifenwasser.

Fett, Lippenstift oder Buntstift: mit heißem Wasser, eventuell etwas Spiritus im Verhältnis 1 : 2 beigeben. Vorsicht!

Kaugummi: mit Trockeneis (aus dem nächsten Eissalon) eineisen, ablösen.

Tinte: mit Zitronensaft, klar nachspülen.

Tiefe auslösen können» (Chr. Gloxhuber in ‹*Waschmittelchemie*›, 1976, Herausgeber Henkel Cie. GmbH).

Um so erstaunlicher, daß die Waschmittelindustrie mit Vehemenz behauptet, die Enzyme, die sie den Waschmitteln beimengt, damit eiweißhaltige Flecken wie Kakao, Blut oder Gras gezielt gekillt werden, seien durch und durch harmlos.

Seit 1967 tummeln sich, insbesondere bei Buntem und Pflegeleichtem bis 60 Grad, Mikroorganismen der Gattung Bacillus subtilis beziehungsweise Bacillus licheniformis in unseren Waschmaschinen und in der Wäsche. Entgegen anderslautenden Meldungen aus der Waschbranche können Enzyme, die in den Textilien haften bleiben oder bei der Handwäsche auf die Haut gelangen, sehr wohl Hautreizungen verursachen.

Es liegt mir fern, den Waschmittelproduzenten zu unterstellen, sie scherten sich keinen Pfifferling um die Gesundheit ihrer Kundschaft. Zum einen sorgen Gesetze dafür, daß – zumindest neue – Chemikalien, bevor sie in Umlauf gesetzt werden, zu prüfen sind. Zum anderen möchte sich kein Hersteller nachweisen lassen, daß eines seiner Produkte schädlich ist. Wenn zum Beispiel jemand meint, Ariel oder Dash hätten ihm zu einer Allergie verholfen, dann braucht er sich nur an die Firma Procter & Gamble zu wenden. Der Fall wird sofort bearbeitet, der Kunde kann sogar einen Hautarzt eigener Wahl bestimmen, der ihn untersucht.

Dasselbe gilt für die Firma Henkel und für Unilever, den dritten Großen im Bunde. Sie sind alle im Industrieverband Körperpflege und Waschmittel e. V. zusammengeschlossen und gehen, zumindest nach außen, vereint vor.

Allerdings ist es nicht so einfach, die Ursache einer Allergie eindeutig festzustellen. Es gibt heute etwa sieben Millionen synthetische Substanzen, Stoffe, die der Mensch künstlich herstellt und die in der Natur nicht vorkommen. Jedes Jahr bescheren uns die Labors zweihundert- bis dreihunderttausend neue Substanzen. Von den wenigsten ist bekannt, wie sie sich auf Mensch und Tier auswirken, wenn man von ihrer Haupteigenschaft, um derentwillen sie erfunden wurden, einmal absieht. Jeder von uns kann im Laufe seines Lebens mit fünfzig- bis hunderttausend dieser Kunstchemikalien in Berührung kommen. Da ist es ein reiner Glücksfall, wenn der Arzt zwischen einer dieser Substanzen und einer Allergie einen Zusammenhang nachweisen kann. Es sieht auch nicht so aus, als kämen wir in absehbarer Zeit aus diesem Dilemma heraus. Denn auf ungefähr hundert synthetisierende Chemiker kommt weltweit nur ein Giftfachmann. «Um die letzten hundert Jahre Chemie hinsichtlich des Gefahrenpotentials aufzuarbeiten und das toxikologische Risiko zu erkennen, müßten wir jetzt – einen sofortigen Stopp der chemischen Produktion vorausgesetzt – etwa zweihundert Jahre Toxikologie anschließen.» Otmar Wassermann, der diese Rechnung aufstellte, muß es wissen. Er leitet die Abteilung Toxikologie am Klinikum der Kieler Universität.

Der Gesetzgeber nimmt im wesentlichen durch zwei Erlasse Einfluß auf die Beschaffenheit von Wasch- und Reinigungsmitteln: Durch das Waschmittelgesetz und durch das neue Chemikaliengesetz. Über die Abbaubarkeit der Tenside verfügt eine Rechtsverordnung zum Waschmittelgesetz. Die Phosphathöchstmengen-Verordnung bestimmt eine stufenweise Verringerung des Phosphatanteils.

Will ein Hersteller ein neues Waschmittel auf den Markt bringen, muß er beim Umweltbundesamt in Berlin eine Rahmenrezeptur einreichen, die streng vertraulich behandelt wird. Für die Überwachung dagegen sind Landesbehörden zuständig, die allerdings nur Stichproben vornehmen. Zur umfassenden Kontrolle verpflichtet sind sie erst dann, wenn der Verdacht besteht, daß etwas nicht in Ordnung ist.

Womit man getrost waschen kann, erfährt man von den Ämtern nicht. Zwar möchte das Umweltbundesamt das Umweltzeichen, den «blauen Engel», auch an Waschmittel vergeben, doch bisher gilt, daß jede Waschmethode, jedes bekannte Mittel die Umwelt belastet. Die Unschädlichkeit kann also nur relativ gemessen werden.

## Wie ich die Gewässer schonte und meine Waschmaschine ruinierte

Daß meine Großmutter an den Waschtagen nur «Reste-Essen» servierte, daß, wohin man auch kam, nicht gerade Frohsinn herrschte, kann ich inzwischen gut verstehen. Als unsere Tochter geboren wurde, besaßen wir eine uralte Waschmaschine mit Drehflügeln, die nicht mehr rotierten. Sie heizte nur noch. Den Rest erledigte ich, wie meine Großmutter, am Waschbrett. Mit Kernseife und Muskelkraft. Ich sehne mich wahrhaftig nicht nach jenen Waschtagen zurück. Und doch haben sie dazugehört zu meiner Kindheit auf dem Dorf.

Im Hof stand eine Tonne für Regenwasser. Wenn das nicht ausreichte fürs Waschen, kauften wir weiches Wasser von Herrn Herbst. Im Nachbarort, gleich bei der Marienkirche mit der wundertätigen Statue, lagen – fünf Meter auseinander – zwei Brunnen. Der eine gab das ortsübliche harte Wasser, der andere spendete zu jedermanns Erstaunen weiches. Der «Wassermann» füllte damit sein Faß, spannte seinen riesigen Hund vor den Karren und zog von Haus zu Haus.

Natürlich gibt es auch heute noch Brunnen und Bäche mit weichem Wasser. Doch wen interessiert das, wer käme gar auf die Idee, weiches Wasser zu kaufen? Die Wasser der Bundesrepublik sind genormt, unterteilt in Härtebereiche.

Auskunft erteilt das zuständige Wasserwerk. Die Waschmittelhersteller empfehlen seit 1973 auf ihren Packungen eine «wasserhärteabhängige Dosierung». Freiwillig, wie sie betonen. Ihr Schaden ist das nicht, denn, so der Arbeitskreis für Umweltschutz in Konstanz, die Härtebereiche sind dermaßen eingeteilt, «daß ein größerer Teil der Bevölkerung Waschmittel höher dosieren muß, als nach der tatsächlichen Wasserhärte notwendig ist».

Jahr für Jahr geben die deutschen Haushalte für Wasch- und Reinigungsmittel mehr als drei Milliarden Mark aus. Jede Woche verbraucht der statistische Bundesbürger rund zweihundert Gramm Waschpulver, Jahr für Jahr rückt er dem Schmutz in Haus und Wäsche mit insgesamt 26 Kilogramm Reinigungsmitteln zu Leibe.

Wir sind die Saubermänner Nummer eins in Europa, gefolgt von Belgien und der Schweiz.

Eines Tages war es soweit. Die alte Drehflügelmaschine hatte ihren Geist aufgegeben. Eine nagelneue Trommelwaschmaschine kam ins Haus. Des Staunens war kein Ende, den ersten Nachmittag verbrachten die Katze und ich vor dem Zauberding und schauten zu, wie sich das «eingefüllte Waschgut» bewegte, mit einem Aufwand von 160 Litern Wasser und 3,6 Kilowattstunden Energieverbrauch sauberer und sauberer wurde. Darüber, daß es Modelle gab, die sparsamer arbeiten, zerbrach ich mir damals nicht den Kopf. Ich war mit meiner neuen Haushaltshilfe vollauf zufrieden.

Von Waschmittelinhaltsstoffen hatte ich weniger Ahnung als meine Großmutter. Auf eine bestimmte Marke legte ich mich nicht fest. Billig mußte es sein und für alle anfallenden Waschgänge geeignet, für dreißig, sechzig und neunzig Grad. Ein Vollwaschmittel also. Das Verkehrteste, was man tun kann, wie ich längst weiß. Denn damit jagte ich all die Bleichmittel, optischen Aufheller und Enzyme auch durch Buntes und Wollenes, und natürlich ins Abwasser. Weichspüler kamen selten ins Haus und in die Wäsche, weniger aus Umweltbewußtsein als vielmehr aus Gründen der Sparsamkeit. Sparen tat ich auch an der Menge, die ich in die Maschine gab. Das rächte sich.

Im Laufe der Jahre entwickelte unsere Tochter eine ausgeprägte Vorliebe für Weißes. Da konnte ich nicht mithalten. Eines Tages hielt sie mir eine Bluse unter die Nase: «Nun behaupte bloß, die wäre weiß. Grau ist sie. Grau!» Und schon saß mir das schlechte Gewissen im Nacken. Trotzig behauptete ich, doch, sie sei weiß. Aber ich könne ja auf alle Fälle mal das Waschpulver wechseln. Damals hatte die Stiftung Warentest die Waschmittel noch nicht geprüft, und so wußte ich nicht, daß alle Waschmittel ziemlich gleich gut waschen.

Ich kaufte eine andere Marke, nichts änderte sich. Dann gab die Maschine ihren Geist auf. Die Heizstäbe seien durchgebrannt, verkündete der Monteur. Wir kauften eine neue, denn ohne mochten wir nicht mehr

sein. Der Grauschleier auf Blusen und Bettwäsche verdichtete sich weiter. Laken und Bezüge färbte ich kurzerhand blau, ein oder zwei Pullover ließ ich verschwinden. Eigentlich war das Kind schon herausgewachsen. Und überhaupt. War es denn meine Lebensaufgabe, Weißes weiß zu erhalten? Da fiel mir unerwarteterweise mein Mann in den Rükken. Eines Sonntags, bevor er in ein Hockeyturnier zog, knurrte er zum Abschied, die Farben seiner Mannschaft seien grünweiß, nicht grau. Das saß.

Ich will es nur gestehen, ich habe mir daraufhin die Werbung angeschaut, war wild entschlossen, Gilb und Grauschleier zu vertreiben. Damals, 1978, steckte die Waschmittelbranche immerhin 160 Millionen Mark in die Werbung, da mußte es doch auch für mich Hilfe geben. Doch es gelang mir nicht, diesem strahlendweiß-glücklichen Kreis der Fernsehwaschfrauen beizutreten. Ich hätte ihnen ohnehin keine Ehre gemacht. Ich gebe keine Kaffeegesellschaften; Taufen stehen nicht ins Haus; unsere Silberhochzeit findet erst in sechs Jahren statt, und im übrigen wird unsere zentnerschwere Tischplatte aus brasilianischem Angelinholz von keinem Tischtuch verhüllt.

# Komplexbildner: Phosphate, Zeolith A und NTA

Die Waschmaschine hab ich auf dem Gewissen. Ich hätte ihr mehr Waschpulver geben müssen. Die Komplexbildnerkonzentrationen, ich weiß es heute, reichten einfach nicht aus, um den Kalk zu binden. Er ließ sich nicht nur als Grauschleier auf den Textilien nieder, er setzte sich auch auf die Heizstäbe und zerfraß sie. Mein einziger Trost ist, daß ich all die Jahre wenigstens unsere Gewässer geschont habe. Bis 1981 war der Komplexbildner, ich sagte es schon, vorwiegend ein Phosphat. Die Komplexbildner haben in Wasch- und Reinigungsmitteln eine ganze Reihe von Funktionen. Sie enthärten das Wasser, indem sie Calcium- und Magnesium-Ionen binden. Sie unterstützen Bleichmittel und Schauminhibitoren, sie erhöhen durch Wechselwirkung mit den Tensiden die Waschkraft und verhindern, daß sich gelöste Schmutzpartikel erneut auf der Wäsche ablagern.

Natriumpolyphosphat gilt als *der* Komplexbildner schlechthin, NTPP besitzt Eigenschaften, die jedem Waschmittelchemiker das Herz im Leibe lachen lassen. Es hat offenbar überhaupt nur einen einzigen Fehler: Phosphate sind Nährstoffe. Diese Nahrhaftigkeit wurde unseren Seen zum Verhängnis.

Zunächst vermehren sich die Algen ungeheuer – aus drei Gramm Phosphor können zehn Kilogramm Planktonalgen entstehen. Doch dann sterben sie ab, zersetzen sich und verbrauchen dabei Unmengen Sauerstoff. Die zehn Kilo Algen verzehren etwa einen Kilo Sauerstoff. Sobald der Sauerstoff im Wasser aufgebraucht ist, geht die Zersetzung ohne Luft weiter. Sumpfgas, Ammoniak, Schwefelwasserstoff entstehen. Kleinlebewesen, Krebse, Fische und Vögel sterben. Und schließlich stirbt auch der See.

An dieser Überdüngung, an der Eutrophierung, waren in erster Linie Wasch- und Reinigungsmittel schuld, denn wenigstens vierzig Prozent der Phosphate in unseren Oberflächengewässern gingen zu ihren Lasten. Weitere 27 Prozent stammen aus Exkrementen, denn jeder Mensch scheidet täglich 1,5 bis 2,4 Gramm Phosphate aus; 17 Prozent lieferte die Landwirtschaft, 13 Prozent die Industrie, 3 Prozent stammten aus «sonstigen Quellen».

Auf Grund dieser Fakten sah sich die Bundesregierung gezwungen, dafür zu sorgen, daß weniger Phosphate in die kommunalen Abwässer gelangen. Sie erließ die «Verordnung über Höchstmengen für Phosphate in Wasch- und Reinigungsmitteln». Bis zum 1. Oktober 1981 war der Phosphatgehalt, je nach Produkttyp, um etwa ein Viertel zu senken. Die zweite Stufe trat am 1. Januar 1984 in Kraft, damit sollte eine Reduzierung um etwa fünfzig Prozent erreicht werden. Oder anders herum: Heute dürfen nur noch fünfzig Prozent der Phosphatmengen in Waschmitteln enthalten sein, die in den siebziger Jahren gang und gäbe waren. «Der Phosphatverbrauch in den Waschmitteln», so teilte das Bundesministerium des Innern im Februar 1984 mit, «ging gegenüber 1975 von 276000 Tonnen (entsprechend 69000 Tonnen Phosphor) auf unter 170000 Tonnen (entsprechend 42500 Tonnen Phosphor) zurück; dies entspricht einer Reduktion von ca. 40 Prozent.»

Den Umweltverbänden war die Phosphathöchstmengen-Verordnung seinerzeit zu lasch, man sprach gar von einer Phosphat-HOECHST-Mengen-Verordnung. Der Chemiekonzern HOECHST nämlich besitzt als zweitgrößter Phosphatproduzent der Welt eine Art Monopol für diese Ware. 56 Prozent des Hoechster Phosphats werden – ebenfalls von Hoechst – zu NTPP verarbeitet, zu Natriumtripolyphosphat, jenem Komplexbildner, an dem es meiner Wäsche infolge Unterdosierung mangelte. Mit 480000 Tonnen NTPP pro Jahr ist Hoechst der größte Waschmittel-Phosphat-Hersteller Europas, außerdem der größte NTPP-Exporteur der Welt.

Die zweite Stufe der Verordnung ist in Kraft getreten, Phosphate in Waschmitteln wurden drastisch reduziert. Verboten sind sie nicht. Den Waschmittelherstellern kam das nicht gerade ungelegen, denn dieser Rohstoff ist auf dem Weltmarkt immer teurer geworden. Es konnte den Firmen nur recht sein, wenn sie auf billigere Substanzen umsteigen oder doch vom Monopolinhaber Hoechst unabhängig werden konnten.

Natürlich wollte auch die Hoechst AG die Gewässer retten. Auf ihre Weise. Joachim Kandler wies den firmeneigenen Weg aus dem Interessendilemma: Die einzige Maßnahme gegen die Eutrophierung könne «nur in einer Fernhaltung aller Phosphate aus dem Abwasser durch Ringkanalisation, Fällungsreinigung oder ein äquivalentes Verfahren bestehen», ließ er verlauten. «Nicht trotz, sondern gerade wegen der notwendigen Maßnahmen zum Gewässerschutz sollten die Waschmittelphosphate nicht nur eine Gegenwart, sondern auch eine Zukunft haben.»

Phosphate verursachten die Überdüngung unserer Seen, aus dem Abwasser sind sie schwer zu entfernen, nach der mechanischen und der biologischen Klärung ist erst ein Viertel verschwunden. Nur die dritte Reinigungsstufe, die kostspielige Phosphatfällung unter Einsatz von Chemikalien, reduziert sie auf ein erträgliches Maß.

Wie es der Zufall wollte, stieß ich an anderer Stelle erneut auf Joachim Kandler. Und da dämmerte es mir. Diesmal pries er nämlich das boka-System an, eine Fällungsreinigung, die von der Boliden-Knapsack GmbH vertrieben wird. Einer Tochterfirma von Hoechst.

Wenn das nicht clever ist. Da setzt der Chemiegigant massenhaft Phosphate in Umlauf, die der Umwelt schaden, und bietet dann für teures Geld hilfsbereit die dritte Reinigungsstufe an – das boka-System, «das aus dem Fällmittel, einem granulierten freifließenden Eisenaluminiumsulfat mit dem Handelsnamen AVR, Silos der erforderlichen Größe zur Aufnahme eines Fällmittelbedarfs für mehrere Tage, der Dosier- und Löseapparatur sowie verschiedenen Meßgeräten besteht». Kann in jede Kläranlage eingebaut werden, kostet pro Einwohner über den Daumen gepeilt zwei bis fünf Mark für den Einbau, dann Jahr für Jahr sechs bis acht Mark pro Kopf für Fällmittel (liefert Hoechst) und Sonstiges. «Hoechst bietet seine Erfahrungen auf diesem Gebiet zusammen mit dem ‹boka›-System an und ist bereit, mit allen Planern und Erbauern von Kläranlagen zusammenzuarbeiten.» Hoechst – Partner beim Umweltschutz.

Da gehen die Henkel-Werke die Sache eleganter an. Nun stellen sie aber auch keine Phosphate her, ihnen kann es also nur recht sein, wenn sie ihre Waschpulver-Zutaten billiger einkaufen oder gar selbst fabrizieren können.

Schon 1973 meldeten Henkel und der amerikanische Konzern Procter & Gamble einen Phosphatersatzstoff zum Patent an: Zeolith A. Henkel mengt ihn seinen Waschmitteln seit 1981 bei und konnte daher die Phosphate bereits knapp drei Jahre vor dem Stichtag auf das geforderte Minimum reduzieren. Bei Sasil, so der eingetragene Markenname des Zeolith A, handelt es sich um Natrium-Aluminium-Silicat (NAS), das in Deutschland in erster Linie von der Degussa (Deutsche Gold- und Silberscheide-Anstalt) hergestellt wird. Die Henkel AG ist bei der Degussa beteiligt, und zwar durch eine Vorschaltgesellschaft. Auch an geeigneten Tensiden wird es nicht mangeln: Seit 1980 investiert Waschpulverkönig Henkel in ein Chemiewerk auf Luzon, der Hauptinsel der Philippinen. Die Fabrik gewinnt für Henkel aus Kokosnußöl Alkohole. Ein Teil davon wird in Fettalkohole umgewandelt, aus denen sogenannte Oxäthylate hergestellt werden, nichtionische Tenside, die sich vorzüglich für solche Waschmittel eignen, bei denen Silicate die traditionellen Phosphate weitgehend oder ganz ersetzen.

Ausgangsmaterial für den Phosphatersatzstoff Sasil sind Natriumaluminat und Wasserglas. Natriumaluminat wird durch Einwirkung von Natronlauge aus Tonerde gewonnen, dem Rohstoff der Aluminiumherstellung. Wasserglas wird aus Sand und Soda erschmolzen. Damit basiert dieser Ionenaustauscher auf Sand, Tonerde und Kochsalz, auf heimischen Rohstoffen also, die erheblich billiger sind als Phosphate.

Bei der Degussa läuft das Henkel-Sasil unter der Bezeichnung NAS HAB A 40. Es gibt wohl nur wenige chemische Substanzen auf dem Erdball, die gründlicher untersucht worden sind. Das Ergebnis kann sich anscheinend sehen lassen: Zunächst einmal läßt seine Waschkraft nichts zu wünschen übrig, heißt es. In dieser Hinsicht kann man ja auch den Phosphaten beim besten Willen nichts nachsagen. Anders als zum Beispiel NTPP aber verhält sich Sasil nach getaner Arbeit angeblich unauffällig. Obgleich der Ersatzstoff unlöslich ist, soll es keinerlei Probleme in der Kanalisation geben. Algen, Muscheln, Fische vertragen selbst höhere Konzentrationen, ohne Schaden zu nehmen. In den Kläranlagen soll Sasil sogar helfen, organische Substanzen zu fällen, und auch seine Entfernung aus dem Abwasser bereitet keine zusätzliche Mühe. Als die Phosphathöchstmengen-Verordnung ausgearbeitet wurde, hatte man Sasil im Auge: Die Obergrenze für den Phosphatgehalt in Waschmitteln wurde auf die waschtechnischen Eigenschaften von Zeolith A/Sasil in Kombination mit Phosphaten abgestimmt. Kurzum, Sasil gilt als uneingeschränkt unbedenklich.

Procter & Gamble (1981 gab der Konzern 286 Millionen Dollar für Forschung und Entwicklung aus) verzichtete auf Phosphatersatzstoffe in seinen Produkten und konnte «durch verbesserte Technologien in der Anwendung bekannter waschaktiver Substanzen» den Phosphatgehalt ebenfalls vorzeitig, nämlich 1981, auf das vorgeschriebene Maß senken. Gleichzeitig brachte der Konzern ein flüssiges Vollwaschmittel auf den Markt, «das erstmals für alle waschbaren Textilien ohne Vorwäsche in allen Waschmaschinen verwendbar ist». Vizir ist nach Angaben der Firma völlig phosphatfrei und enthält keinen Ersatzstoff. Die genaue Zusammensetzung wird nicht preisgegeben, nur soviel ist zu erfahren:

«Neben der Tatsache, daß die flüssige Darbietungsform den Einsatz eines höheren Anteils waschaktiver und schmutzlösender Substanzen ermöglicht, war es von besonderer Bedeutung, daß es gelang, Enzyme und Substanzen, die auf bleichbare Verschmutzung wirken, in ein flüssiges Produkt einzubauen. Ebenso wesentlich war es, einen Wasserenthärter und ein neues System zur Schaumregulierung, das unter allen Waschbedingungen wirksam ist, einsetzen zu können.» Das alles hat sich Procter & Gamble patentieren lassen.

Trotz der verbesserten Technologien in der Anwendung von Tensiden, trotz des vielgepriesenen Sasils läßt die Waschkraft dieser Phosphatersatzmittel anscheinend zu wünschen übrig. Henkel nämlich verkauft seit einiger Zeit CID, ein Spray, mit dem die Flecken unmittelbar vor dem Waschen in der Maschine eingesprüht werden. Procter & Gamble bietet als Hilfsmittel Tob Job an. Dieses «Waschverstärkertuch ... macht Wäsche sauberer als Waschpulver allein». Nämlich mit kationischen und nichtionischen Tensiden als Waschkraftverstärker, Perborataktivatoren und Stabilisatoren sowie Duft- und Hilfsstoffen.

Ein geschickter Schachzug, denn kein Gesetz verbietet, daß auf diese Weise das Abwasser zusätzlich belastet wird. Es handelt sich schließlich um zwei verschiedene Produkte, um Waschmittel und Hilfsmittel, die jedes für sich durchaus den Vorschriften entsprechen.

Am 12.9.1984 (Top Job kam im April nach zweijährigen Tests bei uns auf den Markt) reagierte das Umweltbundesamt. Zum erstenmal in der Geschichte seines Bestehens warnte die Behörde vor einem Waschmittel. Allerdings ohne Produkt und Hersteller zu nennen. Von Waschverstärkertüchern war die Rede, die eine zusätzliche Belastung der Gewässer darstellen und «angesichts des sprichwörtlich guten Waschvermögens der auf dem deutschen Markt befindlichen Waschmittel» unnötig sind. Das Umweltbundesamt «appelliert deshalb an die Verbraucher, auf den Einsatz zusätzlicher Waschverstärker zu verzichten und durch eine sparsame Waschmitteldosierung zur Entlastung unserer Gewässer beizutragen».

Procter & Gamble reagierte prompt mit einer Anzeigenkampagne für eine halbe Million Mark. Die Firma hat etwas zu verlieren: Im ersten Jahr sollten Tücher für 90 Millionen Mark umgesetzt werden.

Bedenken wegen der Belastung unserer Gewässer liegen der Firma aus dem schwäbischen Schwalbach fern. «Wir würden nie ein Produkt auf den Markt bringen, von dem vermutet werden muß, daß es für die menschliche Gesundheit oder für das ökologische System schädlich ist.»

Alles in allem sieht es so aus, als sei die Phosphathöchstmengen-Verordnung ein Schuß in den Ofen gewesen. Sie hat uns letzten Endes das NTA beschert.

Nitrilotriacetat (Nitrilotri-Essigsäure) besitzt vorzügliche Wascheigenschaften und läßt sich obendrein beliebig mit Phosphaten und Zeolithen kombinieren. Dieser Komplexbildner wurde Anfang der siebziger Jahre in den USA und in Kanada eingesetzt. Hausfrauen, die an den Großversuchsreihen teilnahmen, waren begeistert von der Riesenwaschkraft, doch die Fachleute schlugen Alarm. Sie hatten entdeckt, daß NTA nicht nur die Erdalkali-Ionen Calcium und Magnesium in der Waschmaschine bindet, sondern auch Schwermetalle löst, die sich in den Sedimenten der Flüsse und Seen abgelagert haben. Obendrein sind die neuen Verbindungen von Schwermetallen und NTA allem Anschein nach weitaus giftiger als die Metalle an sich.

Nun haben sich in unseren Flüssen, vor allem in Rhein, Ruhr, Main und Elbe, beträchtliche Mengen Cadmium, Blei und Quecksilber niedergelassen. Gesetzt den Fall, ein Teil der Phosphate in Waschmitteln würde durch sechs bis zehn Prozent NTA ersetzt, dann rauschten jährlich vierzigtausend bis sechzigtausend Tonnen Nitrilotriacetat ins Abwasser. Selbst die Hälfte davon könnte in unseren kranken Flüssen chemische Reaktionen auslösen, die niemand abzuschätzen vermag. Ein «Feldversuch» wie damals mit den schäumenden Tensiden oder mit den Phosphaten, die unsere Seen überdüngten, blieb uns bisher erspart. Fachleute befürchten, daß die gelösten Schwermetalle zumindest in einigen Gebieten der Bundesrepublik ins Trinkwasser geschwemmt werden. Die Folgen ließen sich nicht einmal sofort feststellen. Schleichende Schwermetallvergiftungen sind nämlich bei Mensch und Tier oft erst nach Jahren oder Jahrzehnten eindeutig zu identifizieren.

Als der amerikanischen Umweltbehörde EPA (Environmental Protection Agency) auch noch Studien auf den Tisch kamen, nach denen NTA bei Ratten Blasenkrebs verursacht, das Erbgut schädigt und Mißgeburten bewirkt, verschwand der Komplexbildner wieder aus den Waschmitteln. Im Mai 1980 zog die amerikanische Umweltbehörde, nicht zuletzt gestützt auf Daten, die der Konzern Procter & Gamble lieferte, ihre Bedenken gegen NTA zurück.

Verboten war NTA in Amerika ebenso wenig wie in der Bundesrepublik, wo der Komplexbildner als «Altchemikalie» gilt. Auf Drängen des

| Bezeichnung | Substanz | Anteil (%) | Funktion |
|---|---|---|---|
| anionische Tenside | Alkylbenzolsulfonat Seife | 4 –10 | Tenside vermindern die Grenzflächenspannung des Wassers, machen es «flüssiger». |
| nichtionische Tenside<br>amphotere Tenside<br>kationische Tenside | Fettalkoholäthoxylate | 1 – 6 | Kationische Tenside haben häufig konservierende Eigenschaften (Desinfektionsmittel). |
| Builder (Gerüststoffe, Komplexbildner) | Pentanatriumtriphosphat<br>Zeolith A (Sasil) | 15 –40<br>0 –20 | Enthärten das Wasser, verhindern Niederschläge auf Geweben und Maschinenteilen, brechen den Schmutz auf, verhindern die Wiederablagerung des Schmutzes und steigern durch Zusammenwirkung mit Tensiden die Waschwirkung |
| Bleichmittel | Natriumperborat | 10 –30 | Bleiche durch freiwerdenden aktiven Sauerstoff: entfernt Flecke von Rotwein, Obst, Kakao, Tee etc. |
| Stabilisatoren für Perborat | Magnesiumsilikat<br>Äthylendiamintetraacetat | 0 – 3<br>0 – 2 | Verhindern unerwünschte Wechselwirkungen |
| Aktivatoren für Perborat | Tetraacetyläthylendiamin | 0 – 3 | Aktivieren Perborate bei niedrigen Temperaturen |
| Vergrauungsinhibitoren | Carboxymethylcellulose | 1 – 2 | Verhindern, daß sich der abgelöste Schmutz wieder auf dem Gewebe ablagert |
| Schaumregulatoren | langkettige Seifen, z. B. Talgseife mit Behenat-Anteil | 2 – 6 | Schaumbremse |
| Korrosionsinhibitoren | Natriumdisilikat (Wasserglas) | 4 – 7 | Verhindern Korrosion an Waschmaschinenteilen und die Verkrustung der Fasern |
| Weißtöner (optische Aufheller) | Stilbendisulfonsäure-Derivate<br>Bis-(styril)-biphenyl-Derivate | 0,1– 0,3 | Ultravioletter Anteil des Tageslichts wird in sichtbares blaues Licht verwandelt |
| Enzyme | Proteasen | 0 – 1 | Entfernen unlösliche Eiweißverschmutzungen durch Eiweißspaltung und Überführung in lösliche Verbindungen |
| Parfümöle | natürliche und synthetische Riechstoffe | weniger als 1 | Überdecken Laugengeruch, spenden Wäscheduft |
| Farbstoffe | synthetische Farbstoffe | 0 – 0,1 | Geben Farbe |
| Füllstoffe | Natriumsulfat | 5 –30 | Inhaltsstoffe, die z. B. die Verarbeitung oder Abfüllung des Waschmittels erleichtern |
| Wasser | | 5 –15 | |

**Nebenwirkungen**

*Tenside:* Vor allem die kationischen Tenside reichern sich in Galle und Darm der Fische an, wirken giftig auf Wasserlebewesen. Chemische und biochemische Umwandlungen in Sedimenten sind nicht erforscht. Es fehlen Langzeituntersuchungen zur chronischen Toxizität der Tenside, wenig ist bekannt über ihre Wirkung im Verein mit anderen Substanzen (Synergismus). Anionische und nichtionische Tenside müssen zwar zu 80 Prozent biologisch abbaubar sein – sie müssen ihre grenzflächenaktive Wirkung verlieren –, was jedoch mit dem «Rest» geschieht, ist unklar. Eine Reihe von Tensiden (zum Beispiel Seife) schädigt die Schleimhaut der Fische, mindert die Sauerstoff-Aufnahmefähigkeit der Kiemen. Der Kunde erfährt nicht, ob Tenside im Waschmittel aus «natürlichen» oder «synthetischen» Zutaten hergestellt sind.

*Komplexbildner (Builder):* Phosphate greifen in den Energiestoffwechsel ein, verursachen Überdüngung der Gewässer (Eutrophierung). NTA löst Schwermetalle aus den Sedimenten und könnte Schwierigkeiten bei der Trinkwasseraufbereitung aus Oberflächengewässern verursachen. Darf nur zu maximal 3,4 Prozent Waschmitteln beigefügt werden. Ionenaustauscher Zeolith A (Sasil) gilt als unbedenklich.

*Additive:* Phosphonate werden biologisch gar nicht oder nur sehr langsam abgebaut. Über den Abbau der Polycarboxylate ist so gut wie nichts bekannt.

*Bleichmittel:* Stark oxydative Gifte, zerstören die Hautflora. Denaturierung der Eiweiße, schädigen Wasserpflanzen. Borhaltiges Wasser kann bei Bewässerung von Weiden in Konzentrationen von 0,2 bis 2,0 mg/l zu Lungen- und Magenerkrankungen bei Schafen führen.

*Stabilisatoren für Perborat:* Äthylendiamintetraacetat ist ein starker Komplexbildner ähnlich dem NTA oder den Zitraten. Sorgt für Metallfracht im Trinkwasser. Silicate sorgen für Metallfracht im Klärschlamm.

*Aktivatoren für Perborat:* Komplexbildner, Metallfracht im Trinkwasser.

*Vergrauungsinhibitoren:* Biologisch schwer abbaubar.

*Schaumregulatoren:* ph-Wert wird ins Alkalische verschoben, Störung des physiologischen Milieus.

*Korrosionsinhibitoren:* Sehr stark alkalisch. Toxizität der Silicate wenig erforscht.

*Weißtöner:* Bewirken Röntgenresistenz. Blutgerinnung stark verlangsamt bis aufgehoben. Bildung von Stoffwechselprodukten (Metaboliten), die strahlenabsorbierend wirken. Fördern Wachstum von Tumorzellen.

*Enzyme:* Entfalten ihre Wirkung auch im Wasser (Wasserlebewesen) und auf der Haut. Können zu Reizungen und Allergien führen.

*Parfümöle:* In Gewässern bringen synthetische Duftstoffe Zusammenleben und Verhaltensweisen von Fischen und anderen Wasserlebewesen durcheinander.

*Farbstoffe:* Entsprechend der chemischen Struktur gibt es krebsverdächtige Farben und harmlose Farben.

*Füllstoffe:* Erhöhter Salzgehalt der Gewässer, ändern die Ionenstärke und stören den Elektrolysehaushalt der Wasserlebewesen.

*Wasser:* Bei vergleichbarer Waschwirkung sind Tensid-Wasser-Gemische mit hohem Wassergehalt günstiger, weil sie eine geringere mengenmäßige Belastung darstellen.

Bundesinnenministeriums jedoch empfahl der Industrieverband Waschmittel- und Körperpflege e. V. im Jahre 1981, als die erste Stufe der Phosphathöchstmengen-Verordnung in Kraft trat, seinen Mitgliedern, bis zum 30. Juni 1983 auf den Einsatz von NTA in Waschmitteln zu verzichten. Das Bundesinnenministerium und das Bundesforschungsministerium gaben seinerzeit eine Studie in Auftrag: Im Rahmen der Fachgruppe Wasserchemie in der Gesellschaft Deutscher Chemiker durchforsteten rund vierzig Fachwissenschaftler mehr als zwei Jahre lang die einschlägige Literatur, und sie entdeckten, daß für jeden etwas dabei war. Sowohl Gegner wie auch Befürworter des NTA fanden sich bestätigt. Dementsprechend empfahl die Fachgruppe dem Innenministerium, NTA nur begrenzt freizugeben. Mehr als 25000 Tonnen pro Jahr – das entspricht einem Waschmittelanteil von 3,4 Prozent – seien zu riskant beim derzeitigen Zustand unserer Flüsse und Seen. Ein NTA-Gehalt von 0,2 Milligramm pro Liter dürfe in den Oberflächengewässern nicht überschritten werden.

## Kleines Abc der Waschkunst

– mit Vorbehalten, denn auch Salmiak und Glyzerin
sind Chemikalien. Und vier Milliarden Mal
«ein Schuß Essig ins Spülwasser»
macht die Fische sauer!

*Angesengte Wäsche:* braune Flecken mit Saft einer frischen halbierten Zwiebel einreiben.

*Angoragewebe:* in lauwarmer Feinwaschlauge waschen, lauwarm spülen, nicht wringen oder reiben. In Frottierhandtücher einwickeln, trocknen lassen. Angorawolle wird weicher, wenn man ins letzte Spülwasser einen Spritzer Glyzerin gibt. Nach dem Trocknen mit weicher Bürste einmal mit, einmal gegen den Strich bürsten.

*Anzüge:* trocken bürsten, mit angefeuchtetem Schwamm abreiben, Kragen und Manschette mit Salmiakgeist reinigen. Für dunkle Anzüge Spiritus nehmen, reinigt schonender.

*Bleichmittel:* Buttermilch und Sonnenstrahlen. Gelbe Flecke mit Buttermilch befeuchten, zum Trocknen in die Sonne legen, spülen.

*Brokatstoff* wird wieder glänzend, wenn man ihn mit einem Fensterleder abreibt.

*Buntwäsche:* Man stellt fest, ob die Farben echt sind, indem man eine wenig sichtbare Stelle befeuchtet und mit einem weißen Tuch reibt.

*Damenstrümpfe* werden wasserdicht, wenn man sie in verdünnter essigsaurer Tonerde (1 : 8) spült und tropfnaß aufhängt.

*Farben* frischt man auf, indem man ins letzte Spülwasser etwas Essig gießt oder den Stoff mit einem in Essigwasser getränkten Tuch bedeckt und überbügelt.

*Filzhüte:* Wasserflecken entfernt man, indem man den Stoff mit feinem Sandpapier aufrauht.

*Flanell* wäscht man kalt bis handwarm, eventuell unter Zusatz von etwas Salmiakgeist. Mit Glyzerin im Spülwasser wird der Stoff weich.

*Gewebe* entfärbt man, indem man sie in frischer Milch einweicht, bis die Milch sauer und dick geworden ist. Mit klarem Wasser spülen.

*Gummistrümpfe* wäscht man in lauwarmem Seifenwasser. Gut nachspülen, in Frottiertuch trocknen, keinesfalls auf die Heizung legen.

*Imprägnieren:* Stoff mit einer Lösung aus essigsaurer Tonerde befeuchten (ein Teil essigsaure Tonerde, acht Teile Wasser). Während Stoff trocknet, Kernseife in Wasser auflösen, trockenen Stoff in Kernseifenlauge legen, wieder trocknen lassen. Nochmals in erste Lösung, trocknen lassen, wieder in die zweite. Mehrmals wiederholen. Stoff naß aufhängen, von links feucht bügeln.

*Jersey* wäscht man mit Feinwaschpulver in handwarmem Wasser. Kleidungsstück vorsichtig ausdrücken, auf Tuch in Form ziehen, liegend trocknen lassen. Wenn nötig, von links dämpfen.

*Kopftücher* imprägniert man mit essigsaurer Tonerde und Seifenlauge.

*Kragen* reinigt man vor dem Waschen wie folgt: Schmutzstellen mit einem Schwamm bearbeiten, den man in eine Lösung von einem Teil Salmiakgeist und neun Teilen Wasser getaucht hat. Mit klarem Wasser nachreiben.

*Krankenwäsche* getrennt von anderer waschen, heiß aufbügeln.

*Krawatten* aus Seide wäscht man in lauwarmem Kartoffelwasser.

*Kunstseide* wäscht man in kaltem Wasser, zweimal spülen, dabei dem ersten Spülwasser etwas Essig zugeben. In ein Frottiertuch einrollen, trocknen. Nicht bügeln, höchstens von links dämpfen.

*Lederhosen* werden wieder weich, wenn man sie in vier Liter Wasser einweicht, in die man zwei Eßlöffel Olivenöl gibt. Hose gut durchdrücken.

*Leinenstoff* prüfen: Man wäscht den Stoff in Seifenwasser, läßt ihn an der Luft trocknen. Bleibt er nicht glatt, ist Baumwolle untergewebt. Eine andere Möglichkeit: Gibt man einen Tropfen Öl auf den Stoff, dann muß bei reinem Leinen ein kreisrunder Fleck entstehen. Handelt es sich um ein Mischgewebe, verläuft der Fleck in alle Richtungen.

*Samt* reinigt man mit einem feuchten Schwamm oder Lappen. Bei starker Verschmutzung etwas Petroleum darauftäufeln, gegen den Strich reiben. Druckstellen feuchtet man mit Spiritus an und hält den Stoff mit der linken Seite über Wasserdampf. Vorsicht! Keine offene Flamme. Nach dem Trocknen ausbürsten.

*Samt, Cretonne* und *Musselin* wäscht man in lauwarmem Kartoffelwasser oder mit Seifenwurzel. Falls man Seifenwurzel benutzt, muß der Stoff mit dünner aufgelöster Gelatine gestärkt werden.

*Schwarzen Kaschmir* oder *Seide* wäscht man nach einem alten Rezept wie folgt: Auf einen Eimer lauwarmes Wasser kommt eine Tasse Salmiakgeist, dann läßt man die Wäsche eine halbe Stunde darin liegen. Nach zweimaligem Waschen spülen und ohne auszuwringen tropfnaß aufhängen, feucht dämpfen. Statt Weingeist kann man auch Quillaya- oder Panamarinde 24 Stunden in Wasser einweichen. Auch Aufgüsse von Rolltabak und grünem Tee sollen Wunder vollbringen.

*Seide* unterscheidet man von Kunstseide durch die Brennprobe. Seide brennt langsam, glimmt nicht nach und hinterläßt eine hellbraune Asche, die beim Zerreiben nicht zerstäubt. Der Kunstseidenfaden glimmt nach, die Asche ist grau. Nasse Kunstseide läßt sich leicht reißen.

*Seide* wäscht man, indem man die Kleidungsstücke sorgfältig in einer Feinwaschmittellösung durchdrückt. Das Wasser soll handwarm sein, klar nachspülen. Man erhält einen seidigen Glanz, wenn man ins letzte Spülwasser Terpentin gibt – einen Teelöffel auf einen Liter Wasser. Hellen Seidenstoff kann man auch in durchgeseihtem Kleienwasser reinigen, dem man pulverisierten Alaun und, wenn man hat, venezianische Seife zusetzt. Gespült wird in Branntwein mit etwas Zucker, dann zwischen zwei Tüchern bügeln.

*Spitzen* wäscht man wie folgt: In kalte Milch legen und ohne zu spülen mit Stecknadeln auf ein sauberes Tuch zum Trocknen spannen. Eine andere Methode: Man wickelt die Spitze um eine saubere Flasche, befestigt sie mit einem Band und schwenkt sie in lauwarmer Seifenlauge, bis sich der Schmutz gelöst hat. Anschließend spülen. Schließlich zieht man sie durch dünne Reisstärke oder durch abgegossenes Reiswasser, nimmt sie von der Flasche und läßt sie trocknen.

*Schwarze Spitzen* und *Schleier* wäscht man in einer Mischung von Bier und Wasser (halb und halb) oder in Krauseminzwasser mit einem Spritzer Spiritus.

*Spitzengardinen (neue)* legt man vor dem Waschen in Salzwasser, damit sich die Appretur löst.
Anschließend in Boraxwasser durchdrücken, klar nachspülen.

*Steppdecken* (Waschanleitung beachten!) werden in kalter Waschmittellösung gewaschen. Durchdrücken, in warmem Wasser spülen, an der Luft trocknen lassen.

*Stickereien* werden bunt und plastisch, wenn man ein mit Essigwasser getränktes Tuch über sie breitet und von links bügelt. Die unbestickten Stoffteile werden anschließend von rechts gebügelt.

*Stoffknöpfe* werden sauber, wenn man einen Lappen mit Salmiakgeist befeuchtet und die Knöpfe damit abreibt. Mit sauberem Tuch trockenreiben.

*Taft* wird wieder steif, wenn man ihn durch eine lauwarme Zuckerlösung zieht.

*Taschentücher* werden herrlich weiß, wenn man sie 24 Stunden vor dem Waschen in eine Salzwasserlösung legt.

*Waschleder* wäscht man mit Kernseife oder Feinwaschmittel, gibt etwas Essig in den letzten Spülgang und hängt die Stücke luftig auf.

*Wasserdichte Wollhandschuhe* erhält man, wenn man sie etwa zehn Stunden in essigsaure Tonerde legt und naß im Freien aufhängt.

*Wattierte Textilien* wäscht man handwarm in Feinwaschmittellösung, gut durchdrücken, nachspülen. Die Watte lokkert sich wieder auf, wenn man die Kleidungsstücke zehn bis fünfzehn Minuten in Salzwasser legt.

*Windelhöschen* aus Gummi reinigt man in kalter Feinwaschmittellösung.

*Wolle:* Gute Wolle darf nicht knittern. Von Baumwolle läßt sie sich ohne weiteres unterscheiden, wenn man einen Faden verbrennt. Im Gegensatz zu Wolle verbrennt Baumwolle geruchlos und ohne Rückstände. Wolle riecht nach verbranntem Haar und schmilzt mit heller Flamme.

*Wolle* wird nicht rauh und filzig, wenn man darauf achtet, daß das Spülwasser etwa dieselbe Temperatur hat wie das Waschwasser. Sollte nur mit einem Spezialwaschmittel gewaschen werden.

Schweißgeruch verschwindet, wenn man verschwitzte Kleidungsstücke zwischen zwei Tücher legt, die mit einer Lösung aus Wasser und ein wenig Salmiakgeist getränkt sind, und sie leicht mit einem Bügeleisen dämpft.

Fleckige und glänzende Wollstoffe legt man über Nacht in eine Salzlösung: ein Pfund Salz auf zehn Liter Wasser. Dann wäscht man in einer Lauge aus Spezialwaschmittel, trocknet die Kleidungsstücke in Frottiertüchern, am besten ausgebreitet.

Blankgetragene Wollstoffe werden wie neu, wenn man sie mit Salmiakgeist abbürstet: ein Teelöffel Salmiak auf eine kleine Schüssel Wasser.

# Abwasser ist Trinkwasser

«Wenn Wasser Wein wär,
wie wollten welsche Walliser Wäscheweiber
wüschte Windlc wieder weiß wasche?»

*Zungenbrecher*

Die Erkenntnis kommt spät, zum Streiten bleibt keine Zeit, es spielt nicht mehr die geringste Rolle, welche religiösen, politischen oder ideologischen Ansichten einer hat. Wir sitzen alle im selben Boot, die Auswahl an bewohnbaren Planeten ist denkbar begrenzt. Wir haben nur diesen einen Globus zum Leben. Eine Binsenweisheit, sicherlich, doch sie hat sich offensichtlich noch nicht überall herumgesprochen. Gingen wir sonst so verschwenderisch mit dem Wasser um, ohne das Menschen nicht leben können?

Je nach Gewohnheiten und Lebensumständen «produziert» ein jeder von uns am Tag zwischen 100 und 200 Liter Abwasser, das entweder in hauseigene Sickergruben oder aber über das öffentliche Sielnetz in kommunale Kläranlagen fließt. Eine erschreckende Menge geht direkt und ungeklärt in einen Bach oder Fluß.

Das Abwasser aus Haushaltungen wird zunehmend problematischer, weil der Anteil an Chemikalien wächst. Aus diesem Grunde hat das Umweltbundesamt in Berlin einen Forschungsauftrag vergeben, der dazu beitragen soll, «Störungen der biologischen Abwasserbehandlung in Kläranlagen, die durch mikrobizide Wirkstoffe verursacht werden, in Zahl und Ausmaß zu vermindern».

**Europäische Wasser-Charta**

I. Ohne Wasser gibt es kein Leben, Wasser ist ein kostbares, für den Menschen unentbehrliches Gut.
II. Die Vorräte an gutem Wasser sind nicht unerschöpflich. Deshalb wird es immer dringender, sie zu erhalten, sparsam damit umzugehen und, wo immer möglich, zu vermehren.
III. Wasser verschmutzen heißt, den Menschen und allen anderen Lebewesen Schaden zuzufügen.

Nach Angaben des Amtes pumpt aber auch die Industrie «rund die Hälfte des in ihren Betrieben anfallenden Schmutzwassers über öffentliche Anlagen (Kanalisation und Kläranlagen der Gemeinden und Städte) in die Gewässer ein. Die andere Hälfte und das meiste Kühlwasser gelangen unmittelbar in die Gewässer.»

Wenn ich mir vorstelle, daß zum Beispiel in Hamburg die Norddeutsche Affinerie und die Chemiefabrik C. H. Boehringer ihre hochgiftigen Abfälle ganz offiziell ins öffentliche Sielnetz beziehungsweise in Kanäle und damit in die Elbe ableiten durften, nehmen sich daneben die Abwässer aus Haushaltungen geradezu bescheiden aus. Trotzdem – Kleinvieh macht auch Mist. Paradebeispiel: Ein Liter Öl reicht aus, um eine Million Liter Trinkwasser zu verderben.

Treibstoffe, Lacke und Lösemittel, Medikamente, Pflanzenschutz- und Insektenvernichtungsmittel, Zigarettenkippen und Kunststoffe dürfen nicht in die Kanalisation gebracht werden, doch wer kontrolliert das schon? Nur weg mit dem Zeugs, denkt mancher, ins Klo damit, abgezogen und mit neun Litern Trinkwasser fortgespült. Wohin? Direkt ins Trinkwasser. Das filtern wir nämlich schlecht und recht zum großen Teil aus unseren verdreckten Flüssen, in die wir auch das Abwasser leiten.

Wenn Sie nächstes Mal Nagellackentferner, Fleckenwasser, Zigarettenkippen, Altöl oder sonstwelche Chemieabfälle in den Ausguß oder ins Klo schütten, denken Sie daran: Der Dreck kommt unweigerlich wieder zurück, und zwar aus Ihrem Wasserhahn. Organische Stoffe, keine Bange, die Essensreste und Fäkalien, die werden abgebaut und geraten nicht wieder in Ihren Teekessel. Obwohl – wenn es keine Kläranlagen gäbe, könnte auch dafür niemand garantieren. Denn die Selbstreinigungskraft unserer Oberflächengewässer ist so ziemlich im Eimer durch all die Chemikalien aus Industrie und Bergbau, Landwirtschaft, Schiffsverkehr, Kleinbetrieben, Krankenhäusern, Haushalten und das Kühlwasser der Kraftwerke. Nur wenige Gewässer sind noch soweit intakt, daß sie der anfallenden leicht abbaubaren Stoffe auf biologischem Weg Herr werden.

Wir sind also gezwungen, den Dreck, den wir ins Wasser kippen, selbst wieder herauszufischen. Unser Trinkwasser ist in Gefahr.

Jeder Bundesbürger verbraucht im Durchschnitt pro Tag 150 Liter Wasser; wenn wir so weitermachen, werden es nach Hochrechnungen im Jahre 2000 an die 300 Liter sein.

Ein Drittel des häuslichen Wasserverbrauchs, das sind 1,1 Milliarden Kubikmeter Trinkwasser im Jahr, entfällt auf die Toilettenspülung.

Wenn in jedem fünften Haushalt ein Wasserhahn tropft, gehen Jahr für Jahr 50 Millionen Kubikmeter Trinkwasser verloren.

Ein Liter Mineralöl genügt, um eine Million Liter Trinkwasser zu verderben.

Bis ein Auto vom Band läuft, sind 380000 Liter Wasser verbraucht. Davon könnte eine Person zehn Jahre lang täglich ausgiebig duschen.

Bis 1985 sollen neunzig Prozent aller kommunalen Abwässer vollbiologisch gereinigt werden, in Kläranlagen, versteht sich. Was keineswegs heißt, daß wir damit alle Probleme los wären. Nicht jede Kläranlage arbeitet zuverlässig, bei schwer abbaubaren Stoffen wie Huminsäuren, Schwermetallen oder organischen Chlorverbindungen hilft sowieso nur die dritte Reinigungsstufe, bei der physikalisch-chemische Verfahren eingesetzt werden.

Noch vor zehn Jahren ging die Klärung, wenn überhaupt, vorwiegend mechanisch vonstatten. Diese erste Reinigungsstufe gibt es heute noch, sie funktioniert folgendermaßen:

Das Kanalnetz befördert das Abwasser zur Kläranlage. Mit Rechen und Sieben werden gröbere Abfälle – Toilettenpapier, Holzstücke, Behälter aller Art und was sonst noch so hineingerät – entfernt. Anschließend fließt das Wasser durch den «Sandfang», ein Becken, in dem sich kleinere Objekte wie Sand, Obstkerne oder Reiskörner absetzen.

Im «Fettfang» werden Fette und Öle abgetrennt. Dann geht es weiter ins Vorklärbecken. Hier ist die Fließgeschwindigkeit minimal, so daß selbst winzige Teilchen wie Papierfasern niedersinken. Der entstehende Schlamm wird in Faultürme gepumpt und dort unter Ausschluß von Sauerstoff biologisch abgebaut. Dabei entstehen, wie bei jedem anaeroben biologischen Abbau, Faulgase, allein an die sechzig Prozent Methangas, das innerhalb des Klärbetriebes als Energie genutzt wird.

Der Klärschlamm wäre an sich ein guter Dünger. Doch leider enthält er im allgemeinen derart viele Schadstoffe, daß man ihn verbrennen oder deponieren muß, was neue große Probleme schafft.

Auf dem mechanischen Wege werden ungefähr dreißig Prozent des Schmutzes entfernt – das Wasser ist frei von mineralischen, absetzbaren Stoffen. Alles andere ist noch drin.

Vier Fünftel aller Kläranlagen besitzen heute die zweite Reinigungsstufe, die biologische. Hier wird das, was früher im Bach oder im Fluß in ein paar Wochen passierte, in wenigen Stunden erledigt.

Im «Belebungsbecken» machen sich Bakterien und Einzeller über die gelösten organischen Bestandteile her, «verspeisen» sie und vermehren sich kräftig. Voraussetzung dafür, daß der Abbau schnell und gründlich vor sich geht: die «Arbeitstiere» und die Sauerstoffmenge müssen sorgfältig auf das Abwasser und seine Nährstoffe abgestimmt sein.

Im Nachklärbecken setzen sich dann die zusammengeballten Mikroorganismen als «Belebtschlamm» ab. Damit alles reibungslos klappt, werden oft Chemikalien oder Flockungsmittel zugesetzt. Man kann das Ganze auch erwärmen. Ein Teil des Belebtschlamms, der Mikroben, wird zurückgepumpt ins Belebungsbecken und arbeitet dort weiter. Der Rest kommt in den Faulturm.

Nachdem das Abwasser mechanisch und biologisch gereinigt ist, sind im optimalen Fall an die 97 Prozent der biologisch abbaubaren Schmutzstoffe entzogen. Was jetzt noch drin ist, sind Schadstoffe, und die haben es in sich. Trotzdem wird dieses Abwasser im Normalfall ohne dritte Reinigungsstufe in den Vorfluter, in einen See oder einen Fluß, geleitet.

Allein in der dritten Reinigungsstufe, der chemischen, gilt es, schwer abbaubare Stoffe, giftige Schwermetalle, lösliche Salze, halogenierte Kohlenwasserstoffe, Phosphate und so weiter zu entfernen. Das geschieht verhältnismäßig selten, weil diese Verfahren teuer sind. Welche Methode jeweils verwendet wird, das richtet sich nach den Substanzen, die dem Abwasser entzogen werden sollen. Da gibt es Mikrosiebe für Schwermetalle; die Fällung von Phosphaten; die Stickstoff-Elimination zum Herauslösen von Nitraten; die Aktivkohlefilterung ...

## Ausweg in Sicht?

Ein Waschmittel, das nichts und niemandem schadet, gibt es bis heute nicht. Aber es gibt einige, die verträglicher sind als andere. Einige tausend Wasch- und Reinigungsmittel sind auf dem Markt, ständig tauchen neue auf, die Zusammensetzung eingeführter Markenprodukte verändert sich.

Auf Bleichmittel, optische Aufheller, Zitrate, NTA und Enzyme kann ich ohne weiteres verzichten. Flecke entferne ich sofort, nach Altväterart mit Salz, Zitrone oder einfach mit Wasser und einer Seife, die keine ist, und sich einfach «Waschstück» nennt. Ich hab wenig Weißes. Meine Sehnsucht nach Frieden und Freiheit, um noch einmal auf die Farbenpsychologie zurückzukommen, findet nicht in einem makellosen Tischtuch ihre Erfüllung, ein weißer Kragen steht nicht für ein reines Herz. Nicht jedes Kleidungsstück muß, einmal getragen, in die Wäsche, halbleere Maschinen anzuwerfen ist Verschwendung. Auch bei einer Temperatur von sechzig Grad werden Textilien sauber, nur Wäsche von Säuglingen und Kranken sollte bei fünfundneunzig Grad gewaschen werden. Ein Vollwaschmittel braucht man also recht selten. Feinwaschmittel enthalten ohnehin keine optischen Aufheller und Bleichmittel. Und schließlich lohnt es sich allemal, vor dem Kauf einer neuen Waschmaschine bei den Verbraucherzentralen oder bei der Stiftung Warentest nachzufragen, welches Modell am wenigsten Wasser und Strom verbraucht.

21,6 Millionen Waschgeräte stehen in bundesdeutschen Haushalten, jede Maschine wird im Schnitt 3,7mal in der Woche gefüllt und angeworfen. Die Stiftung Verbraucherinstitut in Berlin hat errechnet, daß wir Bundesbürger mehr als vier Milliarden Mal im Jahr waschen. Dabei verbrauchen wir mittlerweile 750000 Tonnen Waschmittel. Wenn jeder Haushalt in der Woche einmal weniger wüsche, ließen sich ohne Mühe knapp ein Viertel des Aufwandes an Strom und Wasser samt Waschpulver einsparen. Dieses «einmal pro Woche weniger» würde die Umwelt erheblich entlasten, das Haushaltsbudget übrigens auch.

Daß die Waschmittelproduzenten die Sache anders sehen, ist klar. Sie interessiert der Umsatz. Und darüber vergißt mancher Manager, daß es auch seine Umwelt, die seiner Kinder ist, die es zu schützen gilt. Ich hab mal zu einem Waschmittelmann gesagt, im Grunde reichten doch drei Waschmittel aus: Eins für die Feinwäsche, eins bis sechzig Grad und eins für die Kochwäsche. Ich fand das schon großzügig, denn ich komme ja mit einem einzigen für alle Fälle aus. Da hat er mich erschrocken angeschaut und gesagt: «Aber damit rütteln Sie an den Grundfesten der freien Marktwirtschaft!»

Den Teufel werde ich tun und daran rütteln. Die Vielfalt ist es ja, die das Leben bunt macht. Gerade aber in der freien Marktwirtschaft sollte der Schutz des Verbrauchers, der Schutz der Umwelt, oberstes Gebot sein. Denn Eigentum – so steht es irgendwo – verpflichtet.

## Tips

* Beachten Sie die Hinweise auf der Packung, dosieren Sie genau mit dem beigefügten Meßbecher. Die Markierung liegt meist deutlich unterhalb des Randes.
* Das zuständige Wasserwerk gibt Ihnen Auskunft über die Härte des Wassers in Ihrem Wohngebiet.
* Enthärter sind im allgemeinen überflüssig und schädlich, denn es handelt sich dabei meist um hochprozentige Phosphatmischungen. Falls Sie trotzdem einen verwenden, halten Sie sich bitte an die besonderen Dosierungsempfehlungen.
* Werfen Sie nur volle Maschinen an. Und denken Sie daran – nicht jedes Kleidungsstück muß nach einmaligem Tragen gewaschen werden. Lüften tut's auch.
* Bei normal verschmutzter Wäsche können Sie aufs Vorwaschen getrost verzichten. Schütten Sie dann aber keinesfalls die doppelte Menge an Waschmitteln in die Maschine. Die einfache Ration genügt.
* Kochwäsche fällt selten an – eigentlich nur, wenn Säuglinge oder Kranke im Haus sind. Auch bei sechzig Grad ist

die Wäsche hygienisch einwandfrei. Obendrein sparen Sie vierzig Prozent an Energie, wenn Sie mit sechzig Grad waschen anstatt zu kochen.

* Wenn Sie Ihre Wäsche sortieren, werden Sie feststellen, daß Sie sehr oft mit einem Feinwaschmittel und dem Dreißig-Grad-Programm auskommen. Beide schonen nicht nur Ihre Wäsche, sondern auch unsere Umwelt.

* Bedenken Sie beim Kauf einer neuen Waschmaschine, daß es heute Modelle gibt, die weniger Wasser und Strom verbrauchen. Auskunft erteilen die Verbraucherzentralen.

* Wenn Sie auf den Weichspüler verzichten, retten Sie so manches Wassertier vor einem elenden Tod. Und vergessen Sie nie: Abwasser ist Trinkwasser!

## Literatur


«Gewäsch?», *natur* 4, 1982

«Persil bleibt leider Persil», *natur* 12, 1983

L. Huber, «Kationische Tenside und ihre Bedeutung für die Umwelt», in: *Tenside Detergents* 19, Nr. 3, München 1982

Heinz Baron, «Wundheilung als methodisches und biologisches Problem im Lichte körpereigener Abwehr, insbesondere von Impftumoren», in: *Arzneimittel-Forschung* Nr. 17, Aulendorf 1967

Heinz Baron, «Optische Aufhellung und Strahlenresistenz», in: *notabene medici*, Melsungen 1975, Heft 5

Heinz Baron, Annegret Kleemann, «Welches Faserprodukt zur Wundabdekkung?», in: *Ärztliche Praxis*, München-Gräfelfing, Mai 1976

Heinz Baron, «Zur Frage der Wundverträglichkeit von Textilausrüstungen», in: *Spinner, Weber, Textilveredlung*, Heft 1/1971

Heinz Baron, «Optische Aufhellung – eine chemische Epidemie!», in: *Der informierte Apotheker*, Nr. 10, Dezember 1974

«Phosphatfreie bzw. phosphatarme Waschmittel», in: *Umwelt* Nr. 97, Bonn 1983

Peter Karlson, «Kurzes Lehrbuch der Biochemie», Stuttgart 1980

Jürgen-Hinrich Fuhrhop, «Bio-organische Chemie», Stuttgart 1982

Hans Rudolf Christen, «Grundlagen der organischen Chemie», Aarau, Frankfurt/Main

Inge Drews, «Chemie des Wassers», Leipzig 1973

«Waschzwänge – Verbrauchertips gegen Werbegewäsch», Verbraucher-Zentrale Niedersachsen e. V., Hannover 1984

Christian Gloxhuber, «Toxikologische Eigenschaften von Weißtönern», in: *Henkel-Referate* 16, Düsseldorf 1980

«Waschmittelchemie – Aktuelle Themen aus Forschung und Entwicklung», Hg. Henkel & Cie. GmbH, Düsseldorf, Heidelberg 1976

Frederick Coulston, Friedhelm Korte, «Fluorescent Whitening Agents», Stuttgart 1975

S. M. Spivak u. a., «Detergent Performance, Evaluation of Phosphate & Non-Phosphate Detergents», University of Maryland 1982

«Die Prüfung des Umweltverhaltens von Natrium-Aluminium-Silikat Zeolith A als Phosphatersatzstoff in Wasch- und Reinigungsmitteln», Umweltbundesamt Materialien 4, Berlin 1979

«Ökologische Aspekte in der Produktberatung am Beispiel Waschgeräte», Stiftung Verbraucherinstitut Berlin 1982

K. Gehri, E. Stähli, «Die Auswirkungen eines Verbots der Waschmittelphosphate auf Konsument und Umwelt», Union der Seifen- und Waschmittelfabrikanten der Schweiz, Zürich 1982

«Was Sie schon immer über Abfall und Umwelt wissen wollten», Stuttgart 1981

# Mit Haut und Haaren ausgeliefert

**«Deine Lippen sind wie eine scharlach-farbene Schnur und deine Rede lieblich. Deine Wangen sind wie der Ritz am Granatapfel zwischen deinen Zöpfen.»**

***‹Das Hohelied Salomos›* 4,3**

# Geheimmittel vor hundert Jahren

«Wasche täglich und zwar mehr als einmal, nach Vollendung jeder schmutzigen Arbeit: Hände, Gesicht und Hals, sei nicht nachlässig im Ordnen deiner Haarc, im Reinigen deiner Zähne und im Wechseln deiner Wäsche ...» Mit diesen Worten mahnt ein ungenannter Seelsorger «alle Frauen und Mädchen, die ‹billig und gut› haushalten lernen wollen», zur Sauberkeit. Unsereinem klingen solche Ratschläge komisch. Die Arbeiterfrauen, für die *‹Das häusliche Glück›*, ein Haushaltungsunterricht von 1882, geschrieben wurde, haben sicher nicht darüber lachen können. Viele von ihnen besaßen gar nicht soviel Wäsche, als daß sie täglich hätten wechseln können. Von den Waschgelegenheiten ganz zu schweigen.

Jeder Pfennig wurde umgedreht, und wenn eine Arbeiterfrau tatsächlich einmal acht Mark auf die hohe Kante gelegt hatte, kaufte sie für das Geld «eine gute wollene Decke» anstatt hundert Schönheitspillen von Doktor Penelle aus Paris. (Obgleich sie die vielleicht ganz gern probiert hätte.) Mit diesen «Grains de Beauté», das Stück à 13 Gramm, wurden die besser betuchten Damen betrogen: Die Dragées bestanden aus Hülsenfruchtmehl, Zucker und aromatischen Pflanzenstoffen. Damit die wertlosen Dinger etwas hermachten, bekamen sie einen dicken Überzug – aus Quecksilber.

Das silberweiße flüssige Metall gewinnt man in erster Linie aus dem Mineral Zinnober, das in Spanien, Italien, Peru, Mexiko und im Ural abgebaut wird. Weil sich Quecksilber hervorragend mit anderen Metallen verbindet, dient es zur Lösung von Gold und Silber aus den entsprechenden Erzen. Mein Lexikon von 1887 warnt zwar einerseits entschieden vor den «Schönheitskörnern» des Doktor Penelle, preist das Quecksilber dagegen als Arzneimittel. «Metallisches Quecksilber gibt man in Dosen bis zu 500 Gramm und darüber bei Darmverschlingungen, wo es rein durch die mechanische Wirkung des schweren Körpers die dislozierten Gedärme wieder in die richtige Lage bringen soll. In feiner Verteilung mit Kreide erscheint es in den von den Engländern als mildes Abführmittel gebrauchten ‹blue pills›. Mit Fett verrieben, als graue Salbe, wird es zu Einreibungen in die Haut angewendet als Mittel gegen Parasiten ... ferner als entzündungswidriges Mittel bei Entzündungen der Haut und innerer Organe ... Ein unschätzbares und wahrhaft spezifisches Mittel ist Quecksilber gegen Syphilis.»

**Ein paar Mark auf der hohen Kante . . .**

Der erste, der sein Spargeld auf die hohe Kante legte – und zwar ganz wörtlich genommen –, war ein Kutscher Friedrichs des Großen. Vom König bei einer Stallrevision barsch befragt, was die Taler da auf dem Brett zu suchen hätten, antwortete er treuherzig: «Die hab ick uff die hohe Kante jelegt, für wenn ick mal vor die Türe jesetzt werden sollte.»

«Kerl, traut Er mir das zu?»

«Majestät, neulich wäre et bald soweit jewesen...»

Am Tag darauf erhielt der Kutscher vom König zehn blanke Taler mit einem Briefchen: «Lege Er es ebenfalls auf die hohe Kante. Aber mache Er sich keine unnützen Flausen!»

Friedrich der Große war es übrigens, der den Pfandbrief einführte – eine noch bessere Art, Geld auf die hohe Kante zu legen.

Daß zumindest die Patienten schon erheblich früher erkannt hatten, was es mit dem silbrigen Metall auf sich hat, verrät die Bezeichnung «Quacksalber». So nannte man bereits um 1583 Ärzte, die ihre Kundschaft bemogelten.

**Quecksilber**

Aus der Medizin wurde das Quecksilber weitgehend verbannt, heutzutage steckt es in den Nahrungsmitteln. Organische Quecksilberverbindungen schützen vor allerlei Pilzbefall, sie werden noch immer, auch bei uns, zum Beizen von Saatgut (außer Mais) eingesetzt. Quecksilberchlorid sterilisiert chirurgische Instrumente, konserviert Holz, dient als Katalysator und als Negativverstärker in der Fotografie. Quecksilbersulfat wird in der Acetylenchemie als Katalysator eingesetzt, in Kleinbatterien, den Quecksilberzellen, übernimmt es die Rolle des Elektrolyten.

Quecksilber belastet die Umwelt in jeder Form, sei es als Metall, als Dampf, als anorganische oder als organische Verbindung. Mikroorganismen können es in Methylquecksilber umwandeln, und schon gerät es in die biologische Nahrungskette. «Bisher sind», so das Umweltbundesamt, «keine Pflanzen oder Tiere bekannt, die Quecksilber in irgendeiner Form zu ihrer Existenz benötigen.» Organische Quecksilberverbindungen sind erheblich giftiger als anorganische. «Der Rückgang vieler Wildvogelarten in Schweden Mitte der fünfziger Jahre war auf die Verwendung von Methyl- und Äthylquecksilberverbindungen als Saatgutbeizmittel zurückzuführen, und zwar sowohl durch akute Vergiftungen als auch durch Verringerung der Fortpflanzungsrate.»

Weltweit werden jährlich 9200 Tonnen Quecksilber verbraucht, etwa die gleiche Menge gelangt in den Boden, ins Wasser und in die Luft.

Bereits vor zwölf Jahren klärte eine Gruppe von amerikanischen Wissenschaftlern an der Universität Wisconsin die Mechanismen der schleichenden Quecksilbervergiftung. Das Quecksilber haftet an den Membranstrukturen der Zellen und vermindert den Gehalt der Zelle an Ribonukleinsäure. Sie kann keine für sie lebensnotwendigen Eiweiße mehr produzieren.

Die Forscher fanden nicht einen einzigen Zelltyp, der gegen Quecksilber immun ist, entdeckten jedoch, daß einige empfindlicher reagieren als andere. Die sensorischen Nerven zum Beispiel, die Impulse an das zentrale Nervensystem weitergeben, sterben ab oder verlieren ein gut Teil ihrer Funktionsfähigkeit. Das erklärt die bekannten Symptome: Taubheitsgefühl in den Gliedern, Verlust der sensorischen Empfindungen und allgemeiner Kräfteverfall.

Quecksilbervergiftungen, das haben die Unglücksfälle von Minimata/Japan, Kenora/Kanada, Alamogordo/Mexiko, die Massenvergiftungen in Guatemala, Pakistan, im Irak und im Iran gezeigt, haben folgende typische Symptome: Störungen des zentralen Nervensystems, Sprachstörungen, Blindheit, Taubheit, Störungen im geordneten Ablauf der Bewegungen und allgemeiner Verfall der Persönlichkeit. Quecksilber verursacht Leibschmerzen, Durchfall, Übelkeit und Erbrechen, Schleimhautreizungen, Nierenschäden und Geschwüre. «Wiederholter Kontakt auch mit sehr kleinen Mengen kann einerseits zu Hauterscheinungen: Urtikaria, Dermatitis, andererseits zum Merkurialismus ... führen mit: Kopfschmerz, Schwindel, Metallgeschmack, Lockerwerden der Zähne, Stomatitis, Zahnverlust.» Weitere Symptome sind laut ‹*Vergiftungsregister*›: Schnupfen, vereiterte Nebenhöhlen, Anämie, Reizbarkeit, Schreckhaftigkeit, Wutanfälle, Depressionen, Halluzinationen, Delirien, Tremor ...

Nervöse Zustände drohten so mancher Dame, die ihren Teint blaß und ätherisch halten wollte. Kalosin, das «vegetabilische, unschädliche Mittel gegen Sommersprossen», fabriziert von Treu und Nuglisch, Wien, für zehn Mark achtzig, bestand gleich aus drei Fläschchen, die jeweils Lösungen von Salmiak, Chlorzink und Quecksilberchlorid in Weingeist enthielten.

Ein Einzelfall waren diese «Geheimmittel» nicht. Mancher Freund des Portweins oder Rotspons wäre auch ohne das Menyl der Dresdner Firma A. Nieske blaß um die Nase geworden, hätte er gewußt, woraus das Präparat bestand. Menyl, eine Art Zweikomponentenmittel, sollte Schnapsnasen «blendend weiß» machen: Die Flüssigkeit enthielt Benzoesäure, Salicylsäure und Thymol, das dazugehörige Pulver bestand aus Talkum, Zinkweiß und «einer Spur Phenol», Karbolsäure also, ein starkes physiologisches Gift, das auf der Haut ätzend wirkt und in den Körper eindringt. Dabei verfärbt sich die Haut zunächst weiß, dann rot und schließlich braun.

Sein blaues Wunder konnte um 1890 ein Gesundheitsapostel erleben, der seinen Körper mit einer «Maikur» entschlacken und stärken wollte, einer Mischung aus allerlei Blättern, Blüten und Wurzeln. «Das bayrische Ministerium warnt vor diesem Thee, da durch Unwissenheit des Fabrikanten demselben Giftkräuter beigemengt sind.»

Betrogen wird seit eh und je, in der guten alten Zeit ebenso wie heute. Darüber darf man sich von all den Bestimmungen und Gesetzen, die Handel und Wandel regulieren sollen, nicht hinwegtäuschen lassen. Manche Creme und manches Wässerchen, von der Werbung in den lieblichsten Tönen als Schlüssel zu strahlender Schönheit angepriesen, ist nichts anderes als Quacksalberei.

## Kosmetik und Körperpflege

In der Praxis sind die Grenzen zwischen Arzneimitteln und Kosmetika fließend. Theoretisch werden sie strikt getrennt. Die Grundregeln für Kosmetika sind im Lebensmittel- und Bedarfsgegenstände-Gesetz vom 15. August 1974 festgelegt. Am 16. Dezember 1977 kam die Kosmetikverordnung dazu. Kosmetische Mittel dürfen danach grundsätzlich nicht in Umlauf kommen, wenn sie gesundheitsschädlich sind. Leider stellt sich das manchmal erst heraus, wenn sie bereits im Umlauf sind.

Das Gesetz definiert Kosmetika wie folgt: «Kosmetische Mittel im Sinne dieses Gesetzes sind Stoffe oder Zubereitungen aus Stoffen, die dazu bestimmt sind, äußerlich am Menschen oder in seiner Mundhöhle zur Reinigung, Pflege oder zur Beeinflussung des Aussehens oder des Körpergeruchs oder zur Vermittlung von Geruchseindrücken angewendet zu werden, es sei denn, daß sie überwiegend dazu bestimmt sind, Krankheiten, Leiden, Körperschäden oder krankhafte Beschwerden zu lindern oder zu beseitigen.» Dann nämlich sind es Arzneimittel, und die fallen unter ein anderes Gesetz.

Welche Zutaten die Hersteller ihren Waren beigeben dürfen, welche nicht oder nur in begrenzten Mengen und mit Kennzeichnung, ist zur Zeit reichlich unübersichtlich in sogenannten «Negativ-» und «Positivlisten» aufgeführt. Eine einheitliche Regelung wird angestrebt.

Ob sich die Hersteller an die Vorschriften halten, überprüft in der Bundesrepublik seit 1968 die «Kommission für kosmetische Erzeugnisse» vom Bundesgesundheitsamt in Berlin. Die einzelnen Arbeitsgruppen befassen sich dort mit Allergien, mikrobiologischen und analytischen Prüfmethoden und Toxikologie.

Die Berliner Kosmetikkommissare sind, außer den Herstellern, die einzigen, die wirklich wissen, aus welchen Stoffen Deos und Zahnpasten, Make-up, Lippenstifte und dergleichen mehr zusammengebraut werden. Der Verbraucher erfährt mit Ausnahme einiger weniger Stoffe, die deklarationspflichtig sind, nicht, welche Chemikalien in seinem Kulturbeutel oder auf dem Schminktisch versammelt sind. Kein Gesetz, und schon gar nicht das Gewissen, verpflichtet die Hersteller, Klartext zu reden.

Entsprechend duftig und verschwommen schildert dann auch der Industrieverband Körperpflege- und Waschmittel e. V. in einer Informationsschrift die einzelnen Produkttypen der Branche. Pflegemittel zur Behandlung unreiner Haut sind «kosmetische Mittel mit haut- und talgpfropfenerweichender Wirkung»; Kölnisch Wasser «enthält eine Vielzahl natürlicher Duftstoffe, vorwiegend der Citrusgruppe, und ist ein Duftwasser eigener Art, das speziell der Erfrischung dient». Noch vor zwei Jahren enthielt Kölnisch Wasser laut Vergiftungsregister Hexachlorophen. Heute wird H C P dem Eau de Cologne nicht mehr beigemischt.

Zähne bleiben weiß, wenn man sie ab und zu mit der weißen Innenseite einer Zitronenschale abreibt, einer ungespritzten natürlich.

Jahr für Jahr steckt die bundesdeutsche Kosmetikbranche 650 Millionen Mark in die Werbung. Das zahlt sich aus. Sie nimmt im selben Zeitraum sechs Milliarden Mark ein. Laut Statistik gibt jeder Deutsche 115 Mark jährlich für Kosmetik aus, damit sind wir Europameister.

Ausgeprägtes Modebewußtsein, Schönheitssinn? Wohl eher eine angeknackste Persönlichkeitsentwicklung, wenn ich Reinhold Bergler vom Psychologischen Institut der Universität Bonn richtig verstanden habe. Bergler verkündete anläßlich der 5. Düsseldorfer Hygienetage, von der Firma Henkel veranstaltet, «Körperpflege steht im Dienst der Persönlichkeitsentwicklung, Körperpflege ist wesentlich Psychohygiene». Wer seine Außenhülle tüchtig schrubbt, desinfiziert, desodoriert und parfümiert, der bringt damit auch gleich sein Innenleben und den Charakter auf Vordermann – oder?

«Das Äußere eines Menschen (Körper, Kleidung, wahrnehmbare Körperpflege und die ‹Dekoration› mit Hilfe von Kosmetika) hat ungeheure Bedeutung in den menschlichen Beziehungen», fährt Bergler fort. «Körperpflegemittel sind für die meisten Menschen ein wesentliches Instrument, mit sich selbst zufrieden zu werden ... Selbstzufriedenheit und Selbstbejahung bestimmen das Selbstwertgefühl. Körperpflegemaßnahmen und -präparate helfen tatsächlich und psychologisch bei der Festigung und Steigerung des Selbstwertgefühls, bestimmen also wesentlich über das Erlebnis, geliebt oder verstoßen zu werden.»

Genau das redet die Werbung dem Käufer ein. Kosmetika werden als Allheilmittel gegen alle Widrigkeiten des Lebens gepriesen, Intimspray, Deo, Lippenstift, Puder und Parfum zu Garanten für unbeschwerte Glückseligkeit hochstilisiert.

Grundsätzlich sind Körperpflege und Kosmetik zwei verschiedene Dinge. Wenn meine Katze hingebungsvoll ihr Fell leckt, tut sie das nicht, um ihr Selbstwertgefühl zu steigern oder um meine Zuneigung zu gewinnen. Sie betreibt Körperpflege, für Mensch und Tier eine Selbstverständlichkeit, die mit Liebe oder Zuneigung nichts zu tun hat. Dekoration und Verschönerung, die Kosmetik, ist meiner Katze schnuppe.

Die Kosmetik ist, wie die Mode, eine menschliche Erfindung. Beide zielen auf etwas anderes als auf Sauberkeit. Die Kriegsbemalung eines Kopfjägerstammes, das Make-up eines Filmstars, die Aufmachung von Poppern, Punkern oder Skinheads, die Balltoilette einer Ministergattin und der Öko-Look der Alternativen, allesamt äußere Erscheinungsbilder, haben Symbolcharakter. In jedem Fall ist beabsichtigt, eine bestimmte Wirkung auf andere Menschen zu erzielen.

Seit Urzeiten verkleideten sich Menschen bei außergewöhnlichen Anlässen, verbargen das Gesicht hinter Masken. Normalerweise, im Alltagsleben, gaben sie sich so, wie sie waren. Heute hat man sich, wenn es nach der Mode- und Kosmetikindustrie geht, Tag für Tag zu verkleiden und zu maskieren. Damit noch mehr Profit herausspringt, wird alle paar Monate ein neuer Einheitsstil diktiert. Wie dem auch sei ... Wenn jemand Spaß daran hat, seinen Körper in allen Farben des Regenbogens zu bemalen, so ist das seine Sache, und es ist auch seine Sache, wem er sein sauer verdientes Geld in den Rachen wirft. Er hat jedoch einen Anspruch darauf zu erfahren, was er für sein Geld bekommt.

## Die Haut

«Kosmetische Mittel sind umweltfreundlich», behauptet der Industrieverband Körperpflege- und Waschmittel e. V. kurz und bündig. «Sie greifen nicht in die ökologischen Gleichgewichtszustände ein.» Da bin ich entschieden anderer Meinung. Zum einen belasten viele Inhaltsstoffe (zum Beispiel Tenside, Desinfektions- und Konservierungsmittel) über das Abwasser unsere Flüsse und Seen, die Umwelt also. Zum anderen betrachte ich auch meinen Körper als eine Art Ökosystem, das gerade Körperpflegemittel und kosmetische Präparate gehörig durcheinanderbringen können. Schließlich ist die Haut, auf die all die Farben, Lotionen, Cremes und Lacke aufgetragen werden, keine tote Leinwand, sondern ein lebendiges Organ. Sie umschließt meinen Körper, bietet Schutz vor äußeren Einflüssen und hält gleichzeitig die Verbindung nach außen aufrecht. Kreislauf, Stoffwechsel, Blut- und Lymphsystem hängen mit ihr zusammen, sie reguliert die Körpertemperatur, übermittelt als Sinnesorgan dem Organismus bestimmte Informationen, kurz, unsere Haut ist ein Wunderwerk.

Fast kann ich es nicht glauben, daß die Hautoberfläche eines Erwachsenen eineinhalb Quadratmeter messen soll. Erstaunlich, was sonst noch so gemessen wurde vor hundert Jahren. Zum Beispiel die unterschiedliche Dicke der Haut an verschiedenen Körperstellen . . . «so beträgt diejenige der Lederhaut von den Augenlidern weichlicher Personen nur 0,5, von Vagabunden 0,8 mm, an der Fußsohle dagegen 2 bis 3 mm . . . am übrigen Körper 4 bis 9, bei dicken Personen am Bauch sogar 30 mm.»

Die Haut des Menschen besteht aus drei Schichten: Der Oberhaut, der Lederhaut und dem Unterhautzellgewebe. Eigentlich kann man nur die Oberhaut, die Epidermis, als Schicht bezeichnen. Sie bildet die äußere Grenze zur Außenwelt und besteht aus der Keimschicht, die von lebendigen Zellen gebildet wird, und der Hornschicht, abgestorbenen, verhornten Zellen, die an der Oberfläche abschilfern. Die Haut wächst nämlich von innen nach außen, was bedeutet, daß sie die Nährstoffe aus dem Körper bezieht. Mittel, die äußerlich angewendet werden, können eigentlich nur schützen, kaum nähren.

Unter der Epidermis liegt die Lederhaut, das Corium. Sie besteht aus Bindegewebssträngen und federnden Fasern, in sie eingebettet sind Talg- oder Haarbalgdrüsen, Blutgefäße, Schweißdrüsen, Tastkörperchen, Organe, die uns Druck, Wärme und Schmerz empfinden lassen.

Nach der Lederhaut kommt das Unterhautzellgewebe. Es verbindet die Haut mit Muskeln und Knochen, den darunterliegenden Organen. In ihrem lockeren Bindegewebe liegen in Zwischenräumen die Fettzellen.

## Hautfarben und Lichtschutzmittel

Ob die Haut eines Menschen schwarz, braun, gelb, oliv oder weiß ist, das hängt von Farbkörperchen ab, den Epidermispigmenten, die in den untersten Zellen der Oberhaut lagern. Auch die Dicke der Haut, die Durchblutung, der Gehalt an Fett und Feuchtigkeit spielt dabei eine Rolle. Die Hauptmenge des Farbpigments bildet sich erst nach der Geburt.

In der Sonne dunkelt jede Haut nach. Für hellhäutige Nordeuropäer und Amerikaner nordeuropäischer Herkunft ein kurzer Spaß. Gerade die aber sind geradezu darauf versessen, Farbe anzunehmen, obgleich sie andererseits gegenüber Menschen, die von Natur aus «farbig» sind, ausgeprägte Vorurteile haben.

Warum das so ist, habe ich bis heute nicht ergründet. Daß es so ist, habe ich vor Jahren in Miami erlebt, einer Stadt, in der es regelmäßig zu blutigen Rassenkrawallen kommt.

Gleich am Flughafen wurde ich auf die Farbunterschiede eingestimmt. Ein «weißer» Beamter hielt mich für eine «Hispana» und behandelte mich entsprechend unfreundlich, bis er meinen Paß erblickte und die Höflichkeit selbst wurde.

Farbige sind an den Nobelstränden von Miami Beach und Key Biscayne höchstens als Dienstboten erwünscht. Dennoch scheuten gerade dort die «Weißen» keine Mühe und Plage, ihre Haut möglichst dunkel brennen zu lassen. Sie drehten und wendeten sich wie Brathähnchen am Grill, gossen literweise Sonnenöl über die Glieder, rückten Aluminiumfolien zurecht, die das Sonnenlicht Floridas in schattige Körperregionen reflektierten.

Der Mensch braucht das Tageslicht und die Sonne. Diese Selbstverständlichkeit ist nun auch wissenschaftlich untermauert. Dunkelheit und Kunstlicht gehen uns auf den Geist, machen uns trübsinnig. Schuld daran ist ein bestimmtes Hormon, das Melatonin. Die Zirbeldrüse schüttet es im Übermaß aus, sobald der Mangel an natürlichem Licht spürbar wird. Das Hormon bringt Melancholie und Depressionen.

Ein Städter verbringt, wenn die Statistik stimmt, neunzig Prozent seines Lebens in geschlossenen Räumen. Leuchtstoffröhren können das Tageslicht nicht ersetzen, Klimaanlagen schaffen eine gleichmäßige, unnatürliche Temperatur, ein ungesundes Klima. Vielleicht sind wir deshalb so hungrig nach Luft und Sonne und darauf erpicht, am Ende des Urlaubs als Jagdtrophäe eine verbrannte Haut nach Hause zu tragen. Dem Körper schadet diese Schocktherapie. Da helfen auch die fünfzigtausend Tonnen Lichtschutzmittel wenig, die in unserem Land jedes Jahr verkauft werden. Denn Jahr für Jahr erkranken hunderttausend Bundesbürger an Hautkrebs.

Dasselbe gilt für die Heimsonne. 300000 Haushalte in unserem Land sind inzwischen mit einem Solarium ausgestattet, jährlich werden es 40000 mehr. Die stolzen Besitzer riskieren ein vorzeitiges Altern der Haut, Bindegewebsentzündungen und Hautkrebs, egal, ob ihre Anlage mit UV-A oder UV-B-Strahlen bräunt. Anstatt unter echter oder künstlicher Sonne zu schmoren, kann man neuerdings auch Pillen schlucken, um blassen Teint zu tönen. Die Präparate enthalten Canthaxanthin und Betacarotin, Farbstoffe der Mohrrübe. Doch auch Natürliches kann seine Tücken haben. Von einer gleichmäßigen Färbung, so warnt die Verbraucherzentrale Hannover, kann nicht die Rede sein. Schlimmer aber als scheckige Haut ist ein anderer Effekt der Bräunungspillen. «Aus Kanada wurde bereits 1983 berichtet, daß 6 von 50 Patienten nach der Einnahme von mindestens 200 Tabletten mit Canthaxanthin kristalline Ablagerungen auf der Netzhaut des Auges aufweisen.» Wie gefährlich das ist, muß noch geklärt werden. Das *arzneitelegramm*, ein Berliner Informationsdienst für Ärzte und Apotheker, fordert jedoch ein Verbot dieser Mittel. Schwangere und Kinder sollten sie – das sagen die Hersteller selbst – keinesfalls schlucken.

Bei mäßigem Sonnenbaden bieten Cremes und Lotionen sicherlich Schutz gegen Brandblasen. Das kann sich sehr schnell ändern, wenn einer Medikamente einnehmen muß. Bestimmte Wirkstoffe erhöhen nämlich die Lichtempfindlichkeit, die Pille zum Beispiel und Antibiotika, Goldsalze oder Bergamottenöl.

Bei Lichtschutzmitteln zahlt es sich (wie bei den meisten Kosmetika und Körperpflegemitteln) aus, wenn man vorher die Testergebnisse vergleicht. Das teuerste Produkt muß nicht das beste sein. Bei gleichwer-

tigen Sonnenschutzpräparaten schwanken derzeit die Preise zwischen DM 1,02 und DM 13,20 für 100 ml Lotion!

Sie haben also ein gutes Sonnenöl zum vernünftigen Preis erstanden, meiden die pralle Sonne, und so weiter. Von Sonnenbrand keine Spur. Und doch beginnt Ihre Haut am Abend zu jucken, sie rötet sich, bedeckt sich mit Quaddeln – Sie haben eine Allergie, wie es so schön heißt.

Die Berliner Kosmetikkommission hat sogenannte Lichtschutzfilter, Sonnencremes und -lotionen überprüft und Allergene gefunden. Stoffe, auf die der Körper allergisch reagiert. Als unzulässig eingestuft wurden, so die Arbeitsgemeinschaft der Verbraucher e.V. in Bonn, «chemische Gruppen der para-Aminobenzoesäure, der Salicylsäureverbindungen, der Gruppe der Cumarinverbindungen, der Gruppe der für Schutzstoffe wichtigen Zimtsäureverbindungen wie die Gruppe der Anthranilverbindungen. Allein aus der ersten Gruppe wirkten alle Derivate mit freier p-Aminogruppe allergen, während die para-Aminobenzoesäure selbst nur ein schwaches Allergen ist. Die Gruppen der Gallensäureverbindungen und der Cumarine wurden in ihrer Gesamtheit gestrichen.»

Die schlimmsten Allergene sollten eigentlich nicht mehr drin sein, aber vielleicht haben Sie alte Ware erwischt. Oder ein Mittel, das gar nicht geprüft wurde. Es nützt Ihnen überhaupt nichts, wenn Sie wissen, wovor Sie sich schützen wollen, denn Sie erfahren ja gar nicht, was drin ist. Die Inhaltsstoffe müssen nicht genannt werden. Im übrigen kann es auch durchaus sein, daß gar nicht Ihr Sonnenöl schuld war, sondern eine andere Creme, die Sie verwenden und von der Sie ebenfalls nicht wissen können, was sie enthält. Was soll man sich denn schon unter «fettähnlichen Stoffen, Wachsen, Emulgatoren, Feuchthalte- und Verdickungsmitteln, Duft- und Konservierungsstoffen» vorstellen?

## Cremes und Falten, allerlei Buntes und mancherlei Düfte

Cremes können die Haut nur sehr bedingt schützen und nähren. Kosmetik von außen schützt nur die 0,5 bis 1,2 Millimeter dicke obere Hornschicht. Ihr können sie Fett und Feuchtigkeit zuführen, weiter nichts. Wer seiner Haut, die ein lebendiges Organ ist, wirklich Gutes tun will, schmiert möglichst wenig in sie hinein und ernährt sich statt dessen vernünftig. Multivitaminpräparate bringen gar nichts. Sie sind nach dem Buch ‹*Bittere Pillen*› samt und sonders «wenig zweckmäßig». Frisches Obst und Gemüse, Kräuter, Beeren, Säfte dagegen wirken Wunder. So gesehen sind auch die Nährcremes, nachts aufgetragen, wenig sinnvoll. Angeblich spenden sie Vitamine, Hormone und Proteine. Das ist Augenwischerei. Was die Haut braucht, bezieht sie aus dem Körper.

Es hat wenig Zweck, an dieser Stelle über den natürlichen Alterungsprozeß des menschlichen Körpers zu sinnieren, der das Natürlichste auf der Welt ist. Es gibt halt Menschen, Männer und Frauen, die sich nur schwer mit Runzeln und Falten abfinden können. Um so schlimmer, wenn sie auf die Werbung der Kosmetikbranche hereinfallen, die ihnen Präparate andient, die scheinbar ewige Jugend garantieren.

Ein Teil der «Antifaltencremes» läßt sich am ehesten mit Gips vergleichen. Sie füllen die Runzeln aus, verkleistern sie. Die «Hormoncremes» gehen mehr in die Tiefe: Die Hormonsubstanzen erhöhen den Wassergehalt in der Lederhaut, verursachen also eine Art Schwellung, und lassen die Haut vorübergehend glatter erscheinen. Sie ist in der Tat durch den erhöhten Gewebedruck «gestrafft». Weil die Haut aber nicht nur die Begrenzung zur Außenwelt ist, sondern in engster Verbindung mit unserem Organismus steht, können die Hormone ebensogut in den Kreislauf eindringen und den natürlichen Hormonzyklus durcheinanderbringen. Die Östrogene haben das bewiesen. Sie sind seit Juli 1979 bei uns verboten. Statt dessen kamen Placentaextrakte und Kollagen in Mode und in den Handel.

Obwohl ich eine Seife benutze, die keine ist, weil sie im wesentlichen aus mehrfach vergorener Molke ohne Milchzucker hergestellt wird, wasche ich mein Gesicht aus alter Gewohnheit nur mit Wasser. Daß Seife nicht ins Gesicht gehört, hat mir schon meine Großmutter beigebracht. Leider bekomme ich den Schmutz der Stadtluft mit Wasser allein nicht herunter, und schon gar nicht das Make-up, das ich meist im Winter benutze, damit sich nicht jeder gleich mitleidig nach meinem Befinden erkundigt – das im allgemeinen bestens ist. Es gibt einfach Tage, da schaue ich morgens in den Spiegel – nachdem ich beim Frühstück die neuesten Katastrophen «aus aller Welt» gelesen habe – und empfinde das tiefe Bedürfnis, mich zu maskieren. Jedoch ist im Laufe der letzten Jahre mein Mißtrauen gegen die Mittel unaufhaltsam gewachsen.

Es sind beileibe nicht nur Billigprodukte aus dem Fernen Osten, die Schädliches enthalten. 1978 untersuchte die Stiftung Warentest Lidschatten und Wimperntusche. Sie entdeckte krebserregende Schwermetalle, Arsen und Blei, die zum Teil um fünfhundert Prozent über den erlaubten Grenzwerten lagen. Unter den Herstellern waren so namhafte Firmen wie Revlon, Avon, Ellen Betrix, Elizabeth Arden, Lancaster, Margaret Astor.

Bei Lippenstiften sah es nicht viel besser aus. Von achtundzwanzig getesteten Fabrikaten enthielt ein Dutzend Spuren des giftigen Bariums, in zweiundzwanzig Fabrikaten steckte obendrein Blei oder Arsen, in einigen Fällen beides. 1982 faßte die Stiftung Warentest noch einmal nach. Bis auf ein Produkt entsprachen nun alle Lippenstifte den Bestimmungen.

Ein Beweis dafür, daß Kontrolle etwas nützt, daß die Hersteller durchaus einwandfreie Ware liefern, wenn der Kunde darauf besteht, indem er schlechte Ware einfach nicht kauft.

In Wimpernfarben ist häufig Silbernitrat enthalten, das Argentum nitricum, in Stangenform heißt es Höllenstein. Diese Substanz reizt Haut und Schleimhäute. Gerät Silbernitrat am Arbeitsplatz in der Fabrik ins Auge, wird eine sofortige Reinigung empfohlen. Da Wimperntusche naturgemäß sehr leicht in die Augen gerät, gehört das Silbernitrat einfach nicht hinein.

Daß die Ägypterinnen der ersten Dynastien das untere Augenlid mit Malachit und Chrysokoll grün, das obere mit Bleisulfid schwarz färbten, später nur noch Bleisulfid verwendeten, beruhigt mich nicht. Die Ägypterinnen wollten sich mit der Bleiglanzfarbe nicht nur schön machen, sie wollten sich obendrein gegen verschiedene Augenkrankheiten schützen, die im Orient sehr verbreitet sind. Im übrigen spielte die Schminke im Alten Orient nicht nur eine dekorative Rolle. Das Auge hatte in jenen Ländern eine magische Bedeutung, die Bemalung verstärkte die Intensität des Blickes. So trug denn auch die babylonische Göttin Ischtar, die Fruchtbarkeitsgöttin, den Namen «Göttin der Lieder, der Wollust und der Augenschminke».

Sehr beliebt waren in den heißen Zonen allerlei Düfte. In den Tempeln gab es regelrechte Versuchsanstalten zur Erforschung und Herstellung von Parfüm. Speziell die ägyptischen Düfte waren seinerzeit weltberühmt, einige sollen ihr Aroma bis zu acht Jahren erhalten haben. Allgemein beliebt waren kleine Salbenkegel, die bis zu sechzehn Zutaten enthielten. Die Schönen Ägyptens trugen sie bei Banketten auf ihren Frisuren, wo sie in der Hitze langsam dahinschmolzen.

Heutzutage sind längst nicht alle Düfte natürlich. Die meisten werden inzwischen synthetisch hergestellt. Großer Jubel herrschte seinerzeit in der Branche, als es gelungen war, den Duft von Moschus künstlich nachzuempfinden. Der Drüseninhalt des männlichen Moschustieres, mit dem Riechstoff Muskon, ist nämlich nicht in beliebiger Menge zu bekommen und dementsprechend teuer. Acetyltetramethyltetratin machte es möglich, daß sich drei Jahre lang auch Damen mit schmalerem Geldbeutel in die exquisite Schwüle von Moschusduft hüllen konnten. Dann kam der Schock: Der künstliche Moschus färbte sämtliche inneren Organe blau und verschwand wieder vom Markt. Doch es blieb genug Unerfreuliches.

Nagelhärter kann bis zu dreißig Prozent Formaldehyd enthalten. Wenn er an die Haut gelangt, stirbt das Gewebe ab. Manch Nagellackentferner enthält Äthylacetat oder Aceton in einer Menge, so der Verein für Umwelt- und Arbeitsschutz (VUA), «die ein zweijähriges Kind töten kann». Die Schreckensliste läßt sich beliebig fortschreiben. Und ich hab mich als Kind geschüttelt, als mir jemand erzählt hat, das Rot der Lippenstifte stamme von Blattläusen!

Meine Palette an Schönheitsmitteln war mit der Zeit zusammengeschrumpft auf Lippenstift, Make-up – beide für «Notfälle» –, auf Gesichtswasser und Creme. Mit großer Geduld probierte ich die Erzeugnisse verschiedener Firmen durch, bis ich endlich einen Pflegeset gefunden hatte, mit dem ich zufrieden war. Kurz darauf, ich hatte mich gerade mit «Spar»-Packungen eingedeckt, fiel mir eine Liste des Tierschutzverbandes in die Hände. Ich hatte es schwarz auf weiß: Für «meine» Präparate werden Tierversuche durchgeführt.

Ich war wie vom Donner gerührt. Daß ich ausgesprochen tierlieb bin, kann ich ebensowenig behaupten wie daß ich ausgesprochen menschenscheu wäre. Keinesfalls jedoch geht es an, daß irgendein Tier gequält wird, weil ich gerade Lust habe, mein Gesicht zu bemalen.

## Tierquälerei für Lippenstifte

Eine Quälerei sondergleichen ist das, was in den Labors passiert. Da kann sich der Industrieverband Körperpflege- und Waschmittel e.V. (IKW) rechtfertigen, so wortreich er will: «Forschung und Entwicklung zur Umsetzung neuer Erkenntnisse in neue Produkte und zur Optimierung von Wirkung und Verträglichkeit der Produkte können beim heutigen Stand der Wissenschaft auf tierexperimentelle Untersuchungen nicht verzichten, und dies, obwohl keine Versuchsart zeit- und kostenaufwendiger ist als gerade der Tierversuch (die vollständige Prüfung eines Wirkstoffes kann bis zu drei Millionen Mark kosten). Die hierbei unter strenger Beachtung der Bestimmungen des Tierschutzgesetzes festgestellten Reaktionen auf eine chemische Substanz sind bei Mensch und Tier gut vergleichbar ...» Was nicht stimmt. Substanzen, die bei Tieren keine Veränderung hervorrufen, können Menschen sehr wohl krank machen. Außerdem wird an den Versuchstieren jeweils nur eine

Substanz beziehungsweise ein Präparat getestet. Unsereiner aber kommt im Lauf seines Lebens mit mindestens fünfzigtausend chemischen Substanzen in Kontakt. Was passiert, wenn bestimmte Substanzen aneinandergeraten – und dies kann man gar nicht oft genug wiederholen –, läßt sich nicht vorhersagen, schon gar nicht im Tierversuch.

In den USA müssen jährlich sechs bis acht Millionen Versuchstiere ausschließlich für kosmetische Präparate sterben. In der Bundesrepublik Deutschland sollen angeblich insgesamt sieben Millionen Versuchstiere im Jahr «eingesetzt» werden, das teilt der IKW mit, davon weniger als ein Prozent in der Körperpflegemittel-Industrie. «Für über 95 Prozent dieser Versuche werden Ratten, Mäuse, Meerschweinchen, Kaninchen eingesetzt, Katzen und Affen spielen bei der Prüfung von kosmetischen Mitteln praktisch keine Rolle.» Sind Ratten, Mäuse, Meerschweinchen und Kaninchen demnach Tiere, die man ruhig quälen kann? Beim LD-50-Test etwa, oder dem Draize-Test? Ich zitiere den Bundesverband der Tierversuchsgegner, der seit Jahren fordert, die Tierversuche in der Kosmetikindustrie einzustellen.

«Bei Prüfungen auf akute Giftigkeit nach der LD-50-Methode (LD = Lethal dose – tödliche Menge) werden den Tieren Chemikalien und Kosmetika verabreicht (injiziert, zwangsweise verfüttert oder über die Atemwege zugeführt), bis die Hälfte von ihnen stirbt. Die Versuchstiere kämpfen oft stunden- oder sogar tagelang mit dem Tod: Sie winden sich in Krämpfen, zucken vor Schmerzen, erbrechen, haben Durchfall, Fieber, Schüttelfrost, Lähmungen und empfinden dauernde Übelkeit, ehe sie verenden oder überleben. Gequält werden Versuchstiere auch bei den wochen- und monatelangen Prüfungen auf dauernde (chronische) Giftigkeit von Testsubstanzen.

Ebenso brutal wie der LD-50-Test sind die sogenannten Haut- und Augenirritationsversuche (Draize-Tests), denen vor allem Kaninchen zum Opfer fallen. Bei diesen Experimenten werden den Tieren Chemikalien und Kosmetika auf die Haut aufgetragen sowie in die Augen gespritzt oder geträufelt, um – wie es heißt – das Ausmaß der Verätzungen zu studieren. Die Augen der gefesselten oder anderweitig fixierten Tiere werden mit Metall- oder Kunststoffklammern auseinandergehalten, damit sie nicht blinzeln können. Für die Augentests werden bevorzugt Kaninchen genommen, weil sie keine Tränendrüsen haben und die Gifte daher weder aus den Augen wegspülen noch verdünnen können.»

Tierversuche in der Kosmetik sind hundertprozentig überflüssig, können von heute auf morgen eingestellt werden, ohne daß einem einzigen Verbraucher etwas passierte. Sämtliche Zutaten für Schönheitspflegemittel sind jahrelang erprobt – neue sind nicht nötig. Jedenfalls aus der Sicht des Verbrauchers. Für die Firmen sind sie es wohl, denn sie fangen ja die Käufer mit dem «öfter mal was Neues», zudem versuchen sie natürlich, möglichst viel billiges synthetisches Zeugs, den Abfall, unterzujubeln.

Wer sich pflegen und schminken will, ohne dabei immer wieder an die Qual der Lebewesen denken zu müssen, die um dieser Creme, um dieses Lippenstifts willen elend verreckt sind, kann sofort zur Tat schreiten. Es gibt eine ganze Reihe von Firmen, die Kosmetika herstellen, für die kein Tier zu Tode gemartert wird. Eine Liste können Sie vom Deutschen Tierschutzbund, Baumschulallee 15, 53 Bonn 1, anfordern.

Was die Kosmetik betrifft, da bin ich aus dem Schneider. Ich hab mir Bücher mit Rezepten für Kosmetikpräparate aus natürlichen Zutaten besorgt und meine eigene «Produktpalette» zusammengestellt. Selbst anrühren ist mir zu umständlich, soviel brauche ich nicht. Mein Apotheker tut das für mich. Zum Minipreis.

## Schweiß und anrüchige Deos

«Im Schweiße deines Angesichts sollst du dein Brot essen, bis daß du wieder zu Erde werdest, davon du genommen bist», sprach der Herr zu Adam, der gerade von Evas Apfel gekostet hatte. Dann vertrieb er die beiden aus dem Garten Eden.

Ins Schwitzen geraten ist der Mensch schon, bevor der Herr ihm die Leviten las. Er konnte gar nicht anders, denn Schwitzen ist ein natürlicher Vorgang. Unser Körper sondert unablässig Schweiß ab, mal mehr, mal weniger, auch wenn wir es nicht merken. Auf diese Weise hält der Organismus den Salz-Wasser-Haushalt im Gleichgewicht und reguliert ständig die Körpertemperatur. Außerdem bildet der Schweiß, gemeinsam mit Talg, Kohlensäure und wasserlöslichen Substanzen der Hornschicht, den Säureschutzmantel der Haut.

Schweiß besteht zu etwa neunundneunzig Prozent aus Wasser, hinzu kommen Kochsalz, Harnstoff, flüchtige niedrige Fettsäuren, Neutralfette, Cholesterin und Duftstoffe. Menge und Beschaffenheit bestimmen die vegetativen Schweißnerven. Die sogenannten Schweißzentren liegen im verlängerten Mark, im Zwischenhirn und in der Großhirnrinde, den «nervösen Zentren».

Schwitzen gilt bei uns als unfein. Nicht etwa, weil uns jede Schweißperle ans verlorene Paradies und den Sündenfall erinnerte. Schweiß steht vielmehr für körperliche Anstrengung zum Zwecke des Lebensunterhaltes. Die meidet jeder, der etwas Besseres sein will. Weil es den Körper aber nach schweißtreibender Betätigung verlangt, ist der Sport in Mode gekommen. Wer sich's nicht leisten kann, bei Polo, Golf oder Tennis ins Schwitzen zu geraten, rackert sich bei Aerobic und Jogging ab. Gesund ist das ebensowenig wie der Sonnengrill.

Doch bleiben wir beim Schweiß, so unfein das auch sein mag. Ungefähr zwei Millionen Schweißdrüsen hat der Mensch. Sie sind unterschiedlich dicht über den ganzen Körper verteilt und in der Achselgrube besonders stark entwickelt. Es sind einfache Schlauchdrüsen, zu Knäueln gewunden. Über den Schweißdrüsenausführungsgang münden sie in die Schweißporen der Haut.

In den Drüsen ist der Schweiß nahezu geruchsfrei. Zu riechen beginnt er erst auf der Haut, wenn die Inhaltsstoffe durch Mikroben zersetzt werden. Das dauert einige Zeit. Wer sich regelmäßig wäscht, der schreckt keinen Mitmenschen durch unangenehme Düfte ab. Es sei denn, er ist krank. Dann braucht er den Rat eines Arztes, aber kein Deo und schon gar kein Antitranspirationsmittel.

Wasser und eine «Seife», die auf den Säureschutzmantel der Haut abgestimmt ist, verhindern, daß Schweiß zu riechen beginnt. Nur, wer kann sich an seinem Arbeitsplatz waschen, wenn er das Bedürfnis danach hat? Als Ersatz müssen Deos her, mit «antibakteriell wirkenden Substanzen», mit Desinfektionsmitteln also, mit Riechstoffkompositionen, die den Geruch des zersetzten Schweißes überdecken; mit Oxidationsstoffen oder Adsorptionsmitteln wie Puderrohstoffe oder Kieselsäure; mit Caprylcollagensäure, Hopfenextrakten, Metallseifen, Zinkricinoleat und Konservierungsstoffen. Dieselbe Wirkung erzielen Sie ohne alle Chemie, ganz einfach mit Teeaufgüssen aus Kamille, Thymian oder Rosmarin. Werden die Achselhöhlen mehrmals täglich mit dieser Lotion abgerieben, kann kein unerwünschter Geruch entstehen.

Es hat den Deoherstellern nicht genügt, harmlose Bakterien zu killen (die am Körper des Menschen eine nützliche Funktion erfüllen) und den Schweißgeruch mit synthetischen Düften zu überdecken. Sie warfen die Antitranspirantien auf den Markt, die das Schwitzen verhindern oder zumindest eindämmen sollen, und zwar um vierzig bis sechzig Prozent. Sie erreichen das mit bestimmten Aluminiumsalzen, die den Ausgang der Schweißdrüsen verengen. Auf die Produktion des Schweißes haben sie (gottlob!) keinen Einfluß, sie drosseln lediglich seine Absonderung. Also staut sich der Schweiß im Körper, was keinesfalls gesund ist. Was tatsächlich passiert, wenn dieser natürliche Vorgang, der den Salz-Wasser-Haushalt und die Körpertemperatur steuert, auf Dauer beeinträchtigt wird, ist bisher unbekannt. Das wird sich herausstellen, wenn die menschlichen Versuchskarnickel diesen Großversuch lange genug durchgestanden haben, wenn sich einheitliche Krankheitsbilder herauskristallisieren, die eindeutige Rückschlüsse auf die Wirkung dieser Schweißhemmer zulassen. Dann also, wenn der Schaden angerichtet ist.

## Monatshygiene mit Risiko

An zweitausend Tagen ihres Lebens, das hat die Stiftung Warentest errechnet, ist jede Frau auf den Schutz der «Monatshygiene» angewiesen. Die Hersteller bieten Binden und Tampons an, kassieren dafür Monat für Monat rund 35 Millionen Mark. Ein sicheres Geschäft, für das sie früher kaum Werbung betrieben. In den letzten Jahren hat sich das geändert. Vielleicht haben sich die «geburtenschwachen» Jahrgänge rückläufig auf den Umsatz niedergeschlagen, vielleicht sind die Hersteller erst jetzt darauf gekommen, daß man noch mehr herausholen kann. Nicht nur, daß die Watte- oder Zellstofflagen immer dünner, die Plastikfolien immer kompakter werden, was Verbrauch und Umsatz in die Höhe treibt. Inzwischen gibt es «Damenbinden» in jeder Länge und Breite, für den Tag und für die Nacht, für schwache, normale und starke Blutungen, ja selbst für «die Tage zwischen den Tagen» und «für Frauen, die die Pille nehmen». Wenn eine Frau außerhalb der Menstruation Slip-Einlagen braucht, ist etwas nicht in Ordnung, sie muß zum Arzt gehen.

Einlagen mit Geruchshemmern sind bedenklich, denn diese Desinfektionsmittel kommen unmittelbar mit äußerst empfindlichen Körperpartien in Berührung, die während der Periode statt dessen häufiger als sonst mit Wasser und hautfreundlicher «Seife» gereinigt werden sollten.

Nicht weniger ungesund können Plastikfolien sein, die die Wäsche schützen sollen. Luftdicht abgeschlossen, etwa unter engen Jeans, erhöht sich die Temperatur, in der Bakterien prächtig gedeihen. Empfindliche Haut reagiert mit Ausschlag und Reizungen.

Bisher habe ich nicht ein einziges Fabrikat entdeckt, das nicht blütenweiß, also optisch aufgehellt ist. Für Wundverbände wurden die optischen Aufheller aus gutem Grund verboten. Sie verzögern die Heilung, begünstigen die Entstehung von Tumoren. Optische Aufheller haben weder in Babywindeln noch in Monatsbinden etwas zu suchen.

Tampons sind leider keine Alternative, im Gegenteil. Erstens können auch in ihnen optische Aufheller stecken, zum anderen können die gepreßten Wattebäusche, so praktisch sie sein mögen, weitere Nachteile haben. Sie können zum Beispiel beim Einführen winzige Risse in der Schleimhaut verursachen, die sich entzünden können.

Ins Gerede kamen Tampons, weil Hunderte von Frauen ein sogenanntes «toxisches Schocksyndrom», TSS, erlitten. Einige starben daran. 1980 zog die Firma Procter & Gamble ihre Rely-Tampons aus dem Handel und beauftragte, gemeinsam mit einer dänischen Stiftung, Gorm Wagner von der Universität Kopenhagen mit einer Untersuchung dieser Vorgänge. Zwei Jahre lang prüfte der Professor für medizinische Physiologie die Marken Tampax regular, o. B. normal und Playtex regular. Er kam zu folgendem Schluß: «Jedes intravaginale Tampon kann durch die gleichzeitige Zufuhr atmosphärischer Luft die Flora der Vagina verändern. Auf diese Weise kann es als Risikofaktor bei solchen Frauen wirken, die für die Herausbildung eines toxischen Schocksyndroms anfällig sind.» Bereits früher war bekannt, daß bestimmte Bakterien der Vagina, die Staphylokokken, die bei 15 Prozent der weiblichen Bevölkerung zu finden sind, unter Zufuhr von Sauerstoff ein giftähnliches Protein bilden können.

Wenn man die Tampons häufig wechselt, kann man zwar die Infektionsgefahr mindern, weil Bakterien ausgeführt werden. Mit jedem neuen Tampon dringt jedoch auch neuer Sauerstoff in einen Bereich des Körpers, der an sich vor Luft geschützt ist.

Für Europa liegen über die Häufigkeit des toxischen Schocksyndroms keine Zahlen vor. Das amerikanische Zentrum für Krankheitskontrolle in Atlanta/Georgia registrierte für das Jahr 1983 insgesamt 228 Fälle. Sieben Frauen starben.

# Das Haar und Mittel, mit denen man es am schnellsten zugrunde richtet

Seit alters beschränkt sich die Kosmetik nicht auf die Haut, sie verschönert auch die Haare. Reiche Römerinnen verbrachten gar manche Stunde ihres Lebens bei der «onatrix», bei ihrer Friseuse. Da wurden Wellen gelegt und Löckchen gekräuselt, falsche Zöpfe gesteckt und Perücken geknüpft, am liebsten aus dem Blondhaar germanischer Frauen, nach dem die Römerinnen ganz wild waren.

Der regelmäßige Besuch beim Friseur gehört auch bei uns zum festen Programm der meisten Frauen. Bei Männern, die nichts von langen Haaren halten, ohnehin. Die lassen sich im allgemeinen das Haar nur schneiden. In letzter Zeit jedoch zeigen auch immer mehr Männer Mut zur Dauerwelle. Den braucht man in der Tat, wenn man sich auf dieses Unternehmen einläßt.

**Von den Haaren, deren Wachsthum, und auch wie man solche vertreiben kan**

Haare wachsend zu machen
Zwiebel-Safft, das Haar damit gewaschen, machet es wachsend.
Oder:
Zwiebeln und Knoblauch-Safft mit Mäuse-Dreck vermischet, machet das Haar an kahlen Plätzen wiederum wachsend.

Daß einem schön lang Haar wachse
Nimm Kletten-Wurtzel eine gute Hand voll, schneide sie klein, und koche sie in Laugen, wasche das Haar damit, das macht in kurtzer Zeit schön langes Haar.

Vor die Milben auf dem Haupte
Kerbel-Kraut mit aller Substantz in Wasser gesotten, darunter Eßig gemischet, damit gewaschen, tödtet die Milben auf dem Haupt, und den Haar-Wurm.

Wider das Haar-Ausfallen und verlohrne Farbe
Eppich und Stab-Wurtz in Laugen gesotten, damit gewaschen, ist gut vor das Haar-Ausfallen, Eppich-Saamen täglich in der Kost genossen, bringet die verlohrne Farbe gantz wieder.

Wider das Haar-Ausfallen
Ratten-Koth mit Eßig und Rosmarin gestossen, stillet das Haar-Ausfallen.

Wider das Haar-Ausfallen
Fliegen-Köpffe auf die kahle Stätte gestrichen, machet das Haar wachsend; ist probiret.

Wider das Haar-Wachsen
Hyacinthen-Wurtzel oder Knöpffe mit weissen Weine gestossen und aufgelegt, verhindert das Haar-Wachsen.

Daß die Haare nicht wieder wachsen
Wenn man Haare will wegbringen, so salbe man den Ort mit Fleder-Mäuß-Blut und Gehirn, oder menge das Gehirn mit Milch, und schmiere den Ort.

Haare wegzubringen, daß sie nicht wieder wachsen, so zerstosse einen harten Katzen-Dreck, vermenge ihn mit scharffen Eßig, laß die Helffte wieder trocken werden, reibe die haarige Stelle des Tages offt, und salbe es hernach mit dem anderen Theil, das nicht wieder getrocknet worden ist.

*Aus: Johann Joachim Bechers, ‹Kluger Hausvater› von 1747*

Dauergewelltes Haar ist das Ergebnis eines chemischen Prozesses, bei dem allerlei schieflaufen kann. Eine Kaltwelle sollte der Friseur legen, die ist für Heimarbeit zu riskant. Wenn beim Hantieren mit Thioglykolsäure oder Thioglykat der pH-Wert nicht eingehalten wird, ist die Frisur, und manchmal auch das Haar, hinüber. Sinn der Dauerwelle ist es, von Natur aus glattes Haar zu biegen, in wellige Form zu bringen, und zwar bleibend.

Wenn meine Großmutter sich für den Feuerwehrball feinmachte, legte sie die Brennschere in die Herdglut. War das Instrument heiß, schob sie zur Probe ein Stück Papier dazwischen, das meistens bräunlich versengelte. Dann wedelte sie die Schere ein paarmal durch die Luft und klemmte schließlich entschlossen die Strähnen links und rechts des Scheitels in die Zange. Sie sahen hinterher wie plissiert aus. Am nächsten Tag waren «die Wellen» wieder verschwunden.

Mit Hilfe der Chemie wird das Haar bleibend verformt. Im Prinzip besteht die Kaltwelle aus einem Wirkstoff, der das Haar weichmacht, und einem Fixiermittel, welches das verformte Haar wieder härtet. Für den ersten Teil der Prozedur verwendet der Friseur meist Thioglykolsäure oder Thioglykat, zwei Chemikalien, die die an sich festen Cystinbrücken des Haarschaftes flüssig machen. Dazu muß die «haarerweichende» Komponente mit Hilfe von Ammoniak auf einen pH-Wert von 8 bis 9,5 gebracht werden. Liegt der Wert höher, droht die Zerstörung des Haars, weil das Keratin aufgelöst wird, oder eine Glatze.

Damit das Haar nicht einfach nur verformt wird, sondern sich in mehr oder weniger sanfte Wellen und Locken legen läßt, sind verschiedene Zusätze nötig: Netzmittel (Ammonium, Aniontenside), Überfettungsmittel (Lanolinderivate), quartäre Ammoniumsalze (Stearyl- oder Dodecyltrimethylammoniumchlorid).

Zum Schluß werden die einzelnen Strähnen auf Wickler gedreht, getrocknet und – meist mit Wasserstoffsuperoxid – gefestigt. Fertig ist die Dauerwelle.

Eineinhalb Milliarden Mark gaben die Deutschen 1981 für Haarpflegemittel aus. Knapp zweihundert Millionen davon für Haarfarben im Gewicht von fast sechseinhalbtausend Tonnen. Jede siebte Frau färbt ihr Haar, immer häufiger tönen auch Männer die ergrauenden Schläfen.

Seit undenklichen Zeiten färben sich Menschen die Haare. Wo der Hennastrauch gedeiht, verschafften sie sich mit seinem Extrakt orange- bis rotfarbene Frisuren. Mischt man den Extrakt der Indigopflanze darunter, kommt Dunkelblond bis Schwarz heraus. In nördlichen Breiten behalfen sich die Leute mit einer Beize aus Walnußschalen, wenn ihnen die blonden Haare zu fad erschienen. Oder mit Salzen von Silber, Eisen, Nickel, Kobalt, Kupfer, Blei oder Chrom. Optimal waren diese Salze nicht. Sie sind allesamt giftig, vor allem die beiden letzteren, und ergeben recht unnatürliche Tönungen.

«Zum Färben der Haare sind meist bleihaltige Mittel empfohlen worden, vor deren Anwendung aber entschieden zu warnen ist. Unschädlich ist die Anwendung von frisch gepreßtem Walnußschalensaft, humussaurem Ammoniak und Pyrogallussäure, während Höllensteinlösung Vorsicht erheischt. Die reine Höllensteinlösung gibt einen unangenehmen Farbenton und die gleichzeitige Anwendung von Schwefelleber ein zu intensives Schwarz. Sehr konzentrierte Lösungen beschädigen auch das Haar.

Vorteilhaft ist dagegen die Verbindung von Höllenstein mit Pyrogallussäure (Krinochrom). Man löst 10 Teile Pyrogallussäure in 500 Teilen rektifiziertem Holzessig und 500 Teilen Alkohol, anderseits 30 Teile Höllenstein in 900 Teilen Wasser und soviel Ammoniakflüssigkeit, bis der anfänglich entstandene Niederschlag sich wieder gelöst hat. Nach dem Entfetten des Haars trägt man die erste Lösung mit einem Schwamm, dann die zweite mit einer Bürste auf, wäscht darauf mit Wasser, dann mit einer Lösung von unterschwefligsaurem Natron und spült schließlich wieder mit Wasser. Das Mittel färbt dunkel schwarzbraun und gibt mit verdünnterer Höllensteinlösung hellere Töne.»

*Meyers ‹Konversationslexikon› von 1887*

An die achtzigtausend Haare hat der Mensch auf dem Kopf, um den Scheitel herum sind es rund 170 Stück pro Quadratzentimeter. Schwarze Haare stehen weniger dicht als braune, am dichtesten stehen blonde. Das Haar wächst täglich um 0,2 bis 0,3 Millimeter. Gleichzeitig fallen uns zwischen 38 und 103 Haare aus. Sie haben dann ihre drei, vier Jahre Lebensdauer hinter sich, neue wachsen nach. Wimpern leben nur etwa drei Monate.

Ganz schön interessant, so ein Haar, das übrigens erst bei einer Belastung von 180 Gramm Gewicht reißt. Das Haar wurzelt in der äußeren Haut, baut sich aus verhornenden Zellen der Oberhaut auf. Der Haarschaft besteht aus verschiedenen Zellgeweben: Im Inneren das Mark, ringsherum die Rinde mit dem Farbstoff und außen das Oberhäutchen.

Jede Haarwurzel steckt in einem Hautgrübchen, dem sogenannten Haarbalg. Das unterste Ende, die Haarzwiebel, umschließt becherförmig die Haarpapille, eine Art Hautwärzchen, die das Haar ernährt. Seitlich des Haarbalges befinden sich Talgdrüsen, die das Haar fetten, und Muskeln, die unmittelbar auf äußere Einflüsse reagieren. Bei Kälte zum Beispiel ziehen sie sich zusammen, richten das Haar auf und heben den Haarbalg wulstförmig empor – wir bekommen eine Gänsehaut, die Haare stehen uns zu Berge. Das kann durchaus passieren, wenn man erfährt, was wir unseren Haaren, die lebendig sind, alles zumuten.

Wer seine Haare mit Industriefarben tönen will, hat drei Möglichkeiten. Da sind zum einen die hochmolekularen Säurefarbstoffe, die nur lose an die Oberfläche des Haares gebunden werden und bei der nächsten Wäsche herausspülen. Farbstoffe mit mittlerem Molekulargewicht dringen ins Haar ein, überdauern ein paar Haarwäschen und Regengüsse, färben also «semipermanent». Drittens schließlich gibt es die Farbe auf Dauer. Dieser dritte, der permanente Typ mit niedermolekularen Farbstoffen, ist am beliebtesten.

Die einfachste Färbung, die Blondierung mit Wasserstoffsuperoxid, ist in Wirklichkeit eine Entfärbung, bei der die Melanine, die natürlichen Farbpigmente des Haares, chemisch verändert werden.

**Wie Blondinen blond bleiben**

Man kocht Tannenzweige in Wasser ab, gießt zu einem Liter dieser Flüssigkeit etwa ein Fünftel Alkohol und wäscht damit das Haar, das seine gleichmäßige Färbung behält

Wasserstoffsuperoxid ist auch dabei, wenn's Rot oder Schwarz sein soll. Hinzu kommen eine Primär- und eine Kupplungskomponente, durchweg niedermolekular, damit sie tief ins Haar eindringen. Das Wasserstoffsuperoxid oxidiert die Primärkomponente (2,5-Toluylendiamin, p-Phenylendiamin), das wiederum reagiert mit der Kupplungskomponente (2,4-Diaminoanisol, m-Phenylendiamin) zum relativ großen Farbmolekül, das sich mit den Eiweißstoffen des Haares verbindet.

Oder anders: Die Farbe entsteht, wenn der meist farblose Farbvorläufer (ein Mittel kann bis zu zwölf Farbstoffkomponenten enthalten) und der Entwickler aufeinandertreffen. Wen wundert es bei soviel Chemie noch, daß derjenige, der seine Haare färbt, gefährlich lebt?

Die Farbstoffe dringen nicht nur ins Haar, sie dringen auch in die Kopfhaut und in den Organismus. Auf den ersten Blick sind es nur geringe Mengen, doch im Laufe der Zeit summiert es sich. Bei einem ganz normalen Färbevorgang nimmt die Kopfhaut ungefährt 0,5 Prozent der Farbstoffkomponenten auf, das entspricht einer maximalen Monatsdosis von einem Milligramm pro Kilogramm Körpergewicht. Färbt einer vier Jahre lang die Haare, dann kommen immerhin fünfzig Milligramm pro Körpergewicht zusammen, und die schädigen den Organismus. Etwa ein Viertel aller Chemiearbeiter, die mit Benzidin (4,4′-Diaminodiphenyl) in dieser Größenordnung in Berührung kommen, erkranken an Tumoren.

Bereits 1968 stand fest, daß einige aromatische Amine, zum Beispiel 2,4-Toluylendiamin, bei Ratten Lebertumoren auslöst. Viele Hersteller verzichteten freiwillig auf diese Zutat.

1975 entdeckte der Biochemiker Bruce Ames von der Berkeley University in Kalifornien, daß von insgesamt 169 Haarfärbemitteln 150 mutagen waren, die Erbmasse (die Desoxyribonukleinsäure, DNS) bestimmter Bakterien schädigen. Er äußerte die Vermutung, daß mutagene Chemikalien möglicherweise auch krebserregend sind. Die Hersteller bezeichneten Ames' Versuche mit Bakterien als Unfug, beriefen sich auf ihre Tierversuche, die andere Ergebnisse erbrachten.

1977 bestätigten Untersuchungen des amerikanischen National Cancer Institute die Ergebnisse des Bruce Ames. Diesmal erzeugten sieben von dreizehn Haarfarben Krebs, und zwar im Tierversuch. 2,4-Diaminoanisol zum Beispiel löste in der Schilddrüse und auf der Haut von Ratten sowie in der Schilddrüse und in den Lymphgefäßen von Mäusen Tumoren aus.

Die tödliche Wirkung von Haarfarbstoffen demonstrierte auch N. P. Luepke von der Universität Münster, und zwar mit Hilfe des Hühnereiertests, dem Hen's Eggs Test, kurz HET genannt. Luepke spritzte die Testsubstanzen direkt in Eier, die seit fünf Tagen befruchtet waren. In diesem Alter entwickeln sich die Embryos am schnellsten und reagieren äußerst empfindlich. Sämtliche Haarchemikalien erwiesen sich als embryotoxisch – die Küken starben bereits im Ei. Am giftigsten von allen war 2,5-Diaminotuluol.

Bei uns verboten ist para-Phenylendiamin, einst die Vorstufe zum tiefsten und schönsten Schwarz. Es verursacht heftige Allergien. Der Ersatzstoff, para-Toluylendiamin, ruft unter Umständen ebenfalls «unerwünschte Reaktionen» hervor.

Toluylendiamin ist in der Bundesrepublik Deutschland erlaubt. Entsprechende Färbemittel müssen lediglich die Aufschrift tragen: «Erzeugnis kann allergische Reaktionen hervorrufen ... Enthält Toluylendiamin. Nicht zur Färbung von Wimpern und Augenbrauen ver-

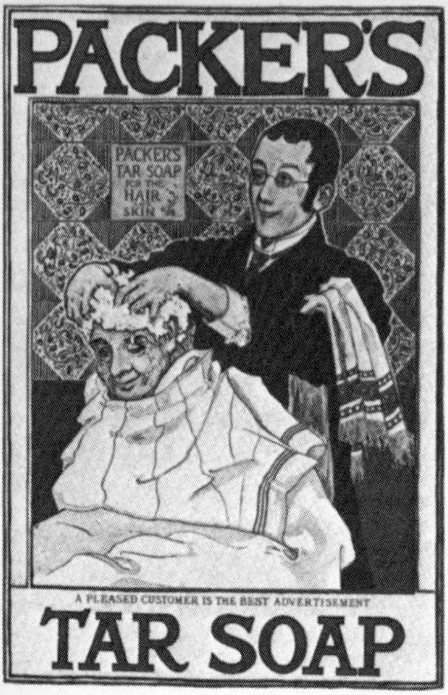

PACKER'S
PACKER'S
TAR SOAP
HAIR
SKIN
A PLEASED CUSTOMER IS THE BEST ADVERTISEMENT
TAR SOAP


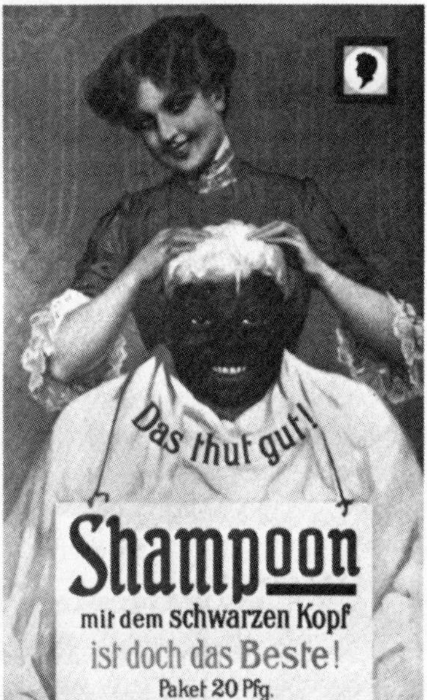

Das thut gut!
Shampoon
mit dem schwarzen Kopf
ist doch das Beste!
Paket 20 Pfg.

wenden.» Erlaubt ist, mit Kennzeichnung, auch das Resorcin, das wie all die Haarfarben in den Körper dringt und zu Vergiftungserscheinungen führen kann.

Wenn Ihnen nach dem nächsten Haarefärben schlecht wird oder Ihre Haut mit Quaddeln übersät ist, dann muß es nicht unbedingt am Resorcin oder Toluylendiamin liegen. Es kann ebensogut eine andere Chemikalie gewesen sein. Die Farben Amaranth oder Brillantblau, die die Weltgesundheitsbehörde als krebsverdächtig eingestuft hat, sollten eigentlich in keinem Mittel enthalten sein. Doch wer weiß ...

Das amerikanische National Institute of Environmental Health Sciences geht jedenfalls davon aus, daß der Kontakt mit Haarfarben zu einem erhöhten Risiko von Brust-, Blasen-, Eierstock-, Gebärmutterhals-, Uteruskrebs und Leukämie führt. Friseusen sind besonders gefährdet.

Wenn Sie genau wissen wollen, welche Stoffe Ihre Haarfarbe enthält, dann erkundigen Sie sich am besten direkt beim Bundesgesundheitsamt, bei der Kosmetikkommission in Berlin. Wenn Sie gerade beim Schreiben sind, dann fragen Sie gleich nach den Inhaltsstoffen sämtlicher Kosmetik- und Körperpflegemittel, die Sie regelmäßig verwenden. Etwa nach Haarshampoos.

Die enthalten im Schnitt fünf- bis zehnmal mehr Tenside als Waschpulver, und zwar vorwiegend Fettalkoholsulfate, Alkylbenzolsulfate und Fettalkoholäthersulfate oder Kombinationen. Außerdem befinden

**Shampoo**

Ein Ei verrühren, ins Haar reiben, massieren, spülen. Nicht zu heiß waschen, sonst gerinnt das Ei! Ins letzte Spülwasser etwas Zitronensaft oder ein Spritzer Essig, und das Haar wird locker und glänzend. Wenn Sie Wert darauf legen, daß Ihr Haar fest sitzt, füllen Sie Bier in einen Zerstäuber und sprühen es über Ihre Frisur. Keine Angst, der Geruch verfliegt, sobald das Bier getrocknet ist.

sich in Shampoos und Cremes häufig Basen, das sind chemische Verbindungen, die mit Säuren Salze bilden. Die Basen Di- oder Triäthanolamin, die meistens eingesetzt werden, sind Vorstufen der Nitrosamine.

Gesetzt den Fall, Ihr Shampoo enthält Aminoxid und Fettalkoholsulfat, damit es kräftig schäumt, dann bilden sich notgedrungen Nitrosamine, deren Entstehung übrigens auch das Konservierungsmittel Formaldehyd begünstigt.

Bis zu fünfzig Mikrogramm Nitrosamine pro Gramm wurden in Shampoos, Gesichtscremes und flüssigem Make-up nachgewiesen. Sie können ohne weiteres über die Haut in den Körper eindringen. Nitrosamine stecken überdies in geräucherten und gepökelten Fleisch- und Fischwaren, in Dunkel- und Starkbier, in Arzneimitteln und im Tabakrauch. Sie gelten als stark krebserregende Substanzen.

Nachdem das Haar gewaschen, gefärbt und onduliert ist, kommt der Griff zum Haarfestiger, damit die Frisur länger hält. Der Frisurfixierer legt sich wie ein Film über das Haar und sollte, so der Industrieverband Waschmittel und Körperpflege, «wenig Verklebungstendenz aufweisen, weitgehend resistent gegen Luftfeuchtigkeit, elastisch, ausbürstbar, auswaschbar und transparent sein». Diese Filmbildner bestehen aus Mischpolymerisaten mit Polyvinylacetat, Croton- und Acrylsäure, Maleinsäureester, Formaldehydharzen und einer Reihe von Zusätzen. Am beliebtesten sind sie als Spray.

## Tips

*Haare:* Das Haar bleibt gesund, wenn Sie es jeden Abend mit einer Bürste aus Naturborsten gründlich nach allen Seiten bürsten.

*Gesichtswasser:* Zwei Drittel frisch gepreßter Orangensaft, ein Drittel Rosenwasser.

*Statt einer Gesichtscreme:* Das Gesicht morgens und abends mit roher Milch (frisch von der Kuh) einreiben. Ab und zu eine Maske aus Quark wirkt Wunder.

*Zum Abschminken:* Einen Wattebausch mit Olivenöl (kaltgepreßt, Säuregrad von höchstens 0,5 Prozent) und ganz wenig Zitronensaft tränken.

*Sonnenbrand:* Die verbrannten Stellen mit Buttermilch abtupfen oder Kompressen auflegen. Joghurt lindert ebenso.

*Gegen unreine Haut:* Nach einem Kamillenbad (nicht zu häufig) eine Hefemaske auflegen. Hefe in warmer Milch zu einem Brei verrühren, auftragen, zehn Minuten einwirken lassen, mit lauwarmem Wasser abspülen.
oder
Maske aus 1 Eßlöffel Heilerde, eineinhalb Eßlöffel Huflattichtee und einem halben Teelöffel Hamamelis.

*Spröde und rissige Haut:* Maske aus 1 Eigelb, 1 Teelöffel Olivenöl, ein paar Tropfen Zitrone. Im Wasserbad erwärmen, 20 Minuten einwirken lassen.

*Großporige Haut:* Ein Eiweiß schaumig schlagen, ein paar Tropfen Zitronensaft hinzufügen, kurz einziehen lassen, lauwarm abwaschen.

*Zähne* werden blendend weiß, wenn man sie ab und zu mit der Schale einer unbehandelten Zitrone abreibt.

## Spraydosen mit Bombenwirkung: FCKW's!

1979 wurden in der Bundesrepublik Deutschland insgesamt 450 Millionen Spraydosen hergestellt. 130 Millionen von ihnen enthielten Haarspray.

Im Englischen heißen die Sprühdosen «aerosol bombs» – eine äußerst treffende Bezeichnung für diese zylindrischen Behälter aus Aluminium, Glas (zum Teil mit Polyvinylchloridüberzug gegen Splittergefahr), Kunststoff, rostfreiem Stahl, Weiß- oder Schwarzblech, die zwischen zweihundert und sechshundert Kubikzentimeter fassen und in der Tat eine Bombenwirkung haben.

Die Sprühdosen enthalten den eigentlichen Wirkstoff, also die Ware. Dazu Lösungsmittel, Zusätze und ein Treibmittel. Die Wirkstoffe reichen von Schlagsahne und künstlichem Schnee bis zu Lacken, Farben, Deos, Insektenvertilgungsmitteln, Haarfestigern, Intimspray und so weiter. Die Liste ist lang.

Als Lösungmittel wird zum Beispiel 1,1,1-Trichloräthan verwendet, das auch im TIPP-Ex steckt. Als Treibmittel wirken zusammengepreßte Gase oder leichtsiedende Flüssigkeiten.

Sobald man auf den Knopf drückt, sprüht das Aerosol aus der Dose, das schwebstoffhaltige Gas. Die schwebenden Teilchen haben je nach dem, ob es sich um Insektenvernichtungsmittel, Farben oder Haarfestiger handelt, einen Durchmesser von 0,1 bis 25 Mikrometer, sie sind zum Teil also äußerst winzig. Sie verteilen sich vorzüglich in der Luft, auf Oberflächen und – in den Atemwegen.

Aus diesem Grunde verbannten wir die Teufelsdinger schon vor Jahren aus unserem Haushalt. Letzten Winter hat sich wieder eines davon eingeschlichen. Der ERI multi SKO Protektor sollte meine neuen Wildlederstiefel «5fach-aktiv» imprägnieren, schützen, pflegen, reinigen und eigenartigerweise auch aktivieren. Eingesprüht habe ich die Stiefel ein einziges Mal, draußen im Garten, schließlich war die Dose nun mal da. Dann hab ich mich nicht mehr getraut.

«Vorsicht! Gesundheitsschäden beim Einatmen möglich», warnt ein Aufkleber an der Verschlußkappe. «Nur im Freien oder bei guter Belüftung anwenden. Nur wenige Sekunden sprühen. Von Kindern fernhalten. Gefahr für Haustiere. Nicht rauchen.» Das sollte eigentlich reichen, um jeden Käufer abzuschrecken.

Warum der Doseninhalt so brisant ist, erfährt der Kunde nicht. Auch hier muß der Inhalt nicht aufgelistet werden. Eine einzige Substanz hat der Hersteller des ERI multi SKO Protektor beim Namen genannt – «mit Fluor» steht dick auf der Dose. Welchen Zweck das Fluor im Schuhspray hat, bleibt ein Geheimnis. Vielleicht ein Hinweis auf perfluorierte Polymere, die einen Schutzfilm auf dem Leder bilden?

«Fluor» kommt vom lateinischen «fluere», fließen, und verdankt diesen Namen seinem Hauptmineral, dem Flußspat. Fluor, wir sind ihm schon im Zusammenhang mit Karies und Zahnpasta begegnet, ist das reaktionsfähigste aller chemischen Elemente. Schon bei normaler Temperatur vereinigt es sich «unter Feuererscheinung» mit den meisten anderen Elementen, Sauerstoff ausgenommen. Fluorsäure greift nahezu alle Stoffe an, selbst Glas, und wird deshalb als Lösungsmittel eingesetzt. Vielleicht ist das bei meinem «Protektor» der Fall.

Andererseits werden Fluoride zur Desinfektion, als Mottenvernichter und als Holzschutzmittel eingesetzt. Meine Stiefel sind allerdings aus

Leder. Die Motten würden sich eher den Magen verderben, und vor Fußpilz kann es, außen aufgesprüht, wohl keinen Schutz bieten.

Es gibt noch eine dritte Möglichkeit. «Mit Fluor» könnte sich auf das Treibmittel beziehen. Auf Fluorchlorkohlenwasserstoffe, die unter dem Namen Frigen im Handel sind.

Die Fluorchlorkohlenwasserstoffe, kurz FCKW oder FKW genannt, werden seit knapp dreißig Jahren als Treibmittel für Sprühdosen eingesetzt. Bekannt sind sie länger.

Aus einer ganzen Reihe von FKWs eignen sich allerdings nur vier für diesen Zweck: Frigen 11 (Monofluortrichlormethan), Frigen 12 (Difluordichlormethan), Frigen 114 (Tetrafluordichloräthan) und Frigen 118 (Octafluorcyclobutan). Wenigstens zwei von ihnen werden eingesetzt, um den Druck zu mindern.

Das wichtigste Treibmittel ist wohl Frigen 12 A, das meist zusammen mit Frigen 11 A verwendet wird. Fluorchlorkohlenwasserstoffe verbergen sich auch hinter den Bezeichnungen Freon, Arcton, Algofrene, Genetron, Heydogen.

Wieviel Treibmittel eine Dose enthält, hängt vom Wirkstoff ab, auf den es dem Kunden eigentlich ankommt. Davon ist manchmal recht wenig drin. Bei Insektenvertilgungsmitteln, Duftstoffen, Raumluftverbesserern, Desodorantien und Desinfektionsmitteln entfallen mindestens achtzig Gewichtsprozent des Doseninhalts auf Treibmittel, höchstens zwanzig Prozent auf die Wirkstoffe.

Lacke, Firnisse, Haarsprays und Hautbehandlungsprodukte, deren Teilchen größer sind und einen Film bilden, liegen bei 40 bis 70 Gewichtsprozent Treibmittel, 30 bis 60 Prozent Wirkstoff. Bei Haartonica, Fleckentfernern, Polier-, Reinigungs- und Schmiermitteln genügt ein Treibmittelanteil von zehn bis dreißig Prozent.

1979 wurden 450 Millionen Spraydosen verkauft. 67 Prozent enthielten Körperpflegemittel und Haarsprays, 18 Prozent Haushaltssprays, 10,5 Prozent Farben, Autosprays und andere technische Sprays, 4 Prozent Pharmazeutika. Insgesamt 300 Millionen dieser Sprühdosen wurden nach Angaben des Umweltbundesamtes mit Fluorchlorkohlenwasserstoffen angetrieben.

Daß FKW, das Frigen, gesundheitlich unbedenklich ist, wie die Hersteller wieder und wieder behauptet haben, stimmt nicht. Im Fachblatt *Pharmazeutische Industrie* stand bereits 1975 zu lesen, daß FKWs ein vorzügliches Desinfektionsmittel sind: «Frigen hat im Gegensatz zum

Stickstoff starke antimikrobielle Eigenschaften, die selbst innerhalb kurzer Kontaktzeiten Mikroorganismen ihre Reproduzierbarkeit verlieren lassen.» Das möchte ich nicht unbedingt tief einatmen.

Auf den Sprühdosen wird vor Fluor gewarnt. Doch mancher Hobbybastler ahnt nicht, daß er mit seinem Leben spielt, wenn er einen alten Kühlschrank ausschlachtet. Frigen dient nämlich auch als Kühlmittel. Wird es frei, dann setzt es den Sauerstoffgehalt in der Atemluft herab. Erstickungsanfälle sind die Folgen, unter Umständen der Tod.

Daß Frigen als «Gefahr aus der Spraydose» bekannt wurde, hat jedoch einen anderen Grund: Die Fluorchlorkohlenwasserstoffe sind außerordentlich stabil.

In der unteren Atmosphäre unserer Erde werden sie nicht abgebaut. Sie steigen weiter empor, durch die Troposphäre in die Stratosphäre. Zwischen beiden, etwa 13 bis 50 Kilometer über der Erde, befindet sich die sogenannte Ozonschicht. Diese Schutzdecke schirmt bestimmte ultraviolette Sonnenstrahlen ab, die das Leben auf der Erde schädigen können.

Ungefähr in 25 Kilometer Höhe treffen die stabilen Fluorchlorkohlenwasserstoffe auf kurzwellige Strahlen, denen sie nicht standhalten, sie werden geknackt. Leider lösen sich chemische Verbindungen nicht einfach in Wohlgefallen auf. In diesem Fall wird unter anderem Chlor frei, das mit dem Ozon aneinandergerät und es zerstört. Der Schutzschild über unseren Häuptern wird gewissermaßen durchlöchert. In immer größeren Mengen gelangen vor allem UV-B-Strahlen ungehindert auf die Erdoberfläche. Das bleibt nicht ohne Folgen.

Wenn wir weiterhin wie bisher jedes Jahr weltweit 600000 Tonnen Fluorchlorkohlenwasserstoffe gen Himmel jagen, damit die Frisur sitzt, Tisch und Fenster mühelos blitzblank werden, dann sind ums Jahr 2000 wahrscheinlich 16 Prozent der schützenden Ozonschicht zerstört.

Was das im einzelnen für alles Leben auf der Erde bedeutet, läßt sich erst in Ansätzen abschätzen. Mit Sicherheit werden immer mehr Menschen und Tiere an Hautkrebs erkranken. Darüber hinaus ist zu befürchten, das wurde auf der Internationalen Konferenz über Fluorchlorkohlenwasserstoffe im Dezember 1978 in München mehrfach angesprochen, daß die schädlichen Strahlen aus dem Weltraum die Ernten beeinträchtigen und Einbußen beim Fischfang verursachen. Schließlich drohen kli matische Veränderungen mit unkalkulierbaren Folgen.

1979 wurden 45 Prozent des verbrauchten FCKW in Sprühdosen abgefüllt, etwa 30000 Tonnen, teilt das Umweltbundesamt mit. Gefahr droht aber auch von jenen 55 Prozent, die in die Verschäumung von Kunststoffen gingen, als Lösemittel bei der Reinigung von Maschinen oder als Kältemittel in Kühl- und Gefriergeräten, in Wärmepumpen und Klimaanlagen, in Häusern wie in Autos, eingesetzt wurden.

Über kurz oder lang geraten auch sie in die Atmosphäre und nagen die Ozonschicht weiter an. Bei der Reinigung von Industrieanlagen entweichen sie sofort, ebenso bei der Herstellung von weichen Kunststoffen. Sobald die FKWs für die winzigen Bläschen in der Schaumstoffmatratze gesorgt haben, schweben sie davon. In hartem Kunststoff, in Styropor etwa, bleiben sie zum Teil etwas länger und dünsten aus, solange die Isolierplatte existiert. Das Frigen aus Klimaanlagen und Kühlschränken wird spätestens bei deren Verschrottung frei.

In Kanada, Norwegen, Schweden und den USA sind Fluorchlorkohlenwasserstoffe für Sprühdosen verboten. Bei uns sind sie es nicht. Die Aerosolfabrikanten haben sich allerdings angesichts der ungemütlichen Aussichten entschlossen, den Einsatz des Frigens freiwillig einzuschränken.

Für den Verbraucher ist die Sache recht einfach: Spraydosen im Laden stehen lassen. Auch angeblich umweltschonende Treibgase können des Teufels sein. Dem Gemisch aus Propan/Butan zum Beispiel ist oft das hochgiftige Methylenchlorid beigemischt, ein Lösungsmittel, das ähnlich wie Chloroform wirkt und auch in manchen Abbeizmittel steckt.

Das Umweltbundesamt hat 1978 zum erstenmal den «Blauen Engel» für FCKW-freie Sprayprodukte vergeben. Die ausgezeichneten Spraydosen tragen die Aufschrift: «Umweltfreundlich – sprüht ohne Fluorchlorkohlenwasserstoffe». Das bedeutet: kein FCKW als Treibgas, keine gesundheits- und umweltgefährdenden Zusätze, kein brennbares Alternativtreibmittel.

Vorsicht ist trotzdem geboten. Der «Blaue Engel» garantiert ausschließlich für die Dose, für das Treibmittel. Über den Wirkstoff sagt das Siegel nichts aus. Haarsprays, Körperpflege- und Desinfektionsmittel, Luftverbesserer, Imprägnierungsflüssigkeiten und dergleichen mehr, die aus einer umweltfreundlichen Dose sprühen, können trotzdem giftig sein.

**Literatur**


«Das häusliche Glück, Vollständiger Haushaltungsunterricht nebst Anleitung zum Kochen für Arbeiterfrauen», Mönchen-Gladbach und Leipzig 1882

«Handbuch für gefährliche Stoffe in Sonderabfällen», Umweltbundesamt, Materialien 5, Berlin 1978

Walter L. H. Moll, «Taschenbuch für Umweltschutz», Darmstadt 1980

Walter Braun, Axel Dönhardt, «Vergiftungsregister», Stuttgart 1982

«Daten und Fakten aus der Körperpflege- und Waschmittelindustrie», Industrieverband Körperpflege- und Waschmittel e. V., Frankfurt/Main 1982

Egmont R. Koch, «Umweltschutz zu Hause», München 1984

«Kosmetika», Arbeitsgemeinschaft der Verbraucher e. V., in: *Verbraucher-Rundschau,* Nr. 3, Bonn 1981

«Chemie im Haushalt», Verein für Umwelt- und Arbeitsschutz e. V., Bremen o. D.

Stephanie Faber, «Das Rezeptbuch für Naturkosmetik», München 1983

«Tierversuche», Loccumer Protokolle, Rehburg-Loccum 1982

Horst Stern, «Tierversuche», Reinbek 1979

«Internationale Konferenz über Fluorchlorkohlenwasserstoffe – 6. bis 8. Dezember 1978 München», 2 Bände, «Konferenzergebnisse» und «Vorträge und Beiträge», Umweltbundesamt Berlin 1978

Römpp/Raaf, «Chemie des Alltags», Stuttgart 1979

Kurt Langbein u. a., ‹*Bittere Pillen*›, Köln 1983

INNE

# Gefährliche Hobbies

**«Die ich rief, die Geister,
werd' ich nun nicht los.»**

**Johann Wolfgang Goethe,
‹*Der Zauberlehrling*›**

## Von der Alchimie zu Farben, Sprengstoff und TCDD

Am Anfang der Chemie stand die Alchimie. Mit Sicherheit experimentierten schon die alten Ägypter mit Metallen. Zu ihren chemischen Versuchen gehörten Zauberformeln, die Verfahren blieben geheim. Ganz so, wie es heute in unserer Chemie, der Industriechemie, üblich ist.

Ausgesprochene Alchimisten waren die Ägypter allerdings nicht, denn ihnen ging es ums materielle Ergebnis. Die Alchimisten dagegen suchten, Seele und Geist mit dem Göttlichen zu vereinen. Wissenschaft allein, schreibt Kurt Seligmann im ‹*Weltreich der Magie*›, genügte nicht zur Meisterschaft. «Wissenschaftliche Erkenntnis war ohne jeglichen Wert, wenn sie nicht eine Läuterung der Seele zur Folge hatte.» Durchaus verständlich also, wenn manch ein Industriechemiker sich dagegen wehrt, als Alchimist bezeichnet zu werden.

Für die Öffentlichkeit blieb die Alchimie ein Buch mit sieben Siegeln, was auch geplant war. Die Alchimisten bildeten eine Art Bruderschaft, der es nicht um weltliche Reichtümer ging. Genau das aber wurde ihnen unterstellt. Als Beweis galten windige Betrüger, die sich als Goldmacher ausgaben, gierige Geldgeber aufs Kreuz legten und verschwanden, ohne ein Gramm Edelmetall zu hinterlassen.

Der Vater von Goethes Faust, ein «dunkler Ehrenmann», war ohne Zweifel kein Alchimist alter Schule, eher ein Chemiker. Faust, oder vielmehr Goethe, schildert den Vater und sein Treiben, draußen vorm Tor der Stadt, gleich nach dem berühmten «Osterspaziergang».

*«Der, in Gesellschaft von Adepten*
*sich in die schwarze Küche schloß*
*und, nach unendlichen Rezepten*
*Das Widrige zusammengoß.*
*Da ward ein roter Leu, ein kühner Freier,*
*Im lauen Bad der Lilie vermählt,*
*und beide dann im offnen Flammenfeuer*
*Aus einem Brautgemach ins andere gequält.*
*Erschien darauf mit bunten Farben*
*Die junge Königin im Glas,*
*Hier war die Arzenei, die Patienten starben,*
*Und niemand fragte: wer genas?»*

Angesichts von Dioxin, Contergan, Formaldehyd oder Asbest, die ich aufs Geratewohl aus der Schreckensliste herausgreife, scheint mir die Arbeit der Chemieindustrie recht trefflich geschildert. Auf Teufel komm raus wird zusammengemischt, was aus anderen Produktionen abfällt, und dann wundert sich alle Welt, wenn Abfall nur Abfall hervorbringt.

Nun, die Herausgeber des fünfbändigen Werkes ‹*Das Buch der Erfindungen, Gewerbe und Industrien*› von 1872, allesamt hochgelehrte Männer, verwahren sich gegen die «ironisirte» Art und Weise, wie Faust den Berufsstand der Chemiker schildert. «Die neue Chemie verwendet ihre Mittel nicht ohne klare Kenntniß von deren Wirkung und weiß den Erfolg derselben im Voraus zu bestimmen. Sie probirt nicht und läßt sich nicht überraschen durch das, was ihr zufällig entgegentritt, sondern sie beabsichtigt ihre Erfolge und erforscht den Charakter ihrer Stoffe, indem sie deren Verhalten unter gewissen genau bekannten Bedingungen und Umständen beobachtet, die hervorzurufen ihr unendlich mannichfaltige Mittel und Wege zu Gebote stehen.»

Das Werk, die «sechste verbesserte (Pracht-)Ausgabe», erschien vor mehr als hundert Jahren. Heute steht fest, daß «die neue Chemie» mitnichten weiß, was sie tut und was bei ihren Experimenten herausbrät. Hinzu kommt, daß sich Neuigkeiten, soweit sie negativer Art sind, offenbar nur langsam in ihren Kreisen herumsprechen.

Das Prachtwerk von 1872 schwärmt zum Beispiel davon, was aus so einem unansehnlichen Stoff wie dem «Theer» für herrliche Dinge entstehen können: «... außerdem noch ändert jener schwarze Gesell seine unliebenswürdige Natur durch Behandlung mit Hitze, Säuren und anderen Reagentien derart, daß er nicht nur den Wohlgeruch des feinsten Bittermandelöles annimmt und dieses in der That als Parfüm in zahllosen Fällen ersetzt, sondern wie ein buntschillerndes Chamäleon tritt er in den wundervollsten Farbenverschiedenheiten auf ... Ja, wir begegnen hier der merkwürdigen Thatsache, daß sich darunter ein Körper befindet, die Pikrinsäure, eine gelbe, vorzüglich für die Seidenfärberei werthvolle Substanz, welche früher lediglich aus dem kostbaren Indigo dargestellt werden konnte und die uns einen überraschenden Einblick gewährt in die verwandtschaftlichen Beziehungen zwischen so verschiedenen Körpern ...»

Einen wahrhaft überraschenden Einblick in Charakter und Wirkung der Pikrinsäure bekam, vor Erscheinen des Werkes, der Chemiker

Sprengel. 1869 war in Paris ein ganzer Häuserblock aus unerklärlichen Gründen in die Luft geflogen. Sprengel entdeckte, daß jene «werthvolle Substanz», die Pikrinsäure, schuld daran war. Pikrinsäure, auch Trinitrophenol genannt, ist nicht nur giftig, sondern auch explosiv. Der Sprengstoff zündete in der Seidenfärberei im Erdgeschoß und legte das Haus samt Nachbarschaft in Schutt und Asche. Trotz ihrer Giftigkeit wird Pikrinsäure immer noch als antiseptisches, als desinfizierendes Mittel eingesetzt, sie dient darüber hinaus zum Nachweis von Eiweiß im Harn.

Auch die Wirkung des TCDD im Entlaubungsmittel Agent Orange war nicht erst seit 1970 bekannt, wie die Hersteller beteuerten. «Nachdem 20000 Vietnam-Veteranen mit ihren Angehörigen wegen erlittener Schäden gegen die Dow Chemical Co. und andere Hersteller von Entlaubungsmittel klagten, ergab sich vor Gericht, daß die Firma, entgegen früherer Aussage, bereits 1964/65 sehr wohl wußte, daß die Vergiftung durch TCDD ausgelöst wurde.» Wilhelm Sandermann, Chemischer Direktor des Instituts für Holztechnologie der Universität Hamburg und Direktor an der Bundesforschungsanstalt für Forst- und Holzwirtschaft, ebenfalls in Hamburg, hat bereits 1956, vor Dr. Sorge von der Firma C. H. Boehringer, das 2,3,7,8-Tetrachlordibenzo-p-dioxin, das Seveso-Gift, entdeckt. Das Bundesministerium für Ernährung, Landwirtschaft und Forsten, die vorgesetzte Dienststelle, verbot sofort jede weitere Arbeit mit halogenierten Dioxinen, untersagte gleichzeitig die Veröffentlichung der ungewöhnlichen Giftwirkung dieser Substanz. Als Begründung des Verbots nannte das Ministerium die Befürchtung, «daß das billig herzustellende TCDD von militärischer Seite als Kampfstoff eingesetzt werden könne». Ab 1962 wurde TCDD eingesetzt. Von den Amerikanern im Vietnamkrieg als Bestandteil des Entlaubungsmittels Agent Orange. Hierzulande haben wir es freiwillig in unsere Häuser, über Gärten und Felder gesprüht, als Inhaltsstoff von Unkraut- und Insektenvernichtungsmitteln, von Holzschutzpräparaten.

Professor Sandermann, heute fünfundsiebzig Jahre alt, kennt die Gefahren des TCDD sehr genau. Und doch warnt er vor synthetischen Substanzen, die noch giftiger sind. TCDD dürfte zum Beispiel «von bromierten Bicyclopentadien übertroffen werden; denn von drei Chemikern, die mit der Bromierung befaßt waren, starben zwei danach an einer Erkrankung der Atemorgane, während der dritte mit einer allergischen Hauterkrankung davonkam».

## Pentachlorphenol und Dioxine in Holzschutzmitteln und anderswo

Wie leichtfertig und verantwortungslos Chemikalien in Umlauf gesetzt werden, beweisen all die Vergiftungen durch Holzschutzmittel, die Pentachlor enthalten. Weltweit haben Zigtausende Männer, Frauen und Kinder ohne ihr Wissen als Versuchskaninchen gedient.

Helga Zapke wohnte mit ihrer Familie jahrelang in einem Haus, dessen Innenhölzer mit 150 Litern Chemikalien «geschützt» wurden. Hier ein Auszug aus ihrem Tagebuch, das sie im *Umweltmagazin* veröffentlichte.

«Wie in Trance durchlief ich die Jahreszeiten, ohne richtig aus mir herauszuschauen ... Mein Körper machte mit mir, was er wollte, die Haut verfärbte sich, war blau-rot marmoriert. Es sah so aus, als ob mein Blut unter der Haut verrieselte. Die Zunge lag dick und belegt im trokkenen, brennenden Mund. Manchmal wurde mir, von innen heraus, plötzlich kalt. Diese Kälte, auch für andere fühlbar, breitete sich über den ganzen Körper aus, Gliedmaßen und Gesicht waren ohne Gefühl, wie gefroren, gelähmt. Fließend verlor mein Körper an Kraft und Leben. Ich habe oft Todesangst gehabt ...»

Der behandelnde Arzt hielt sie für hysterisch und wollte sie in eine Landesheilanstalt überweisen. Sechs Jahre hat die Familie gelitten. Heute wissen es alle: Pentachlorphenol macht krank.

«Was soll jetzt geschehen? Wie werden wir wieder gesund? Volker – meinem Mann – ist morgens übel bis zum Erbrechen; Olivers Furunkel

**Pentachlorphenol**

PCP ist ein starkes Gift aus der Gruppe der chlorierten Phenole. Bei pflanzlichen Zellen wurde eine mutagene, das Erbgut verändernde Wirkung nachgewiesen. Für Mensch und Tier bringt es Leberzirrhose, Knochenmarkschwund, Nervenschädigungen. Das Schädlingsbekämpfungsmittel kann in einschlägigen Produkten in Konzentrationen bis zu acht Prozent enthalten sein, hinzu kommen meist noch bis zu zwei Prozent Lindan.

haben einer üblen Gehörgang-Vereiterung Platz gemacht; Peer kommt immer öfter mit heftigen Kopfschmerzen und einer bleiernen Müdigkeit aus der Schule zurück; Yvette schmerzt der ganze Körper, und sie hat Fieberanfälle – ohne sichtliche Erkrankungen – bis zu vierzig Grad. Jini hat immer noch Bauchschmerzen und klagt über Schmerzen in den Gelenken, ist manchmal müde bis apathisch und leidet unter Depressionen.»

Xylamon, so dementierte die Desowag-Bayer Holzschutz GmbH, enthält kein PCP, nur Lindan, was schlimm genug ist. Demnach müssen sie ihre Rezeptur geändert haben. Das Bremer Umwelt-Institut nämlich nennt in seiner Veröffentlichung ‹*Gift im Holz*› vom November 1983 fünfzehn Xylamon-Produkte. Sieben davon enthielten bis zu sieben Prozent PCP. Bei heute hergestellten Holzschutzmitteln muß der Gehalt an PCP und Lindan auf der Packung angegeben sein. Praktisch werden deshalb kaum noch PCP-haltige Mittel angeboten. Falls Sie noch ältere Packungen im Hause haben, sollten Sie diese sofort zu einer kommunalen Sammelstelle für Sondermüll bringen oder postwendend an die Herstellerfirma zurückschicken.

PCP steckte auch in einem anderen Desowag-Produkt, im Sadolin PX 65. Doch nicht nur das. Es enthielt ebenfalls Spuren von chlorierten Dioxinen und Dibenzofurane – so fanden Wissenschaftler vom Institut für Ökologische Chemie in Atting bei München heraus.

Nur kurze Zeit aufrechterhalten konnte die Firma Dynamit Nobel in Rheinfelden, die jahrelang Boehringer-Abfälle aus der Lindan-Produk-

tion bezog, das Dementi, ihr PCP sei keinesfalls mit Dioxinen verunreinigt. Die Landesregierung Baden-Württemberg hakte nach und beauftragte die NATEC, ein Labor der Firma Unilever, mit entsprechenden Untersuchungen. Zwischen 0,5 und einem Promille PCDFs und PCDDs waren drin.

PCP ist zum Beispiel in Witophen P (Jahresproduktion etwa 3500 t) und Witophen N enthalten, die weitgehend in Entwicklungsländer gehen. (*Spiegel* Nr. 22, 28. 5. 1984). «Der Pilzkiller ‹Witophen P› ist je Kilo mit 300 Milligramm Dioxinen und 500 Milligramm der annähernd so giftigen Furane verunreinigt, das macht pro anno bis zu 2,8 Tonnen. Diese ‹hochtoxischen Stoffe›, das gab das Stuttgarter Umweltministerium jetzt zu, sind ‹mit dem in Seveso aufgetretenen 2,3,7,8-TCDD vergleichbar›. Schon wenige Milliardstel Gramm Dioxine und Furane können Menschen krank machen.»

Ab 1986 will Dynamit Nobel im südbadischen Rheinfelden die Produktion von PCP einstellen. Dreizehn Jahre lang hat das Werk giftgesättigtes Holzschutzmittel produziert, gefährliche Stoffe über Land und Leute verteilt. Nach eigenen Angaben wurden 320 Tonnen Rückstände aus der PCP-Fabrikation auf der Deponie Rhein-

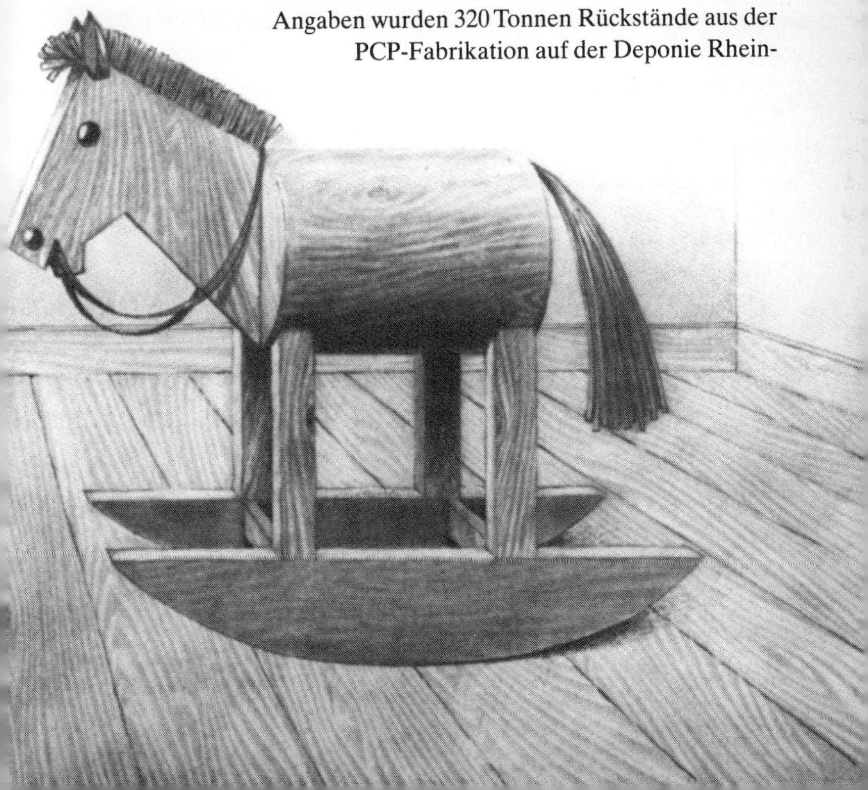

felden-Karsau gelagert (*Frankfurter Rundschau* vom 31. August 1984), erst seit neuestem müssen die Abfälle im Salzstock von Herfa-Neurode bei Kassel abgeliefert werden.

Auch wenn Ihnen, ebenso wie mir, von all den TCDDs, PCDDs und PCDFs schon der Kopf schwirrt, so möchte ich doch noch die Liste des schwedischen Dioxin-Fachmanns Christoffer Rappe erwähnen. Nach seinen Analysen enthält ein Kilogramm Holzschutzmittel auf Pentachlorphenol-Basis zwangsläufig folgende Verunreinigungen:

- chlorierte Dioxine 1–2000 ppm
- chlorierte Diphenyläther 100–1000 ppm
- chlorierte Dibenzofurane 50–200 ppm
- chlorierte Phenoxyphenole (Prädioxine) ca. 10000 ppm

Prädioxine verwandeln sich durch Hitze oder Sonnenlicht in Dioxine.

Diese Tatsachen sind spätestens seit 1980 amtlich und öffentlich bekannt. Damals erschien beim Umweltbundesamt eine verbesserte Neuauflage der Broschüre *‹Was Sie schon immer über Umweltchemikalien wissen wollten›*. Unter dem Stichwort «Pentachlorphenol» wird jene «Geflügelseuche» erwähnt, an der in Amerika ganze Hühnerbatterien eingingen. Schuld waren PCP-haltige Abfallfette, die ins Futter gerieten. PCP, das Windeln und Babywäsche desinfizieren sollte, drang durch die Haut der Kinder ein. Einige starben, andere trugen schwere Schäden davon. «Eine weitere Gesundheitsgefährdung», so das Umweltbundesamt 1980, «kann von dem im handelsüblichen Pentachlorphenol als Verunreinigung in geringen Konzentrationen enthaltenen TCDD ausgehen.»

Wie gering die Konzentration auch sein mag – für Dioxin gilt nicht die alte Faustregel des Paracelsus, daß erst die Dosis das Gift macht. Dioxin ist in jeder Konzentration gefährlich.

PCP wird als Bestandteil von Unkraut-Vernichtungsmitteln noch immer über Zuckerrohr- und Ananasplantagen versprüht. Das Gift wurde Anfang 1984 auch in Holzkisten gefunden, in denen spanische Zitrusfrüchte verpackt waren. In Schwimmbädern verhindert es das Wachstum von Algen. In seiner Funktion als Bakterien- und Pilztöter wird es unter anderem bei der Herstellung von Gummi, Leder und Papier eingesetzt. PCP schützt Zelte und Feuerwehrschläuche vorm Verschimmeln; es verhindert, kaum zu fassen, daß sich in Matratzen, im Futter Ihrer Winterstiefel, in Socken und Strümpfen Pilze oder Bakterien einnisten!

PCP in Socken und Matratzen, in Zelten, im Gebälk und in der Luft, da konnte es nicht ausbleiben, daß es auch in den Menschen geriet.

Nachgewiesen wurde es bisher im Urin, im Plasma, im Fettgewebe, in Eierstöcken und der Muttermilch, in Hoden und Sperma.

Verbraucher, denen das Pentachlorphenol die Gesundheit ruinierte, haben sich zusammengeschlossen. Adresse: Interessen-Gemein. der Holzschutzmittel-Geschädigten e. V., Unterstaat 14, 5250 Engelskirchen.

## Tips

Wenn die Untersuchungen von Luft, Hausstaub und Urin beweisen, daß Ihre Wohnräume durch Pentachlorphenol so stark verseucht sind, daß Ihre Gesundheit gefährdet ist, hilft nur eins: Sie müssen die Schadstoffquellen entfernen, das behandelte Holz herausreißen.

Wenn die Belastung durch Pentachlorphenol unterhalb der Gefährdungsgrenze liegt (oder auch als Übergangsmaßnahme), können Sie, so rät das Bremer Umwelt-Institut, durch «gezieltes Wohnverhalten» einige Erleichterungen schaffen. Eine Patentlösung, darauf weisen die Bremer nachdrücklich hin, sind die folgenden Ratschläge nicht.

* Zimmer mit behandelten Hölzern weniger nutzen
* Raumluft feucht halten (z. B. mit Zimmerpflanzen), damit das Pentachlorphenol nicht verstärkt mit der Feuchtigkeit aus dem Holz ausgast
* Raumtemperatur senken, für gute Durchlüftung sorgen
* bei Wochenendhäusern und -wohnungen, die länger verschlossen standen: nach der Ankunft kräftig aufheizen, lüften, während dieser Zeit die Räume nicht benutzen
* Luftstaub reichert PCP stark an. Daher häufig Staub wischen mit feuchtem Lappen, öfter saugen
* Lebensmittel, die länger in behandelten Räumen stehen, reichern Pentachlorphenol an. Daher Lebensmittel nicht offen stehen lassen, möglichst in unbehandelten Räumen lagern

# Abbeizmittel, Lösungsmittel, Tipp-Ex und das neue Durchschlagpapier

Die Axt im Haus erspart den Zimmermann, der ohnehin nicht kommt oder, wenn er's tut, sich seine Arbeit in Gold aufwiegen läßt. Doch selbst wenn man eine Menge Geld hinblättert, ist noch keine Qualität gewährleistet. Das zeigte sich an dem «Jugendzimmer», das die Großmutter unserer Tochter spendierte.

Die Schiebetüren des Schrankes brachen nach wenigen Wochen aus den Schienen, der Sekretär klappte beim Umräumen in eine andere Ecke wie eine Faltschachtel zusammen. Die beiden Regale waren nicht für Bücher bestimmt, gerade, daß sie ein paar Stofftiere trugen, ohne sich zu biegen. Als letztes Möbel knickte das Bett zusammen, unter der Fichtenholzfolie erschienen die Preßholzplatten, porös wie Sägespäne. Von Formaldehyd redete damals noch keiner.

Mein Mann nahm das Debakel gelassen, wenn nicht gar mit einer gewissen Befriedigung hin. Solange ein Vorrat von glatt gehobelten Fichtenbrettern und ein Stapel Dachlatten im Schuppen lagern, können ihn derlei Unglücksfälle nicht erschüttern. Er verweist in solchen Momenten auf «die Evolution seines Regales», nicht ohne Stolz, und das mit Recht. Sein erstes Eigenregal bestand aus leeren Weinflaschen, auf denen die Bretter lagen. Beim nächsten ersetzten Steine die Flaschen, das Gewicht der Bücher brachte die Stabilität. Dann kamen ich und meine Bücherkisten dazu und meine ständige Sorge «wenn das nun umkippt».

Aus Geldmangel kauften wir damals Spanplatten, die er der Einfachheit halber nagelte. Schon bald waren ihm die klobigen Dinger ein Dorn im Auge. Er fand eine billige Quelle für Fichtenholzbretter, vom Meter. Von nun an wurde geschraubt und geleimt. Im Augenblick befindet er sich im Stadium des Dübelns. «Behandelt» haben wir das Holz zum Glück nie. Das heißt, zwei, drei Regale hab ich mit Leinöl gestrichen, das war aber auch alles.

Mein Mann gehört zu jenen dreizehn Millionen Bundesbürgern, die sich laut Umfrage mit Do-it-yourself beschäftigen. Was mich wundert ist, daß ein Vier-Personen-Haushalt, allerdings mit einem Jahreseinkommen von sechzigtausend Mark, pro Jahr allein 450 Mark für Handwerkszeug ausgeben soll. Die Leute müssen ja regelrechte Werkstätten einrichten! Meine Schusterausrüstung samt Dreifuß, Werkzeug, Sohlen, Absätzen und Nägeln kostete knappe hundert Mark, und die sind schnell zurückverdient ...

Beim Bau von Regalen oder dem Nageln von Absätzen kann an sich nicht viel passieren. Höchstens, daß man sich auf den Daumen haut. Gefährlich wird es, wenn man statt der Körperkräfte und einiger Ausdauer Chemikalien arbeiten läßt. Indem man zum Beispiel alter Farbe auf Fenstern und Stühlen oder Schränken mit Abbeizmitteln zu Leibe geht. Außer Natronlauge enthalten die meisten Abbeizen Methylenchlorid. Seine Wirkung auf den Menschen gleicht der des Chloroforms, das früher als Narkosemittel verwendet wurde, jedoch noch andere Nebenwirkungen hervorbrachte. Schwindel, Kopfschmerz, Müdigkeit stellen sich ein, wenn man längere Zeit Methylendämpfe eingeatmet hat. Falls der Heimwerker raucht, kann ihm jedoch Schlimmeres passieren. An der Glut seines Pfeifleins oder seiner Zigarette zersetzen sich die Dämpfe, das Giftgas Phosgen entsteht. Es wurde im Ersten Weltkrieg als Kampfstoff eingesetzt. Phosgen wirkt innerhalb der Lunge und der Lungenbläschen auf die Wände der Luftröhrenäste und erzeugt Lungenödeme, eine krankhafte Ansammlung von Wasser.

Damit wären wir bei den Lösemitteln angelangt. Sie tun genau das, was ihr Name besagt – sie lösen Stoffe, zum Beispiel Fette und Öle, ohne daß dabei etwas Neues entsteht. Mit anderen Worten: bis aufs Lösen passiert gar nichts. Daher eignen sie sich hervorragend zur Reinigung von Maschinen. Lösungsmittel verdünnen aber auch Kunstharzlacke und allerlei andere Anstrichmittel sowie Pinselreiniger. Manch ein Produkt besteht zur Hälfte aus Xylol oder Toluol, die ebenso wie Trichlor- oder Perchloräthylen zu den «gefährlichen Stoffen» zählen.

Benzol ist inzwischen als Verdünner und Reinigungsmittel verboten. Im Autobenzin sind allerdings an

die fünf Prozent enthalten. Die werden mit den Auspuffgasen Fußgängern und Radfahrern in die Nase geblasen, immerhin dann und wann durch ein frisches Lüftchen verdünnt. Den Autofahrer trifft es, vor allem im Stadtverkehr und im Stau, wesentlich härter. Er schluckt am meisten von diesen Giftschwaden, denn die Lüftung saugt sie aus dem Auspuffrohr des Vordermanns direkt in sein Vehikel.

Lösungsmittel dünsten auch aus Uhu, Pattex und Tip-Top-Kleber. Daß sie lebensgefährlich werden können, ist bekannt. Dennoch hapert es mit der Kennzeichnungspflicht, an ein Verbot ist nicht zu denken.

Tipp-Ex manuScript Fluid ist eine Art flüssiges Radiergummi. Es sollte Abc-Schützen den Frust bei den ersten Schreibversuchen ersparen. Statt dessen wurde ihnen übel. Flüssige Tipp-Ex-Produkte, mit denen Fehler übertüncht werden, enthalten, egal, ob für Schüler oder Sekretärinnen, den chlorierten Kohlenwasserstoff 1,1,1-Trichloräthan – so *Die Zeit* vom 3. Februar 1984 –, und der fällt laut Chemikaliengesetz unter «gesundheitsschädliche Lösungen», muß entsprechend gekennzeichnet sein: «Nicht einnehmen oder einatmen. Vor Kindern sichern.» Genau das steht auf dem Büroprodukt. Bei der Schreibhilfe für Schüler, so der Geschäftsleiter der Firma zur *Zeit*, «haben wir während der letzten anderthalb Jahre die Aufschrift leider vergessen». Und weil die einschlägigen Gesetze in Bund und Ländern keine einheitlichen Richtlinien festlegen, kam die Firma ungeschoren davon.

Das 1,1,1-Trichloräthan in Kleber und Filzstiften, auch Methylchloroform genannt, ist eine «Schnüffelflüssigkeit», ebenso wie das Toluol. Beider Dämpfe wirken auf das Nervensystem, rufen Rausch- oder Erregungszustände hervor, verursachen bleibende Schäden (*‹Handbuch für gefährliche Stoffe›*, 1978).

Toluol zum Beispiel sammelt sich, weil es so gut fettlöslich ist, vor allem im Hirn, in den Nebennieren, im Knochenmark und in der Leber. Dazu das Umweltbundesamt: «Begleiterscheinungen einer akuten Vergiftung sind mehr oder weniger ausgeprägte Störungen des zentralen und vegetativen Nervensystems, die sich in Erregungs- oder Rauschzuständen, Benommenheit, Schwindel, Kopfschmerzen, allgemeiner Schwäche, Koordinations- und Gleichgewichtsstörungen, Krämpfen und Bewußtlosigkeit äußern. Große Nervosität, Schlaflosigkeit und muskuläre Ermüdung bestehen unter Umständen noch mehrere Tage nach der Exposition ...»

## Tri, Per und Tetra, Lacke und Farben

Wenn Sie wieder mal einen Packen Pullover, Röcke und Hosen in die chemische Reinigung tragen, sollten Sie an Per und Tri denken. Diese beiden Lösemittel zählen zu den sogenannten Organohalogenen. Das ist in der Chemie der Oberbegriff für organische Verbindungen des Chlors (chlorierte Kohlenwasserstoffe), des Fluors (Fluorkohlenwasserstoffe), des Broms und des Jods. Tri und Per werden in der Industrie in großen Mengen (60 Prozent der Produktion) zum Reinigen der Maschinen und als Hilfsmittel für bestimmte chemische Prozesse eingesetzt. Etwa ein Drittel aber verbraucht die chemische Reinigung, etwa acht Prozent entfallen auf Privathaushalte. Perchlor- und Trichloräthylen stecken im Fleckenwasser, in Reinigungs- und Desinfektionsmitteln, und sie sind längst nicht so lustig wie ihr Name klingt.

Die Dämpfe von Per und Tri zersetzen sich, wie das Methylenchlorid, an heißen Flächen ab 150 Grad, an Glut oder offener Flamme zum Kampfstoff Phosgen.

Tri wurde früher als Narkosemittel benutzt. Es übt eine stark depressorische Wirkung auf das Zentralnervensystem aus. Wiederholte Einwirkung führt zu Gewöhnung und psychischer Abhängigkeit. Per kann bei chronischer Vergiftung Nervenstörungen, Leber- und Nierenschäden verursachen, die sich oft erst Jahre später bemerkbar machen. Obendrein schädigen beide die Gewässer. Ein Großteil verdunstet zwar schon in der Kanalisation. Das, was übrigbleibt, wird aber im Wasser äußerst langsam abgebaut. Tri und Per belasten die Nahrungsketten, sie erschweren oder gefährden die Trinkwassergewinnung. Im Tierversuch erzeugten sie Krebs. Sie verursachen Zeugungsunfähigkeit und Erbschäden.

Wer am Arbeitsplatz mit diesen halogenierten Kohlenwasserstoffen umgehen muß, sei's bei der Entfettung von Metallen oder Textilien, bei der Verdünnung von Lacken und Klebern, ist durch die Dämpfe gefährdet. Regelmäßige Kontrolle der Luft ist gesetzlich vorgeschrieben, ebenso die ständige ärztliche Überwachung von Personen, die Tri- und Per-Dämpfen ausgesetzt sind. Mit diesen Lösungsmitteln ist nicht zu spaßen.

Dementsprechend ernst ist gegenwärtig die Lage im «Silicon Valley», einem Zentrum der Mikroelektronik-Technologie südlich von San Francisco, Kalifornien. 29 Trinkwasserquellen, das ergaben Grundwasseruntersuchungen im Bezirk Santa Clara County, sind mit Trichloräthylen verseucht. Im Silicon Valley reinigt man, wie anderswo auch, elektronische Anlagen und Präzisionsinstrumente mit Tri, desgleichen die Computerchips, die dort hergestellt werden und die der Menschheit ohnehin keinen Segen bringen. Allem Anschein nach rosteten die Fässer mit den Supersäuberern durch, das Gift sickerte in die Erde und ins Grundwasser.

Ein Vertreter der staatlichen Wasserbehörde bezeichnete die Lage als «äußerst ernst». Die Umweltschützer sprechen von einer «genetischen Zeitbombe», die im Silicon Valley ticke. Es wäre nicht das erste Mal, daß in den Vereinigten Staaten Menschen ihren Heimatort räumen müssen, weil sie auf verseuchter Erde wohnen.

Lösungsmittel machen jedoch nicht nur Kunstharze flüssig, einige von ihnen haben recht seltsame Eigenschaften. So hat man in Kalifornien jahrelang Äthylenchlorhydrin eingesetzt, «um bei frisch geernteten Kartoffeln die Keimpause zu unterbrechen, damit sie sofort wieder als Saatgut ausgebracht werden konnten». Ähnliches geschah mit Tetra, dessen Dünste relativ schnell zu Bewußtlosigkeit und Tod durch Lähmung des Nervensystems führen. Es wird in der Landwirtschaft «noch immer eingesetzt als Vergasungsmittel für Getreideschädlinge, zur Entwesung des Ackerbodens und als Lösemittel für natürliche und synthetische Schädlingsbekämpfungsmittel». Da rede noch einer vom gesunden Landleben!

Es sollte dem Verbraucher zu denken geben, wenn dieselben Dämpfe von 1,2-Dibromäthan, die auf Zitrusplantagen und Baumwollfeldern als Begasungsmittel eingesetzt werden und Fadenwürmer im Boden töten, auch dem Lack entströmen, mit dem er seiner Küche ein neues Gesicht verpaßt.

Das Wort «Lack» kommt aus dem Indischen. Man versteht darunter «in Binde- oder Lösungsmittel gelöste Lackstoffe, die nach Auftragen und Verdunsten des Lösungsmittels erhärten und ein feines, dichtes, meist glänzendes Häutchen bilden, das die lackierte Fläche verschönt und schützt».

Was auf dem frischlackierten Fensterrahmen sitzen bleibt, sind die unlöslichen Pigmente. Falls die Farbe weiß ist, handelt es sich im allgemeinen um das Universalpigment Titanweiß, das synthetisch hergestellt wurde. Keine Bange, Ihrer Gesundheit schadet es nicht. Es ist ungiftig. Die Schadstoffe, die bei der Produktion des Weißmachers anfallen, sind längst den Bach hinunter, haben den Fischen Blumenkohlgeschwüre verpaßt und ihre Brut getötet. Der Abfall aus der Titandioxidherstellung enthält nämlich Eisensulfat (Grünsalz), Schwefelsäure, Blei, Cadmium, Quecksilber und anderes mehr, nebst achtzig Prozent Wasser. Es ist die berüchtigte Dünnsäure, die noch immer in die Nordsee gespült wird.

Wer sichergehen will, daß seine Lackfarben weder Schwermetalle noch giftige Lösungsmittel enthalten, wer vermeiden will, daß Epoxidharze ihm Allergien oder gar Krebs bescheren, der braucht sich zum Glück nicht mehr in ein Chemiestudium zu stürzen. Das Umweltbundesamt hat Anstrichmittel, die weniger gesundheitsschädlich und in ihren ökologischen Auswirkungen weniger bedenklich sind, mit dem blauen Umweltengel ausgezeichnet.

## Der Körper wehrt sich, auch gegen Asbest

Kopfschmerzen, Übelkeit, Erbrechen, Nervosität, Mattigkeit, Hautausschlag – diese Handvoll Symptome tauchen immer wieder auf, wenn der Mensch mit gefährlichen Stoffen in Berührung kommt. Es beginnt mit alltäglichen Beschwerden. Es endet immer häufiger mit Krebs. Die wuchernden Zellen sind, so scheint es mir, der letzte verzweifelte Versuch des Körpers, jener Substanzen Herr zu werden, die in der Natur meist nicht vorkommen, gegen die er machtlos ist. Nicht der Krebs ist die Krankheit, sondern das Endstadium einer Verseuchung, die vorher stattgefunden hat.

Dem Körper bleibt bei diesem Kampf ums Leben, den er gegen unbekannte Feinde führt, nur ein einziges Mittel: Er produziert Zellen im Übermaß. Zellen, die eigentlich ja Leben bedeuten. Genauso wehren sich die Bäume, wenn ihre Widerstandskraft erschöpft ist. Ihre «Angsttriebe» – wie zutreffend der Name ist –, das Übermaß an Samen sind der verzweifelte Versuch zu überleben.

Krebs ist die Reaktion des Körpers auf eine tödliche Schädigung durch PCP, HCH, TCDD und wie sie alle heißen, die Chemikalien, die wir selbst geschaffen haben, oder Stoffe, wie der Asbest, die ohne Technik und Industrie niemals in diesen Mengen in den Lebensbereich des Menschen geraten wären.

Die Gifte sind weltweit verteilt. Heute kann kein Wissenschaftler mit Sicherheit sagen, ob der kritische Punkt überschritten ist. Nie zuvor hat die Erde, die Natur, das Leben, vor einer so tödlichen Herausforderung gestanden, denn die Gegner sind von anderer, von synthetischer Art. Ich will mich nicht in Mythologien von der Mutter Erde oder dergleichen flüchten. Doch bevor wir weiter fortschreiten, sollten wir eine Atempause einlegen. Nachdenken, wohin wir eigentlich «fortschreiten» wollen. Doch allesamt zum Leben, oder?

Daß es nicht an den Retorten liegt, daß Verderben aus ihnen quillt, beweist das Debakel mit dem Asbest. Der war ursprünglich etwas ganz Besonderes, eine Kostbarkeit. Dann wurde die Kostbarkeit zur Alltäglichkeit, und nun haben wir den Schlamassel.

Asbest ist ein Naturprodukt. Laut *‹Meyer's Konversations-Lexikon›* von 1887 handelt es sich um «Mineralien, welche dick- oder feinfaserige, elastisch biegsame Aggregate von weißlicher, grünlicher oder bräunlicher Farbe darstellen, seiden- oder wachsartigen Glanz zeigen, oft auch matt, teils fettig, teils mager anzufühlen sind und zu Hornblende, Augit, Glimmer und Serpentin in enger genetischer Beziehung stehen. Sie finden sich daher auch meist in Gesellschaft dieser Mineralien, welche bisweilen so allmählich in Asbest übergehen, daß eine bestimmte Grenze nicht anzugeben ist. Die Zusammensetzung des Asbestes ist schwankend, immer aber enthält er Wasser.»

Daß Asbest dem Feuer widersteht, wußten schon die Alten. Der griechische Geschichtsschreiber Pausanias schilderte im zweiten Jahrhundert nach Christus die Ewige Lampe im Erechtheion auf der Akropolis zu Athen. Mehr als fünfhundert Jahre früher hatte der Bildhauer Kallimachos das Wunderwerk aus Gold geschaffen. Das Öl mußte nur dreimal im Jahr nachgefüllt werden, die Dochte waren aus «karpasischem Steinflachs», einer Art Asbest, die von der Insel Kypros stammte.

Im Jahre 79 nach Christi Geburt kam der römische Wissenschaftler Plinius beim Ausbruch des Vesuvs ums Leben. In seiner *‹Naturgeschichte›*, die zwei Jahre vor seinem Tode fertig wurde, erwähnt er Tischtücher aus unbrennbarem Steinflachs. Mit ihnen brauchte sich keine Wäscherin zu plagen, die Fettflecken schwanden, sobald man das Gewebe im Feuer ausglühte.

Zu Zeiten hüllte man die Toten in Laken aus Asbest, bevor man sie einäscherte, so konnte man die Überreste der Verstorbenen getrennt von der Holzasche einsammeln. F. M. Feldhaus vermerkt in seinem *‹Le-*

*xikon der Technik›* um 1914, daß in Italien noch drei Asbestgewebe aufbewahrt wurden. «Eines in der Gallerie Barberini, das 1633 in Puzzuolo gefunden wurde; ein 1702 vor der Porta major zu Rom gefundenes und in der Bibliothek des Vatikans aufgestelltes Leichentuch, das 1½ Meter breit und 2 Meter lang, in einem marmornen Sarge die Gebeine eines Menschen umschloß, und ein drittes im Museo Borbonico zu Neapel, das aus Vasto in den Abruzzen stammt.»

Aus dem Jahre 1678 ist der Vorschlag überliefert, Asbestdochte für Petroleumlampen zu verwenden. Vielleicht hat der Erfinder im Pausanias gelesen. Ab 1691 kam das Spinnen von Asbest wieder in Mode. Dazu mein Lexikon:

«In neuerer Zeit ließ man gereinigten langfaserigen Amiant mit Flachs zugleich verspinnen, das Gespinst verweben und das Gewebe dann über Kohlen ausglühen, wodurch der Flachsfaden zerstört wurde, das unverbrennliche Amiantgewebe aber zurückblieb.

In Como fertigte man mittelfeine Spitzen aus Amiant. In Sibirien trägt man aus Asbestgarn gestrickte Handschuhe, in den Pyrenäen Mützen von demselben Stoff. Asbestpapier hat die Eigenschaft, daß es mehr als einmal beschrieben und von der Aufschrift immer wieder gereinigt werden kann ...

Ein vortrefflicher kanadischer Asbest (Bostonit, Kanadafaser) wird zu Seilen, Tüchern und Filzplatten verarbeitet. Letztere und die Seile dienen zur Abdichtung von Flächen, Flantschen, Mannlöchern, Stopfbüchsen etc., die Platten auch zum Filtrieren von Säuren, als Ersatz der Sandbäder etc. ...»

Asbest war also kein Wunderwerk mehr, sondern ein Werkstoff, und er wurde gefährlich. Davon ist in den Büchern nichts zu finden, denn wer sich vom Spinnen und Weben ernähren mußte, sei es in Heimarbeit, sei es in den neuen Fabriken, war arm. In manchen Gegenden mußten auch die Gefängnisinsassen spinnen.

Daß arme Leute nicht so lange lebten wie reiche, war halt eine Tatsache, über die Ursachen zerbrach sich von denen, die lesen und schreiben konnten, kaum einer den Kopf. Selbst wenn die Spinner und Weber wußten, daß ihnen der «Steinflachs» die Gesundheit raubte, so wurde darüber doch kein Buch verfaßt.

Amiant, das heißt soviel wie «unbefleckt», war früher der Bergflachs oder Federweiß. Chrysotil, der «Schillernde Asbest», heute Weißasbest genannt, deckt mittlerweile sechsundneunzig Prozent des Marktanteils.

Diese Sorte kommt aus Kanada, Sibirien, Rhodesien und dem Ural. Von Bergkork oder Bergleder und Holzasbest oder Bergholz ist gegenwärtig nicht mehr die Rede. Die restlichen Marktanteile bestreiten Krokydolit oder Blauasbest aus Kapland (drei Prozent) und Amosit aus Transvaal (ein Prozent). Um 1885 kamen etwa neun Zehntel des auf dem europäischen Kontinent verwendeten Asbests aus Mantern in der Steiermark.

1976 wurden weltweit mehr als fünf Millionen Tonnen Asbest verarbeitet, die Bundesrepublik führte jährlich mehr als 180000 Tonnen ein. An die dreitausend Verwendungszwecke sind bekannt, vorwiegend sind es Erzeugnisse aus Asbestzement und Materialien zur Isolierung gegen Feuer, Hitze, Säure und Schall. Asbest steckt in Bremsbelägen, Straßendecken und Fußbodenbelag, in Standardplatten für Wände und Decken, in Wellplatten für Dächer, in Formstücken, Rohren und Leichtbauplatten für Brandschutzwände.

Mit Asbest ließ sich gut arbeiten. Die Arbeiter nahmen es hin, daß sie unter Umständen Asbestose bekamen, eine Lungenerkrankung. Sie wurde immerhin als Berufskrankheit anerkannt. Seit mindestens dreißig Jahren, als es mit der Bauwirtschaft aufwärts ging, ist aber auch bekannt, daß Asbest Schlimmeres verursacht – Bronchialkarzinome und Karzinome des Rücken- und Bauchfells. Asbest gefährdet nicht nur den, der damit umgeht. Gefährdet ist jeder, der in der Nähe von Asbestfabriken oder Baustellen wohnt, sich in einem Raum befindet, in dem Asbest verarbeitet wird. Asbest gehört zu den zehn wichtigsten krebserregenden Substanzen.

Vom Asbest dünsten keine giftigen Dämpfe aus, es werden auch sonst keine chemischen Substanzen frei. Es sind die Fasern. Sie wirbeln durch die Luft, geraten in die Atemwege und verursachen Krebs. Sobald mehr als tausend dieser winzigen Fäserchen in einem Liter Luft enthalten sind, wird es gefährlich. Für den Arbeitsplatz gibt es Grenzwerte. Im Höchstfall darf ein Kubikmeter Luft 0,05 Milligramm Asbestfasern enthalten. Dieser MAK-Wert (Maximale Arbeitsplatz-Konzentration) gilt jedoch nicht für andere Bereiche des täglichen Lebens.

Asbest kann über Lüftungs- und Klimaanlagen in die Raumluft gepustet werden, wenn nämlich die Schächte und Leitungen aus Asbestrohren oder Asbestplatten bestehen, die notgedrungen unter Staubbildung installiert wurden. Auch die Verwitterung setzt Fasern frei. Von so mancher Scheune, die mit Eternitplatten gedeckt ist, fegt jeder Windstoß

Asbest auf Hof und Garten. Seitdem die Öffentlichkeit erfuhr, was es mit dem Asbest auf sich hat, ist der Absatz gesunken. Die Eternit-Gruppe hat bereits 1981 ihre Asbestminen in Afrika verkauft.

Asbeststaub erfüllt auch unsere Straßen. Allein von den Bremsbelägen deutscher Autofabrikate werden, das Umweltbundesamt hat es ausgerechnet, jährlich dreizehn Tonnen Chrysotil abgerieben.

Obgleich Autos, die für den Export nach Nordamerika oder Skandinavien bestimmt sind, serienmäßig mit asbestfreien Brems- und Kupplungsbelägen ausgestattet sein müssen, liegt ihr Anteil hierzulande unter einem Prozent (Bremsbeläge), beziehungsweise bei fünf Prozent (Kupplungsbeläge).

Weitere zweihundert Tonnen geben die Straßen frei, denn seit 1970 wurden wenigstens zweitausend Kilometer asbesthaltige Straßendecken durchs Land gezogen. Asbeststaub schluckt jeder Verkehrsteilnehmer, am meisten jedoch der Autofahrer.

Die dicksten Konzentrationen ergeben sich allerdings bei der Bearbeitung. Schäden entstehen möglicherweise bereits, wenn ein Mensch nur einen einzigen Tag lang konzentriertem Asbeststaub ausgesetzt ist. Das kann dem Hobbywerker schnell passieren. Wer seinem alten Fußboden aus Flex-Belag oder Cushion-Vinyl mit der elektrischen Schleifmaschine zu Leibe rückt, atmet gefährliche Mengen der tückischen Teilchen ein. Ebenso erging es jenen Spinnern und Webern, die Asbest und Flachs verarbeiteten, wenn auch die Konzentrationen niedriger gewesen sein müssen.

Den meisten Dreck nämlich wirbeln laut Studie des Umweltbundesamtes elektrische Trennschneider, Kreissägen, Bolz- und Fräsmaschinen, Band- und Schwingschleifer auf, die jeder Heimwerker benutzt, der auf sich hält. Sie zerschlagen den Asbest in winzigste Partikel. Beim elektrischen Schleifen von Dämmplatten oder PVC-Asbestfußböden zählten die Wissenschaftler mehr als 53000 Fasern pro Kubikmeter Luft. Ab tausend wird es bedenklich!

1975 entfielen noch acht Prozent des gesamten Asbestverbrauchs in der Bundesrepublik, nämlich 14300 Tonnen, auf die Herstellung von Fußbodenbelägen. Seit 1980 verzichten immer mehr PVC-Hersteller auf die gefährlichen Fasern in ihren Floor-Flex-Platten (einer homogenen Mischung aus organischen Bindern, anorganischen Füllstoffen und etwa 16 Prozent Asbest) und der Cushion-Vinyl-Ware (lagenartig aufgebaute geschäumte PVC-Platten, bedruckt, untere Trägerschicht mit einem Asbestanteil von 38 Prozent). Dennoch: Asbesthaltige Bodenbeläge haben laut Umweltbundesamt noch heute einen Marktanteil von 20 Prozent.

Asbest kann aber auch in Erzeugnissen enthalten sein, bei denen es niemand erwartet hätte. Oder wären Sie darauf gekommen, daß Talkum ein asbesthaltiges Produkt ist? Dabei kann es, so das Umweltbundesamt, bis zu fünfzig Prozent Asbest enthalten. Asbest kann ebensogut «auch in Pharmaka sowie Baby- und Kosmetikpuder Anwendung» finden. Asbeststaub wirbelt auch noch durch einige Turnhallen. Zwar ist die Isolierung mit Spritzasbest bei Rundsporthallen inzwischen nicht mehr zulässig, doch noch sind nicht alle Altbauten abgerissen. Wobei zu bedenken ist, daß der Abriß ebenfalls Probleme schafft.

Die Amerikaner haben für ihr Land eine grausige Hochrechnung erstellt: An die elf Millionen Amerikaner müssen erhöhten Konzentrationen von Asbeststaub ausgesetzt gewesen sein. Also sind in den kommenden 30 bis 35 Jahren (der Zeitdauer, bis der Tumor erkennbar auftritt) statistisch mehr als zwei Millionen Asbesttote zu erwarten ...

Asbest ist bei uns nicht verboten. Im Februar 1982 verpflichtete sich der Asbestzementverband, die Faser bis 1986 stufenweise um dreißig bis fünfzig Prozent zu verringern. 1983 erreichte die Industrie nach Angaben des Bonner Innenministeriums eine Minderung gegenüber 1981 um 25 Prozent, Ende 1984 sollen es an die 31 Prozent sein.

Ab 1991, so sicherte die Asbestzementindustrie im März 1984 dem Bundesinnenministerium zu, werden sämtliche Hochbaumaterialien, vor allem sind es Bauplatten, asbestfrei sein. (Für Tiefbauprodukte, Bremsbeläge, Dichtungen und andere Erzeugnisse gilt diese Zusage nicht.) Bis dahin, und das sind sieben Jahre, wird das gefährliche Material weiter verbaut. Und das, obwohl das Umweltbundesamt, das dem Innenministerium untersteht, eindeutig klargestellt hat, daß Asbest das Krebsrisiko erhöht (vor allem Krebs an Lunge, Rippen- und Bauchfell).

## Tips

* Tri und Per kommen in vielen Betrieben zum Einsatz: Zur Metall- und Textilentfettung, zur Lackverdünnung, Klebstofflösung, als Putz- und Reinigungsmittel. Werden an Ihrem Arbeitsplatz die Vorschriften des Arbeitsschutzes eingehalten? Informationen bei: AGUS Arbeitsgemeinschaft Umweltschutz Kreis Lörrach e.V. (bitte Rückporto beilegen!).
  Geschäftsstelle: Rathaus Haagen, 7850 Lörrach

  Für MAK-Werte (Maximale Arbeitsplatzkonzentrationen) zuständig ist die Deutsche Forschungsgemeinschaft, Kennedyallee 40, 5300 Bonn 2

* Hier erfahren Fotofans, wo sie Fixierbäder loswerden: phototec Peter Löffler, Bahnhofstr. 13, 2904 Hatten 1

  Das Foto Hobby Labor, Heinrich-Vogel-Str. 22, 8000 München 71, verrät, wie man Silber zurückgewinnen kann

* Folgende Stellen geben Auskunft über Baumaterialien: Arbeitsgemeinschaft Holz e. V., Füllenbachstr. 6, 4000 Düsseldorf 30

  Bundesverband für Baubiologische Produkte e.V., Buchenweg 8, 7130 Mühlacker

  Institut für Baubiologie, Heilig-Geist-Str. 54, 8200 Rosenheim

  Deutsche Gesellschaft für Holzforschung, Prannerstr. 9, 8000 München 2

* Zuständig für Arbeitsplatz-Toxikologie, Umweltverträglichkeits-Prüfung von Industrieanlagen und Produkten, die toxikologische Beurteilung von Chemikalien ist die Oekos-Beratergemeinschaft für angewandte Ökologie, Mainaustraße 32, CH-8008 Zürich/Schweiz

* Wo Sie giftige Chemikalien loswerden, sagt Ihnen das: Umweltbundesamt, Bismarckplatz 1, 1000 Berlin 33

* Über den Umgang mit Abfall unterrichtet die Broschüre: ‹*Giftdepot Mülleimer*›, ein «Wegwerf-Wegweiser» der Verbraucher-Zentrale Nordrhein-Westfalen e.V., Mintropstraße 27, 4000 Düsseldorf 1

* Und hier noch ein Rezept
für erstklassigen Papier- und Tapetenkleister:

Man nehme einen Teil Roggen- oder Weizenmehl und zwanzig Teile Wasser, bringe das Ganze unter ständigem Rühren zum Kochen. Aufpassen, daß es nicht klumpt. Falls das doch passiert, den Kleister durch ein Sieb geben. Bei Bedarf mit Wasser verdünnen.

Fügt man noch etwas Terpentinöl hinzu (wirklich nur ein wenig), dann schrecken die Insekten zurück.

Immer nur soviel zubereiten, wie man braucht. Kleine Mengen für den täglichen Bedarf kühl aufbewahren.

**Literatur**


Kurt Seligmann, «Das Weltreich der Magie», Wiesbaden o. J.

«Das Buch der Erfindungen, Gewerbe und Industrien», Leipzig 1872

Wilhelm Sandermann, «Dioxin», in *‹Naturwissenschaftliche Rundschau›*, Heft 5, 1984

«Pentachlor, Gift im Holz», Bremer Umwelt-Institut e. V., Bremen 1983

«Was Sie schon immer über Umweltchemikalien wissen wollten», Umweltbundesamt, Berlin 1980

«Chemie im Haushalt», Verein für Umwelt- und Arbeitsschutz e. V. Bremen, o. D.

«Handbuch für gefährliche Stoffe in Sonderabfällen», Umweltbundesamt, Materialien 5, Berlin 1978

«Untersuchung und Bewertung von Asbestemissionen bei der Bearbeitung von Asbestzement und asbesthaltigen Fußbodenbelägen», Umweltbundesamt, Berichte 1, Berlin 1980

«PVC zum Beispiel», Charles Levinson, Reinbek 1975

«Maximale Arbeitsplatzkonzentrationen und Biologische Arbeitsstofftoleranzwerte», Weinheim 1984

«Asbest» in *Umwelt* Nr. 96, Informationen des Bundesministers des Innern zur Umweltplanung und zum Umweltschutz, Bonn Juli 1983

Walter Braun, Axel Dönhardt, «Vergiftungsregister», Stuttgart 1982

# Du arme Fliege oder Die seltsame Wandlung der chemischen Kampfstoffe

«Ihr Farb tat sie verwandeln,
Ihr Äuglein sie verkehrt,
Von einer Seit zur andern
Warf sie sich auf der Erd,
All Wollust ihr vergangen war,
Kein Blümlein mehr wollt holen
Wohl aus dem grünen Gras»

**Der Tod und das Mädchen im Blumengarten.**
**aus: *‹Des Knaben Wunderhorn›***

## Pflanzen und ihr «Schutz»

Lieben Sie Blumen? Selbstverständlich tun Sie es. Laut Statistik geben Sie mehr als hundert Mark im Jahr für Schnittblumen und Topfpflanzen aus. Noch einmal hundert Mark blättern Sie hin, um diese Pflanzen zu schützen, um Unkräuter und Ungeziefer zu vernichten.

92 Prozent aller Bundesbürger besitzen laut Emnid Topfpflanzen, jeder dritte, weil er «Gepflegtheit und Kultiviertheit» in seiner Wohnung demonstrieren will, vorwiegend mit Exotischem, mit Alpenveilchen, Azaleen, Weihnachtssternen, Usambaraveilchen, Kakteen und Zierpalmen.

Die robustere Geranie rangiert erst an siebter Stelle. Eine Umfrage aus dem Jahr 1979 brachte Eigenartiges über diese Blume an den Tag: Am beliebtesten ist sie bei Angestellten und Beamten; Arbeiter und Hausfrauen schätzen sie weniger. Katholiken mögen Geranien lieber als Evangelische; Parteimitglieder, egal ob CDU, SPD oder FDP (die Grünen standen damals noch nicht auf der Liste der Frager) können Geranien nicht riechen. Besonders beliebt ist sie in Rheinland-Pfalz, in Orten unter 5000 Einwohnern. In Hessen, Hamburg, Bremen und Berlin dagegen ist sie unbeliebt.

Um die Statistik zu Ende zu führen: Mehr als die Hälfte aller Haushalte besitzen einen eigenen Garten, 10,8 Millionen einen Balkon, jeder dritte Haushalt eine Terrasse. Was nicht heißt, daß jeder wenigstens eines davon hätte. Viele haben sowohl als auch, andere weder noch.

Achtzig Prozent der Gartenbesitzer sehen ihre Grünfläche als Oase, als Freizeitraum und Statussymbol. Im Garten wollen sie ihre Mußezeit genießen, aber nicht schwitzen. Genau diese Gruppe (die restlichen zwanzig Prozent sind Parkbesitzer oder Schrebergärtner) «hat für Handel und Industrie die größte Bedeutung». Und erfreulicherweise, jedenfalls für den Deutschen Drogistenverband, haben diese Leute begriffen, daß ihnen geholfen werden kann. Mit Chemikalien. Von 1973 bis 1980 hat sich das Marktvolumen allein der Pflanzenschutzmittel verdoppelt. «Ein weiterer Grund für die expansive Entwicklung in diesem Marktbereich ist die Tatsache, daß die Verbraucher in den letzten Jahren gelernt haben, sich richtiger bei der Blumen- und Pflanzenpflege zu verhalten.» Sie verbrauchen zur Freude des Fachorgans der Drogisten nicht etwa weniger. Nein, während sie früher erst zum Gift griffen, wenn die Pflanzen bereits befallen waren, beugen sie heute vor. «Das heißt, ein Blumenfreund gibt heute viel mehr Geld für seine Pflanzen aus und nutzt die Angebote, die ihm von der Industrie gemacht werden.»

Ein wirklicher Freund von Blumen tut genau das nicht. Eine Pflanze ist keine Maschine, sondern ein lebendiges Geschöpf, das Zuwendung braucht und keine Giftdusche.

Der Landhandel, so die Zahlen des Industrieverbandes Pflanzenschutz und Schädlingsbekämpfungsmittel e. V. (IPS), erfuhr im Jahre 1979 zwar absolut gesehen eine Umsatzsteigerung, doch der Anteil am Gesamtgeschäft ging von 30 Prozent auf 26 Prozent zurück. Die Drogisten dagegen, die sich nach dem Gärtner- und Blumenfachhändler für «wohl am glaubwürdigsten» halten, «wenn es um das Angebot von Pflanzenschutzmitteln für den interessierten Verbraucher geht», bauten ihre Marktanteile aus.

«Von 100 Mark, die 1978 im Haus- und Gartenbereich für Pflanzenschutz- und Schädlingsbekämpfungsmittel ausgegeben wurden, fielen allein 48 Mark auf Mittel gegen Insekten (einschl. Ameisen) sowie auf Kombinationspräparate gegen schädliche Insekten und pilzähnliche Krankheiten der Pflanzen. Nur 23 Mark wurden für Mittel gegen Unkräuter und 11 Mark für Bekämpfung schädlicher Nager aufgewendet. Die verbleibenden 18 Mark verteilten sich vornehmlich auf Mittel zur Bekämpfung von schädlichen Pilzen.» Kurzum, in Kleingärten und auf Fensterbänken findet dasselbe statt wie auf den Feldern dieser Erde: Die gnadenlose Ausrottung von «Unkraut» und «Ungeziefer». Die Chemikalienhersteller sehen das anders.

«Selbst die praxisübliche chemische Unkrautbekämpfung», so teilt die BASF in einer Werbebroschüre mit, «rottet ‹die Unkräuter› nicht einfach aus. Das Unkraut wird lediglich auf ein von Landwirten und Gärtnern gefordertes unschädliches Minimum reduziert.» Von wegen. Jede Stunde stirbt auf unserem Planeten eine Tier- und Pflanzenart aus. Ein gut Teil davon hat die Chemie auf dem Gewissen.

Dabei sind womöglich alle Pflanzen «Nutzpflanzen», wir haben ihre Vorteile nur noch nicht entdeckt. Und was die eine Million Insektenarten betrifft, die wir kennen, so sind nur ganze 250 Arten für den Menschen ausgesprochen schädlich. Die Chemiegifte, die wir aufs Geratewohl verteilen, töten aber auch äußerst nützliche Insekten, Bienen zum Beispiel, die nicht nur Honig sammeln, sondern siebzig Prozent aller Obstblüten bestäuben. Ein einziges Volk von 10000 Bienen bestäubt jeden Tag 40 Millionen Obstblüten!

## Tips

*Dünger:* Frische Eierschalen zwei bis drei Wochen in Wasser legen, dann die Blumen damit gießen

*Schädlinge:* Brennesseljauche: 100 Gramm frische Brennesseln in einem Liter Wasser ansetzen und gären lassen (am besten im Freien, stinkt!). Vor dem Gießen oder Spritzen mit der zehnfachen Wassermenge verdünnen

*Farnkrautbrühe:* 100 Gramm frischen Wurmfarn oder Adlerfarn in einem Liter Wasser ansetzen, unverdünnt gegen Schild-, Schmier- und Blutläuse einsetzen

*Zwiebelschalen-Brühe:* 20 bis 50 Gramm Zwiebelschalen vier bis sieben Tage lang in einem Liter Wasser durchziehen lassen, hilft gegen Milben und Pilzkrankheiten

oder

Aufguß aus 75 Gramm gehackten Zwiebeln oder Knoblauchzehen und zehn Litern Wasser. Unverdünnt auf Pflanzen oder die Erde spritzen.

*Gegen Würmer:* Ein Absud aus Roßkastanien- oder Walnußbaumblättern, mit dem man die Blumenerde tränkt, treibt die Würmer an die Oberfläche

oder

Einfach Ruß mit Wasser vermischen und die Pflanzen damit gießen.

Gerade die sogenannten Schadinsekten dagegen haben gelernt, mit dem Gift zu leben. 1962 waren rund 150 Milben- und Insektenarten gegen DDT und andere Superkiller resistent. 1980, die Giftproduktion war aufs Doppelte gestiegen, hatten sich bereits an die 400 Arten daran gewöhnt. Unter ihnen mehr als 100 Sorten, die Malaria oder Gelbfieber übertragen.

In deutschen Landen gibt es etwa 40000 Insektenarten. Was allein den Stoffumsatz unserer Wälder betrifft, so sind sie zur Hälfte daran beteiligt. Sie sorgen für Remineralisierung, für den Abbau des Laubes, die Ernährung der Wurzeln, sie sind also ungeheuer wichtig. Obgleich speziell Insekten auf Grund ihrer genetischen Anlagen meist sehr anpassungsfähig sind, sterben bestimmte Arten bei uns aus.

## Chemie hat Hochkonjunktur

Beim 17. Internationalen Kongreß der Entomologen, der im Oktober 1984 in Hamburg stattfand, war indes nicht nur von Bedrohung und Aussterben die Rede, es ging zum Beispiel auch darum, wie man aus Schadinsekten gewissermaßen im Handumdrehen «Nutzinsekten» macht, die der Menschheit unschätzbare Dienste erweisen können. Heuschrecken etwa, so hieß es in einem Vortrag, böten sich geradezu als Versuchstiere an. Das Studium der Schaltungen am Nervensystem einer Reihe wirbelloser Tiere habe nämlich zahlreiche Übereinstimmungen mit dem Nervensystem der Säugetiere ergeben, und damit auch des Menschen.

Neu ist diese Erkenntnis nicht. Bereits im Ersten und Zweiten Weltkrieg erprobten die Erfinder chemischer Waffen die Wirkung ihrer Mixturen an Insekten. Gerade das brachte sie auf die Idee, ihre Kampfstoffe in Friedenszeiten, wo der Absatz naturgemäß stagniert, als Insektenvernichtungs- und Pflanzenschutzmittel anzupreisen. Mit durchschlagendem Erfolg, soweit es den Umsatz und den Einsatz betrifft. 1978 wurden zwei Millionen Tonnen «Schutz-» und Vernichtungsmittel über den Erdball gesprüht. 1983 lag die Jahresproduktion von Bioziden in Westdeutschland bei 134474 Tonnen Wirkstoff. Tendenz steigend, die Chemie feiert Hochkonjunktur.

Im ersten Halbjahr 1984 stellten die drei I. G. Farben-Nachfolger

Bayer, BASF und Hoechst bei Umsätzen und Gewinnen neue Rekorde auf. BASF Ludwigshafen verzeichnete 18,5 Prozent Steigerung, machte 21,4 Milliarden DM Umsatz. Bayer kam auf plus 18,4 Prozent, verbuchte 21,9 Milliarden DM Umsatz. Hoechst, zweitmächtigster Chemiemulti der Welt, erreichte zwar nur 14,2 Prozent Umsatzsteigerung, setzte aber 20,7 Milliarden DM um. Damit hat Hoechst die profitabelsten Geschäfte abgeschlossen. Wie das läuft, ist jedem «Dallas»-Fan klar.

Rückgängig waren, trotz des ansonsten blendenden Exportgeschäfts, die Chemielieferungen in den Iran. Minus 13 Prozent. Spezielle Rückschläge gab es bei Pflanzenschutzmitteln, Fasern und Pharmazeutika. Kommentar der *Frankfurter Rundschau:* «Ob die Entwicklung bei Pflanzenschutzmitteln darauf zurückzuführen ist, daß der Einsatz von chemischen Kampfstoffen im Krieg gegen Irak verringert wurde, entzieht sich der statistischen Erhebung.» Seit dem Ersten Weltkrieg laufen speziell die C-Waffen im internationalen Handel unter der unverdächtigen Bezeichnung «Pflanzenschutzmittel». Gelegentlich wird gleich eine ganze Fabrik geliefert. Um «Pflanzenschutzmittel» herzustellen.

1979 startete die Initiative «Geschützter leben» eine groß angelegte Anzeigenkampagne: «Chemie ist ... wenn man die Brille nicht sieht» (seither trage ich statt der Kontaktlinsen wieder Brille); «wenn's Auto länger lebt» (siehe Lacke, Farben, Lösungsmittel); «wenn sie nicht rot wird» (siehe Sonnenschutzmittel); «wenn man keine kalten Füße kriegt» (siehe Teppichböden, Vinyl, Asbest); «wenn der Fleck weg ist» (siehe Waschmittel); «wenn sie keine Läuse hat» oder «wenn's grünt und blüht». Damit sind wir wieder beim Thema.

«Chemie ist ... wenn's grünt und blüht». Millionen Jahre hat es auf diesem Globus geblüht und gegrünt. Die Luft war rein, die Flüsse und Meere sauber. Ohne Chemie. Heute ist unser blauer Planet krank. «Unsere Erde», hat Paul Weitz, ehemals Kommandant der Raumfähre ‹Challenger› 1983 nach einem Blick aus dem Fenster der Raumfähre gesagt, «ist leider dabei, ein grauer Planet zu werden.» Die Gewässer sind schmutzig, die Wälder sterben, die Luft wird dicker und dicker.

## Biozide: Die «Lebenstöter» und ihr Werdegang

Das Wort Biozid setzt sich zusammen aus dem griechischen bios = Leben und caedere = töten. Die «Lebenstöter» wurden nicht erfunden, um den Hunger in der Welt zu bekämpfen, die Weltraumfahrt nicht entwikkelt, weil der Mensch nach Höherem strebt. Der Vater zumindest dieser beiden Dinge ist der Krieg, der Wille zur Macht. Der Größenwahn des «Homo sapiens». Daß er wirklich mit Vernunft begabt ist, mit der «Tätigkeit des Vernehmens, sinnlicher Wahrnehmung, Verständnis, Einsicht», hat nur er selber behauptet.

**Biozide, in denen Dioxine enthalten sind (hinter den Wirkstoffnamen die chemische Bezeichnung)**

Bifenox, Methyl-5-(2,4-dichlorphenoxy)-2-nitrobenzoat
Chloranil, 2, 3, 5, 6-Tetrachlor-2,5-cyclohexadien-1,4-dion
2,4-D, 2,4-Dichlorphenoxyessigsäure, deren Ester und Salze*
2,4-DB, 2,4-Dichlorphenoxybuttersäure und deren Salze
Dicamba, 3,6-Dichlor-2-methoxybenzoesäure
Dicapthon, 0,0-Dimethyl-0-(2-chlor-4-nitrophenol)-thiophosphat
Dichlofenthion, 0,0-Diethyl-0-(2,4-dichlorphenyl)-thiophosphat
Disul sodium, 2,4-Dichlorphenoxymethylsulfat Natriumsalz
2,4-DP (= Dichlorprop), 2-(2,4-Dichlorphenoxy)-propionsäure
Erbon, 2-(2,4,5-Trichlorphenoxy)-ethyl-2,2-dichlorpropionat
Hexachlorophen, 2,2'-Methylen bis (3,4,6-trichlorphenol)
Nitrophen, 2,4-Dichlorphenyl-p-nitrophenylether
PCP, Pentachlorphenol und dessen Salze
Ronnel, Fenchlorphos, 0,0-Dimenthyl-0-(2,4,5-trichlorphenyl)-thiophosphat
Silvex, 2-(2,4,5-Trichlorphenoxy)-propionsäure, deren Ester und Salze
2,4,5-T, 2,4,5-Trichlorphenoxyessigsäure, deren Ester und Salze
2,3,4,6-Tetrachlorphenol
2,4,5-Trichlorphenol

* Beim chlorphenolfreien Verfahren reduziert sich die mögliche Menge an Dioxinen.

Aus: EPA, Dioxins, Cincinnati/Ohio, USA, 1980; Umweltbundesamt, Sachstand Dioxine, Berlin 1983

Die Biozide wurden geschaffen, um Nahrungsmittel zu vernichten, die des Feindes, versteht sich, und den Feind selbst. Im englisch-amerikanischen Sprachraum hat sich als Oberbegriff für diese chemischen Waffen das Wort «Pestizide» eingebürgert.

Ob Biozide oder Pestizide – die chemischen Substanzen, mit denen Sie Quecken und Löwenzahn ausmerzen, mit denen Sie Ameisen, Fliegen, Mücken und Motten killen, Blattläusen, Milben oder Rost zu Leibe rücken, sie sind allesamt Kampfstoffe, die direkt oder indirekt den Tod bringen. Tod und Verderben nicht nur für Pilze, Schnecken, Milben, Nager, Insekten, Würmer – Krankheit auch für Sie. Denn sie töten Leben.

Zu Beginn dieses Jahrhunderts hatten sich in Deutschland zwei Chemiekartelle etabliert. Auf der einen Seite standen die Farbenfabriken Bayer, die Badische Anilin- und Sodafabrik und die Actiengesellschaft für Anilin-Fabrikation. Auf der anderen die Farbwerke in Höchst am Main (vormals Meister Lucius & Brüning), die Leopold Cassella GmbH und die Kalle & Co. AG in Wiesbaden-Biebrich. 1904 teilten sie den Weltmarkt, den sie uneingeschränkt beherrschten, untereinander auf.

1916 vereinigten sich die BASF, die Hoechst AG, die Bayer AG mit der Agfa und einigen anderen kleineren Betrieben zur I. G. Farben, zu einer Kapitalgesellschaft mit ungeahnten Möglichkeiten. In anderen Wirtschaftszweigen geschah dasselbe. «Während der NS-Zeit», vermerkt der *‹Fischer Informations-Atlas›*, «wurde die Konzentration verstärkt, um u. a. die Voraussetzungen für die Wiederaufrüstung und Kriegsführung zu schaffen.» Zu Beginn des Ersten Weltkrieges, so Dohmeyer/Janson, besaß Deutschland als einziges Land alle Voraussetzungen für den Einsatz chemischer Waffen. «Produkte für die chemische Kriegsführung waren mit den organischen Chemikalien und Zwischenprodukten, die die Farbenindustrie herstellte, eng verwandt, wenn nicht fast identisch.»

Zur Herstellung von Indigo und Schwarz verwendete man ohnehin Chlorgas, für andere Farbtöne den Kampfstoff Phosgen. Ohne große Umstände ließ sich auch das berüchtigte Senfgas (Gelbkreuz oder Lost) herstellen. Die ersten drei industriellen Produktionsstufen waren in der Farbenfabrikation gebräuchlich. Man mußte lediglich die vierte Stufe anhängen, die bekannt war, für deren Ergebnis es jedoch in Friedenszeiten damals keinen Absatzmarkt gab. Grünkreuz hingegen (Klop oder Chlorpicrin) war kein Zwischenprodukt. Dieses Gift wurde speziell zum Töten von Menschen hergestellt – und nach dem Krieg als «eines der effektivsten Insektizide enthüllt, die je erfunden worden sind».

Sowohl im Ersten wie im Zweiten Weltkrieg haben Unternehmer und Wissenschaftler sehr genau gewußt, daß sie chemische Waffen schufen. Sie sind nicht von gewissenlosen Politikern ausgetrickst worden.

Da ist zum Beispiel Fritz Haber. Persönlich hat er den Einsatz von Chlorgas in der Schlacht bei Ypern in Flandern überwacht, danach einen weiteren an der ‹Ostfront›, bei dem 25000 russische Soldaten getötet oder verletzt wurden. 1919, ein Jahr nach Kriegsende, erhielt Fritz Haber den Nobelpreis für Chemie. In seiner Dankesrede sagte der Mann, der vorsätzlich Tausende von Menschen ermordet hat: «In keinem zukünftigen Krieg wird das Militär Giftgas ignorieren können. Es ist eine höhere Form des Tötens.» Kein Blut an den Händen, ich bin's nicht gewesen. Das Gewissen ist frei. Ja, das Höhere ...

So lief auch zwischen den beiden Weltkriegen in den Laboratorien der I. G. Farben die Forschung nach immer tödlicheren Giften auf Hochtouren. Der nächste Krieg war offenbar eingeplant. Falls er auf sich warten ließ, wollte man dennoch Geschäfte machen. Also erteilte der Chef des Unternehmens, Otto Bayer, der bis zu seinem Tode im Jahr 1982 Ehrenvorsitzender der Bayer AG war, den Auftrag, synthetische Insektizide zu entwickeln, die sich ebenso als tödliche Nervengifte im Krieg gegen Menschen einsetzen ließen. Was den Heuschrecken recht, ist dem Homo sapiens billig.

Gerhard Schrader, seit 1930 bei der I. G. Farben in Leverkusen, machte das Rennen.

Am 23. 12. 1936 war es soweit. Schrader hatte ein farb- und geruchloses Gift geschaffen, das, sobald es über die Atemwege oder über die Haut in den Körper gelangt, binnen Minuten den Tod bringt – das Tabun. Es war viel zu giftig, als daß man es als Insektenkiller auf den Markt hätte bringen können. Schrader forschte weiter. 1938 bescherte er der Welt das Sarin. In diesem Namen wurden vier Männer verewigt, die sich um Gifte verdient gemacht haben.

**S** steht für Schrader selbst, den Vater der Nervengifte. **A** für Otto Ambros, 1938 bis 1945 Vorstandsmitglied der I. G. Farben und Leiter des Sonderausschusses «C» (Chemische Kampfmittel) im Hauptausschuß für Pulver und Sprengstoffe beim Rüstungsamt. Das **R** kommt von Rüdiger, dem Chef der Heeres-Giftgasabteilung in Berlin-Spandau. **IN**

schließlich erinnert an van der Linden. Er hatte bereits 1912 bestimmte Isomere des Benzolhexachlorids isoliert und ihre starke Giftwirkung erkannt. Ihm zu Ehren wurde später das Gamma-HCH Lindan genannt.

1944 entdeckte dann die Heidelberger Kommission des Heereswaffenamtes auf der Grundlage von Schraders Arbeiten ein noch giftigeres Nervengift, das Soman.

Ein Jahr später kam Schrader als Kriegsgefangener nach England, wo seine Kenntnisse höchst willkommen waren. Chemische Waffen wurden längst nicht mehr allein in Deutschland entwickelt und hergestellt. 1950 nannte die Pest Control Ltd., eine «Pflanzenschutzmittel»-Firma, eine neue Produktserie ihm zu Ehren Schradan. 1952 veröffentlichte Schrader ein Standardwerk über Gifte auf der Basis von Phosphorsäureestern, ‹*Die Entwicklung neuer Insektizide auf Grundlage organischer Fluor-Phosphorverbindungen*›. Schrader forschte ungebrochen weiter, nun in den Labors der Bayer AG, denn die Alliierten hatten die I. G. Farben entflochten. Fürs erste jedenfalls, denn Anfang der sechziger Jahre setzte die Rückverflechtung ein. «So besitzen z. B. die Hoechst AG oder die BASF AG neben zahlreichen inländischen Konzernunternehmen auch Gesellschaften in fast allen Staaten Westeuropas, in Nordamerika, Lateinamerika, Asien und Australien.» Diese zunehmende Konzentration der Firmen außerhalb der Ostblockstaaten ist, so ‹*Fischers Informations-Atlas*›, weltweit. «Nach amerikanischen Schätzungen werden Mitte der 80er Jahre 300 Unternehmen mehr als 50 Prozent aller Waren und Dienstleistungen in der Welt produzieren.»

Gerhard Schrader konnte nach seiner Rückkehr aus britischer Kriegsgefangenschaft in seinem gewohnten Forschungsbereich weiterarbeiten. Inzwischen waren aus chemischen Kampfstoffen – Abrakadabra – «Pflanzenschutz-» und «Insektenvernichtungsmittel» geworden. Gewissermaßen als Einstand zu Beginn seiner Nachkriegskarriere beschenkte uns der Vater der Nervengifte mit Parathion – mit E 605.

# Der Hunger in der Welt und der Abschied der Regenwürmer

1969 erzeugten die Chemiewerke der Bundesrepublik Biozide im Wert von 0,8 Milliarden Mark. 1979 für 2,041 Milliarden Mark, 1985 sollen 2,7 Milliarden Mark erreicht werden.

Wenn jeder bundesdeutsche Haushalt im Jahr 100 Mark für Biozide ausgibt, so läppert sich das. Der eigentliche Umsatz aber findet weltweit statt, schlägt sich als Giftwolke über Feldern und Plantagen, in Speichern und Silos auf Getreide, Obst und Gemüse nieder, das wir essen.

Ursprung und Anwendung von chemischen Waffen beziehungsweise Bioziden gehen jeden von uns etwas an, denn Tag für Tag schlucken wir diese Gifte, weil die Hersteller behaupten, sie seien nötig, um den Hunger in der Welt zu bekämpfen. Wenn man die Zusammenhänge einmal näher anschaut, kommen einem erhebliche Zweifel, daß Chemie-, Öl- und Saatmultis, die international verzahnten Superkonzerne, überhaupt ein Interesse daran haben, alle Menschen satt zu machen.

«Von den 4,5 Milliarden Menschen, die zur Zeit den Erdball bevölkern, wird nur jeder zweite richtig satt, 1,5 Milliarden sind unter- oder fehlernährt. Und eine halbe Milliarde hungert», heißt es in der Broschüre *‹Wissen verpflichtet›*, herausgegeben von der BASF. «Mit den Anbaumethoden unserer Großväter ist diese Nahrungslücke nicht zu schließen.» Mit modernen offenbar auch nicht. In den USA, um noch einmal mit Zahlen zu jonglieren, werden im Jahr 450000 Tonnen Insektizide versprüht, und doch sind die Ernteschäden doppelt so hoch wie in den vierziger Jahren, als hundertmal weniger Gift aufgebracht wurde.

Weltweit kamen 1978 zwei Millionen Tonnen Biozide zum Einsatz, das ist pro Kopf ein Pfund. Und doch ging ein Drittel der Ernte durch «Schaderreger» verloren. Der eigentliche Grund für die Einbußen der Ernteerträge sind die Monokulturen auf riesigen Flächen und die Pflanzensorten, deren genetische Beschaffenheit immer miserabler wird.

Die «Kulturpflanzen», die auf unseren Feldern wachsen, sind ungeheuer empfindlich. Ihre genetische Einförmigkeit muß unweigerlich zu Krankheiten und Schädlingsbefall führen. Die gezüchteten Getreidesorten haben eine Lebensdauer von fünf bis zehn Jahren, dann muß neues Genmaterial eingekreuzt werden, um die Abwehrkräfte aufzufrischen. Dieses Genmaterial stammt aus bestimmten Gegenden der Erde.

Zu Beginn unseres Jahrhunderts, als sich in Deutschland die beiden Chemiekartelle formierten, kam ein russischer Botaniker dahinter, daß fast alle unsere Nutzpflanzen aus einigen wenigen Gebieten der Erde stammen, aus den «Wawilowschen Zentren». In ihrer Umgebung sind auch die ersten Bauern zu finden. Diese Zentren, für die eine Vielfalt von Pflanzenarten in ihrer Wildform typisch ist, befinden sich in China, Abessinien, Mittel- und Südamerika, im Mittelmeerraum, in Kleinasien, Indien, Südostasien, Zentralasien.

Diese pflanzengenetischen Reservate werden inzwischen hemmungslos ausgebeutet von den multinationalen Saatgut-Konzernen, zum Beispiel vom Ölgiganten Royal Dutch Shell, den Chemieriesen Ciba-Geigy und Sandoz, die wiederum dafür sorgen, daß ihre eigenen anfälligen Hochertragssorten dort angebaut werden.

In zunehmendem Maße verlagern sich die Anbaugebiete aus den Industrieländern in Entwicklungsländer. Verwickelte Im- und Exportverträge sorgen dafür, daß so gut wie kein Land sich selbst ernähren kann, schaffen Abhängigkeiten. Man kommt nicht an der Tatsache vorbei, daß der Hunger in der Welt letzten Endes eine politische Angelegenheit ist. Und möglicherweise steckt Methode dahinter. Der Kanadier Pat Roy Mooney hat als erster diese Zusammenhänge aufgedeckt; ich halte sein Buch über die «Saat-Multis» für eines der wichtigsten, die zum Thema Hunger in der Welt erschienen sind.

Im Februar 1981 ging es auch im Europäischen Parlament in Straßburg um Biozide. In den USA, so ist im Sitzungsdokument 1-903/81 vermerkt, erreicht der Umsatz von Schädlingsbekämpfungsmitteln jährlich sieben Milliarden Dollar, ein Viertel der exportierten Mittel sind in den USA verboten oder werden dort streng kontrolliert. «Shell, Velsicol, Bayer, American Cyanamid, Hercules, Monsanto, Pfizer und andere machen sich gegenseitig den Markt streitig.» Eigene Plantagen besitzen die multinationalen Konzerne meist nicht mehr. Sie sind auf weniger risikoreiche Methoden umgestiegen. Sie schließen «in zunehmendem Maße mit den lokalen Grundbesitzern Verträge über den Anbau von landwirtschaftlichen Erzeugnissen, die für den Export und den Verbrauch in Industrieländern bestimmt sind. Diese Verträge legen nicht nur die Menge, die Art und die Qualitätsnormen für die anzubauenden Pflanzen fest, sondern auch die für ein maximales Wachstum und ein schönes Aussehen der Produkte erforderliche Menge an Dünge- und Schädlingsbekämpfungsmitteln ... Der Produzent ist im allgemeinen

sehr eng und auf lange Zeit an die Verwendung der chemischen Gifte gebunden, insbesondere durch die Zahlungs- und Lieferbedingungen.»

Nach Angaben der Weltgesundheitsorganisation erleidet jede Minute ein Einwohner der Dritten Welt eine schwere Vergiftung durch diese Schädlingsbekämpfungsmittel.

In der guten alten Zeit ging man dem «Unkraut» mit der Hand und mit der Hacke zu Leibe, bei Wind und Wetter, gewiß, eine schweißtreibende Tätigkeit. Daß die Arbeit in einer Fabrik gesünder, abwechslungsreicher oder fröhlicher ist, kann man jedoch kaum behaupten. Das tun die Chemikalienfabrikanten auch nicht, sie zielen statt dessen auf Umwelt. Genau dies aber ist ja der wunde Punkt, und so treibt ihre Argumentation seltsame Blüten. Da heißt es in *‹Pflanzenschutz in der modernen Landwirtschaft›*, einer Broschüre des internationalen Agrarchemie-Dachverbandes GIFAP, unter anderem: «Fruher, als man die Unkrautbekämpfung auf den Äckern noch von Hand oder mechanisch vornehmen mußte, war praktisch während der ganzen Vegetationsperiode und insbesondere in den Frühjahrsmonaten ein Heer von Menschen, das hackte und jätete, auf den Äckern tätig. Das führte zu einer dauernden Beunruhigung der Umwelt. Heute ist die Feldmark während dieser Zeit fast menschenleer, denn der Landwirt fährt zur Unkrautbekämpfung ein einziges Mal mit dem Spritzgerät über den Acker.» Es stimmt. Auf den Feldern herrscht Friedhofsruhe. Nicht nur die Menschen haben die Feldmark verlassen, auch die Tiere. Selbst die Regenwürmer, die «binnen eines Jahres bis zu 25 Tonnen Erde je Hektar» verspeisen, dabei pflanzliche Reste in Humus wandeln und für Durchlüftung des Bodens sorgen, sind abgezogen.

Wenn der Fachverband Stickstoffindustrie in seiner Schrift ‹*Düngung – natürlich!*› schwärmt: «In einer Handvoll Ackerboden existieren mehr Lebewesen als Menschen auf der Erde: weit über vier Milliarden – auch dann noch ein Wunder, wenn man weiß, daß Bodenbakterien oft weniger als 1/10000 Millimeter groß sind» – dann ist er auf dem Holzweg. Das war einmal. Steinhart und leblos sind unsere ausgelaugten Ackerböden, sie nehmen kaum mehr Regenwasser auf, dienen gerade noch als Halterung für die Wurzeln, was im Prinzip ebenso Watte oder Kunststoff erledigen könnten.

Die BASF geht in ihrem Bemühen, Chemieprodukte als Wohltäter der Menschheit zu preisen, noch weiter. «Die unbeeinflußte Natur produziert weit mehr chemische Substanzen, als man vermutet und als man trotz hochentwickelter Synthesetechnik im Labor nachvollziehen kann. Künstliche Produkte mit so komplexer Zusammensetzung, wie beispielsweise die einer Himbeere – 3 Kohlenwasserstoffe, 32 verschiedene Alkohole, 34 verschiedene Aldehyde und Ketone, 14 verschiedene Säuren, 20 verschiedene Ester, 7 Verbindungen anderer Stoffklassen, darunter das gefährliche Cumarin –, hätten heute keine Chance auf Zulassung für den menschlichen Verzehr.» Kein Wort davon, daß etwa die Ester einer Himbeere und die aus der Retorte soviel gemeinsam haben wie Mensch und Roboter.

# Die Unkrautvernichter

1939 brach der Zweite Weltkrieg aus. Im selben Jahr erkannte der Schweizer Chemiker Paul Müller, daß DDT, das bereits 65 Jahre früher synthetisiert worden war, eine «insektizide Wirkung» hat. 1942 brachte sein Arbeitgeber, die Ciba-Geigy, das Mittel auf den Markt, 1948 erhielt Müller für seine Entdeckung den Nobelpreis, 1967 verteilten sich umgerechnet 30 Milligramm DDT auf jeden Quadratmeter Erdboden.

Die BASF kam 1946, ein Jahr nach Kriegsende, mit dem ersten Unkrautbekämpfungsmittel auf Wuchsstoffbasis heraus, mit U 46. Wenig später folgten Pyramin, Cycocel, Basagran, Calixin, Ronilan und wie sie alle heißen. U 46, Selektonon, Hedonal, Netagrone, Utox 2,4-D vernichten «selektiv», das heißt, sie sind auf bestimmte Pflanzenarten spezialisiert. Die genannten Präparate führen zunächst eine krankhafte Wachstumssteigerung des «Unkrauts» herbei, die Pflanze geht danach infolge von Auszehrung ein, noch bevor sie Samen gebildet hat. Das bekannteste «selektive» Unkrautvernichtungsmittel ist die 2,4-Dichlorphenoxyessigsäure, kurz 2,4-D genannt, die Gräser und Getreidearten verschont, Kartoffeln, Rüben, Reben, Obst und Schmetterlingsblütler jedoch vernichtet. 2,4,5-T rottet Bäume und Sträucher aus, «entlaubt» sie, – nicht nur in Vietnam, sondern zum Beispiel auch in Brasilien, im Bundesstaat Pará, in der Nähe des neuen Stausees von Tucurui. Die staatliche Elektrizitätsgesellschaft Eletronorte beauftragte die Firma Agromax in São Paulo, die Strecke der Hochspannungsleitung zwischen Tucurui und Tailandia von wuchernder Vegetation freizuhalten. Die Firma setzte 1983 nach Angaben einer Bürgerinitiative in Belem an der Amazonasmündung Tordon 101 Br und Tordon 155 Br von Dow Chemical ein.

Längs der Überlandleitung starben 50 Menschen, 30 Frauen brachten mißgestaltete Kinder zur Welt, mehr als zweitausend Rinder und ungezählte kleinere Tiere gingen ein. Offiziell ist die Sache ungeklärt ...

Ein anderer Typ von Herbiziden, wie die Unkrautvernichtungsmittel auch genannt werden, ist zum Beispiel «Shell Unkrauttod A» von der BASF. Es spart Hackarbeiten, weil es keimende Samen unerwünschter Kräuter killt. Gleichzeitig schädigt es aber auch Kleinlebewesen, Bodenpilze und den Menschen. Der Wirkstoff Alkylalkohol wird durch die Haut aufgenommen. Schon kleinere Mengen können bei wiederholtem Kontakt Vergiftungen auslösen wie Schleimhautreizungen, Durchfall, Krämpfe, in schlimmen Fällen Leber- und Nierenschäden.

**Unkraut-Ex**

«Unkraut-Ex» enthält rund 84 Prozent Natriumchlorat und 16 Prozent Soda. Dazu ein Experiment aus Römpp/Raaf ‹*Chemie des Alltags*›:

«Erhitze eine etwa erbsengroße Menge Unkraut-Ex im Probierglas. Es entweicht zunächst viel Kristallwasser aus Soda (setzt die Feuergefährlichkeit des Präparates herab, die Präparate sind in der Regel weiße, wasserlösliche Pulver, die wegen ihrer Feuergefährlichkeit in Blechdosen in den Handel kommen), dann erfolgt eine Sauerstoffentwicklung aus Natriumchlorat – ein ins Probierglas eingetauchter glimmender Span wird entflammt. Wir erhitzen im Porzellantiegel eine etwa bohnengroße Menge Unkraut-Ex zum Schmelzen (Vorsicht! Feuersichere Unterlage) und werfen dann mit Hilfe einer langen Zange kleine Stückchen Holz (z. B. 1/10 von einem Streichholz), Papier, Tuch, eine streichholzkopfgroße Menge Schwefel in den Tiegel. Vorsicht, wegsehen! Heißer Inhalt kann herausspritzen! Die eingeworfenen Gegenstände verbrennen sehr schnell unter hellen Feuererscheinungen, da im reinen Natriumchlorat der Sauerstoff in über 300mal höherer Konzentration vorliegt als in der Luft. Wir verstehen jetzt, warum man die mit Natriumchloratlösung durchfeuchteten Kleidungsstücke gründlich mit Wasser auswaschen muß, bevor man sie zum Trocknen an den Ofen hängt. Die Natriumchloratpräparate vernichten alle Pflanzen, daher dürfen sie nicht in unmittelbarer Nähe von Nutzpflanzen angewendet werden.»

Die Substanzen Trichloracetat und Aminotriazol dagegen vernichten jede Pflanze, ebenso das Natriumchlorat im Rasikal/Bayer oder Unkraut-Ex/Stolte und Charlier.

Über Unkrautvernichtungsmittel (Herbizide) haben wir gerade gesprochen, es gibt jedoch noch andere Biozide. Einige sollen die Reife beschleunigen, Früchte am Abfallen hindern oder das Auskeimen hemmen, andere Haus, Hof und Nutztiere vor Ungezieferbefall schützen. Im Handel sind sie in fester Form, flüchtig oder flüssig, sie wirken als Kontakt-, Fraß- oder Inhalationsgift auf Mensch und Tier.

Entsprechend ihrer Spezialwirkung unterscheidet man im allgemeinen acht Typen von Bioziden: Insektizide gegen Insekten; Akarizide gegen Milben; Nematozide gegen Würmer; Molluskizide gegen Schnecken; Rodentizide gegen Nagetiere; Fungizide gegen Pilze; Herbizide gegen Unkräuter; Ovolarizide gegen Eier und Larven von Schädlingen. Außerdem gibt es noch Mittel gegen Wildverbiß und Keimhemmung, Wachstumsregler, Mittel zur Veredelung und zum Wundverschluß.

Trotz der vielfältigen Anwendungsbereiche beherrschen im wesentlichen zwei Wirkstoffgruppen den Markt – die chlorierten Kohlenwasserstoffe und die Phosphorsäureester.

## Chlorierte Kohlenwasserstoffe

Schauen wir uns zunächst die Chlorkohlenwasserstoffe an. Sie bestehen aus Kohlenstoff, Wasserstoff und Chlor. Es handelt sich um synthetische Verbindungen, die in der Natur nicht vorkommen, und sie werden zu Klebstoffen, Lacken und Farben, Kunststoffen und vielen anderen Produkten des modernen Lebens verarbeitet. Seit der Katastrophe von Seveso, den Skandalen um die Firma C. H. Boehringer und die Giftmülldeponie Georgswerder in Hamburg sammeln sich immer mehr Erkenntnisse an, die einen finsteren Verdacht erhärten: Möglicherweise sind sämtliche chlorierten Kohlenwasserstoffe eine Quelle für die Entstehung von Dioxinen und Dibenzofuranen, die ihrerseits aus Kohlenstoff, Wasserstoff, Sauerstoff und Chlor bestehen. Gemeinsam mit Hexachlorbenzol, PCB und polychlorierten Naphthalinen sind sie die stabilsten Vertreter der Chlorkohlenwasserstoffe. Nicht nur das Seveso-Dioxin, das 2,3,7,8-TCDD, ist gefährlich. «Zu gern wird übersehen», schreibt Imre Kerner in seinem Buch *‹Dioxin – die chemische Zeitbombe›*, «daß unter den anderen 209 Vertretern dieser Familie noch viele vergleichbare Gifte sind. Das ist besonders wichtig angesichts der Tatsache, daß stets mehrere Dioxine und Dibenzofurane gemeinsam entstehen.» Meist als unerwünschte und unerkannte Nebenprodukte bei der Herstellung oder bei Verbrennungsvorgängen.

Chlorkohlenwasserstoff-Biozide (zum Beispiel das Gamma-HCH Lindan, DDT, Aldrin und Dieldrin, Heptachlor, Hexachlorbenzol, Toxaphen) lösen sich meist schlecht in Wasser, dafür um so besser in Fetten. Das ist verhängnisvoll. Sie speichern sich dadurch namlich auch im Fettgewebe, und es kann bis zu zehn Jahren dauern, bis sie wieder verschwunden sind. Unter Umständen werden sie in Abbauprodukte zerlegt, in sogenannte Metaboliten, die giftiger sein können als der eigentliche Ausgangsstoff.

Die Chlorkohlenwasserstoffe sind in erster Linie Fraß- oder Kontaktgifte. Sie schädigen das Nervensystem von Fliegen, Mücken, Wanzen, Flöhen – und Menschen. Gerade bei Kindern, Schwangeren, Stoffwechselkranken genügen oft geringe Mengen dieser Nervengifte, um Übelkeit, Kopfschmerzen und Krämpfe auszulösen. Weitere Vergiftungserscheinungen sind Appetitlosigkeit, Abmagerung, Schwäche, Anämie, Leber- und Nierenschäden, allergische Erscheinungen, Reizungen der Bindehäute und Luftwege, Hämorrhagien in Herzmuskel, Darm, Nebennieren und Lunge, Gleichgewichtsstörungen, Erbrechen.

Im Frühjahr 1982 fielen am Bodensee Hunderte von Vögeln tot von den Bäumen. Besorgte Obstbauern, die eine Mäuseplage witterten, hatten Endrin über ihre Plantagen gesprüht. Endrin, das wie DDT zur Klasse der Chlorkohlenwasserstoffe gehört, war 30 Jahre auf dem Markt, jedoch nur noch zur Bekämpfung der Wühlmaus oder Schermaus zugelassen, auf wilddicht eingezäunten Flächen, die anschließend drei Jahre nicht bestellt werden durften.

Endrin darf heute nicht mehr verwendet werden.

Für Biozide gilt dasselbe wie für alle Chemieprodukte: Die meisten Präparate enthalten mehrere Wirksubstanzen, was die Giftigkeit erheblich steigern kann. Dieser Synergismus, die wechselseitige Beeinflussung, ist so gut wie nie erforscht. Dasselbe gilt für die Langzeitwirkung. Was es beispielsweise mit dem DDT auf sich hat, das sich in der Nahrungskette anreichert, stellte sich erst nach vierzigjährigem Feldversuch heraus, als es bereits über die Erde verteilt war und gerade die Insekten, die Malaria und Gelbfieber übertragen, gegen das Gift resistent geworden waren.

Nach 20 bis 50 Generationen vertragen Fliegen die tausendfache Menge des Kontakt- und Nervengiftes. Seit 1942, als Ciba-Geigy das DDT auf den Markt brachte, wuchs die Konzentration im Erdreich ständig an, wurde nur langsam in DDE und DDA abgebaut. Es speicherte sich nicht nur im Fettgewebe, sondern auch im Gehirn, in der Leber und anderen Organen von Mensch und Tier, die Konzentration übersteigt oft um ein Mehrfaches die Dosis, die einen Menschen tötet, wenn er sie verschluckt. Es wird nur langsam ausgeschieden, eine schnelle Auflösung des Fettpolsters bei Krankheit oder Abmagerungskuren kann gefährlich werden. DDT ist die Ursache für Tumorbildung, Leukämie,

Störungen der Enzymsteuerung des Stoffwechsels, insbesondere der Leber, es kann dazu führen, daß Medikamente abgebaut werden, noch bevor sie zu wirken beginnen. Schließlich greift es in den Kalkstoffwechsel ein, was vielen Vögeln zum Verhängnis wird: Die Eierschalen ihrer Gelege sind oft so dünn, daß die Eier beim Brüten zerbrechen.

DDT ist bei uns verboten. Anderswo, vor allem in den großflächigen Anbaugebieten der Entwicklungsländer, kommt es täglich zum Einsatz. Mit Kaffee, Tee und Südfrüchten holen wir uns das Dichlor-Diphenyl-Trichloräthan wieder ins Haus. Davon ist selten die Rede. Wer mag sich schon die «kleinen Genüsse des Lebens» vermiesen lassen?

Statt dessen gab es einen Sturm im Wasserglas um «Gift in Jutetaschen». Schadenfroh meldete die Boulevardpresse, daß eben jene, die besonderen Wert auf Gesundes legen, Dreck im Beutel hätten. Kurz darauf kam, eher am Rande, die Entwarnung. Das Lebensmittelchemie-Institut Rothe in Essen und ein Schweizer Labor konnten in den Taschen nichts finden – bis auf winzige Mengen DDT, die, wie es lakonisch hieß, an allem und jedem auf unserem Erdball zu finden sind.

## Jute statt Plastik und über die Verantwortung der Chemieproduzenten

Die Vertreiber der Jutetaschen, die Organisatoren von GEPA/Dritte Welt Handel, konnten aufatmen, desgleichen, falls sie überhaupt davon erfahren haben, neuntausend Frauen in Bangladesh, denen die bisher verkauften drei Millionen Jutetaschen Lohn und Brot verschafften. Wer Jute statt Plastik in der Hand trägt, hilft nicht nur den Näherinnen und ihren Familien, er spart Energie. Für die Produktion einer Plastiktüte, so lautet die Rechnung, braucht man viermal mehr Energie als für die Herstellung einer Stofftasche, die obendrein fünfmal länger hält, womit die Energieersparnis aufs Zwanzigfache steigt. Zudem schafft der ausgediente Beutel aus Pflanzenfasern keine Müllprobleme. Man kann ihn auf den Kompost werfen.

Die alternativen Tragetaschen waren also reingewaschen. Von ihnen war in der Untersuchung, die zur Schreckensmeldung führte, allerdings gar nicht die Rede. Da ging es um Getreidesäcke aus Indien, um fabrikneues Jutegewebe, das zur Weiterverarbeitung in die Bundesrepublik kam. In Indien nämlich weben Tausende von Kindern für einen Hungerlohn, und darum sind nicht nur Jutesäcke, sondern auch die Tücher mit und ohne Glitzerfäden, die luftigen Baumwollsommerstoffe, Decken und Gürtel selbst bei uns, nachdem Zwischen- und Einzelhändler kräftig draufgeschlagen haben, noch so herrlich billig!

Die Landwirtschaftliche Versuchsanstalt Hessen entdeckte also in der Jute hohe Konzentrationen von Pflanzen- und Insektengiften, von chlorierten Kohlenwasserstoffen. Pro Quadratmeter Jutestoff wies die Anstalt 21 Milligramm HCB, Hexachlorbenzol, nach, (erlaubt sind 0,5mg/kg). Dazu kamen acht Milligramm Hexachlorcyclohexan, von dem zehn Billionstel Gramm genügen, um eine Fliege zu töten, drei Gramm, um eine Tonne Heuschrecken zu vernichten. Als Höchstmenge für Lebensmittel gelten 0,1 bis 2mg/kg. Des weiteren fand die Versuchsanstalt in der Jute Chlordan, Heptachlor, polychlorierte Biphenyle (PCBs) und in Spuren Verunreinigungen durch das Seveso-Dioxin TCDD. Wie das Gift in die fabrikneuen Gewebe aus Indien kam, konnte nicht restlos geklärt werden. Vermutlich, so hieß es, wurden sie aus Gründen der Haltbarkeit chemisch behandelt.

DDT, Aldrin, Heptachlor und anderes haftet, so der *Spiegel*, an Tropenfrüchten aus Togo, Niger und Sri Lanka, sie stecken im Rindfleisch aus Argentinien, in der Gans aus Polen und dem Karnickel aus China. Schlimm genug und Grund zur Empörung. Doch falls man derlei Dinge überhaupt relativ sehen kann, dann sind wir noch verhältnismäßig gut dran. Wir haben im Überfluß zu essen, können zurückweisen, was uns nicht paßt, und jeder von uns kann wissen, was es mit all den Chemikalien auf sich hat. Daß viele es nicht wissen wollen, steht auf einem anderen Blatt. In den Entwicklungsländern, die an die Stelle der einstigen Kolonien getreten sind und die wir Industrienationen hemmungslos ausbeuten, ist das anders. Lesen und schreiben kann dort meist nur eine dünne Oberschicht, und selbst die Bessergestellten können es nicht abwarten, «europäische Verhältnisse» einzuführen. Fabriken, Autos, Straßen und Fernsehen verkörpern «Zivilisation» schlechthin. Die Konzerne lassen ihnen den Glauben, denn in armen Ländern produziert es sich billig und ohne Umweltschutzauflagen.

In der sogenannten Dritten Welt sterben jedes Jahr eine halbe Million Menschen an Pestiziden. Nicht indirekt, weil sie die Gifte mit der Nahrung schlucken, sondern direkt, weil sie den chemischen Waffen körperlich ausgesetzt sind. Sie nehmen Schaden an Leib und Leben «durch unsachgemäße Anwendung», wie der Branchenjargon es so elegant formuliert.

«Irgendwo», sagte H. Geisbühler vom Schweizer Chemiekonzern Ciba-Geigy, der als erster DDT auf den Markt brachte, «irgendwo hört die Verantwortung der Firma auf. Man kann uns nicht bis zum letzten Anwohner und letzten Anwender verantwortlich machen.» Das war 1982, es ging um das Pestizid Galecron (Wirkstoff Chlordimeform/Chlorphenamidin), das über Baumwollfelder gesprüht wird und vor allem Milben töten soll.

Galecron ist seit 1968 auf dem Markt. 1976 stellte Ciba-Geigy die Produktion für zwei Jahre ein, weil das Mittel im Tierversuch Krebs erzeugt. In dieser Zeit entwickelten die Labors nicht etwa ein harmloseres Mittel. Vielmehr wurde die Fabrik umgebaut, damit die eidgenössischen Arbeiter vor dem Gift sicher waren. Dann ging die Produktion weiter, ausschließlich für den Export. Hauptsache, im eigenen Land hat man Ruhe, was auf den Baumwollfeldern in Übersee passiert, das ist der Ciba-Geigy schnuppe. «Irgendwo hört die Verantwortung der Firma auf... Irgendwo fängt die Eigenverantwortung der Anwenderfirmen und Bauern an.» Hauptsache, die Dividenden steigen.

Nicht lange nach dieser zynischen Stellungnahme des Konzerns wurde bekannt, daß Ciba-Geigy 1976 in Ägypten Versuche mit Menschen durchführte: mit Kindern zwischen acht und achtzehn Jahren, die man auf den Feldern mit Galecron besprüht hatte. Kommentar des Chemiegiganten: Das sei zum Schutz der Kinder geschehen, die «versehentlich» immer wieder auf die Felder laufen, wenn mit dem Gift gearbeitet wird. Der Versuch sollte Klarheit darüber verschaffen, ob der Wirkstoff Chlordimeform ihnen vielleicht schaden könne...

## Phosphorsäureester

Die zweite große Gruppe der modernen Biozide sind die Phosphorsäureester. Am bekanntesten wurde Parathion, das E 605, mit dem Gerhard Schrader seine Nachkriegskarriere als chemischer Sensenmann einleitete. E 605 (Diäthylnitrophenylthiophosphat) hat einen «widerwärtigen» Knoblauchgeruch, löst sich in Aceton, Alkohol, Ketonen, Benzol oder Xylol, in Lösungsmitteln also, die ebenfalls gesundheitsschädlich sind, kaum jedoch in Wasser. Das Pflanzengift, mit dem manch lästiger Ehemann aus dem Weg geräumt wurde, ist bis zu fünfundzwanzigmal giftiger als DDT und umfaßt einen größeren Anwendungsbereich. Das Berührungsgift wirkt, indem es das Ferment Cholinesterase an der lebenswichtigen Spaltung des Acetylcholins in Cholin und Essigsäure hindert.

Die Phosphorsäureester, auch Alkyl- oder Alkyl-Aryl-Phosphate genannt, werden in drei Gruppen unterteilt. Am giftigsten sind Parathion, Methylparathion, TEPP, Systox, DFP und OMPA. Als mittelgiftig gelten DDVP und Diazinon, als weniger giftig Malathion, Chorthion und Dipterex. Was die Wirkung auf den Menschen betrifft, so sind sie allesamt gleich giftig. Dazu heißt es im ‹*Vergiftungsregister*›:

«Das Bild der Vergiftung mit Phosphorsäureestern kann nach Art, Reihenfolge und Geschwindigkeit des Eintritts der Symptome sehr verschieden sein.» Am Anfang stehen meist Übelkeit, Kopfschmerzen und Sehstörungen. «Unter Erregungszuständen ... Bewußtlosigkeit kann es mit und ohne Lungenödem zum Exitus durch Atemlähmung kommen.» Chronische Vergiftungen bewirken Veränderung im Leberstoffwechsel und schädigen das Blut, sie hemmen die Cholinesterase.

Noch einmal:
Obgleich immer mehr Biozide verwendet werden, verdirbt mehr als ein Drittel der Welternte. 14 Prozent durch Schädlinge, 12 Prozent durch Pilzkrankheiten, 9 Prozent durch Unkraut.

Die chemischen Wirkstoffe reichern sich in Ökosystemen und in der Nahrungskette an, werden im Fettgewebe von Mensch und Tier gespeichert. Im Organismus selbst und außerhalb, unter dem Einfluß ultravioletter Strahlen, entstehen neue chemische Verbindungen (Metabolismus), die giftiger sein können als die Ausgangssubstanzen. Was passiert, wenn verschiedene Substanzen aufeinandertreffen, ist in den seltensten Fällen bekannt (Synergismus).

Stoffe mit langer Lebensdauer, das DDT zum Beispiel, umkreisen den Globus und regnen wieder auf die Erde herab. In den Weltmeeren, so der Bund für Umwelt und Naturschutz Deutschland, stören sie die Photosynthese des pflanzlichen Planktons, das allein 70 Prozent des gesamten Sauerstoffgehaltes der Erde liefert.

Ebenso kann sich eine chronische Vergiftung aber auch durch weniger ausgeprägte Symptome wie allgemeines Unwohlsein oder Magenbeschwerden äußern. In diesem Fall kann urplötzlich ein einziges weiteres Zusammentreffen mit dem Gift die gesamte Palette der charakteristischen Erscheinungen von Sehstörungen bis hin zum Tod auslösen.

Alle Phosphorsäureester lösen sich schwer im Wasser, mäßig gut in Fett. Sie sind überwiegend leicht flüchtig, äußerst giftig und wesentlich unbeständiger als chlorierte Kohlenwasserstoffe, was – so argumentieren die Hersteller – von Vorteil ist, denn im Freien sind sie nach vier bis sechs Wochen abgebaut. Allesamt hemmen sie lebenswichtige Enzyme, also von lebenden Zellen erzeugte Eiweißstoffe im Blut und im Gewebe.

Über ihre Langzeitwirkung auf den menschlichen Organismus, das heißt, was geschieht, wenn sie über längere Zeiträume aufgenommen werden, und über ihre Wechselwirkung mit anderen Stoffen ist wenig bekannt.

## Flöhe und Fliegen – Lindan und Dichlorvos

Als ich ein Kind war, kam es noch hin und wieder vor, daß mich ein Floh zwickte. Leider kam ich nie dazu, mir einen dieser Blutsauger näher anzuschauen. Meine Großmutter war jedesmal schneller und hatte den winzigen Quälgeist ins Jenseits befördert, bevor ich begriff, daß die Jagd zu Ende war. Flink mußte man sein, denn das drei Millimeter lange Tierchen macht erstaunliche Sprünge, neun Zentimeter hoch und dreißig Zentimeter weit. Das ist so, als könnte ich mit einem Satz 164 Meter hinter mich bringen!

Sein Name stammt vom Althochdeutschen «fliehen, springen», sein lateinischer Name ist Pulex irritans, denn reizen können seine Bisse, die schrecklich jucken, in der Tat. Andererseits kann er wieder monatelang hungern, bis er ein neues Opfer findet. Als Haustier ist er jedenfalls ungeeignet, nicht nur der Stiche wegen, er überträgt Krankheiten.

Bei uns hat nur noch der Hund Flöhe, im Sommer allerdings ganze Sippen, denn er ist gewissermaßen ein Freilandhund. Früher haben wir das arme Tier ein paarmal eingepudert und gebadet, mit Jacutin, das kannte ich von zu Hause, der muffige Kellergeruch war mir vertraut.

Doch Vertrautes muß nicht harmlos sein. Der Wirkstoff des Jacutins ist leider Lindan, das aufs Nervensystem der Insekten zielt. Jacutin Glimmer enthält neben dem Chlorkohlenwasserstoff Lindan den Phosphorsäureester IT 150.

Mit Lindan sind im Sommer 1984 bayerische Waldarbeiter gegen den Borkenkäfer in den sterbenden Forsten vorgerückt. Anschließend mußten einige von ihnen ins Krankenhaus. Sie hatten das Mittel offenbar «unsachgemäß» angewendet. Sie litten unter Schwindel, Kopfschmerzen, Erbrechen, Durchfall, Krämpfen und Atembeschwerden. Zwei bis drei Gramm Lindan, und die kommen bei flächendeckendem Sprühen schnell zusammen, sind laut ‹*Vergiftungsregister*› für den Menschen tödlich. Genau genommen kann man Lindan und andere Biozide nur dann sachgemäß anwenden, wenn man die Finger davon läßt.

Lindan ist das Gamma-Isomer von Hexachlorcyclohexan, und bei seiner Herstellung aus sogenanntem technischen HCH fallen Dioxine und Dibenzofurane an. Aus diesem Grund hat C. H. Boehringer Hamburg die Produktion der Substanz eingestellt. Freiwillig natürlich nicht. Jahrelang hatten Bürgerinitiativen Material gesammelt, Proben gezogen und sie untersuchen lassen, die Öffentlichkeit informiert. Dann schaltete sich endlich die Hamburger Umweltbehörde, die BBNU, ein. Als bereits die ersten offiziellen Analyseergebnisse vorlagen, behauptete die Geschäftsleitung der Firma noch, die Meßergebnisse seien «Ausreißer», die nicht ernst genommen werden könnten. Neue Analysen bestätigten die ersten Ergebnisse: In den Zersetzerrückständen der HCH-Anlage steckten Dioxine. Die Umweltbehörde setzte einen Termin, nach Widerspruch Boehringers bestätigte das Verwaltungsgericht im wesentlichen die Auflagen der Behörde. Ab dem 19.6.1984 war es Boehringer untersagt, TCDD-haltige Rückstände auf dem Werksgelände zu lagern. Im Abwasser und in der Abluft durfte TCDD nicht mehr in analytisch nachweisbaren Konzentrationen vorhanden sein. Die Nachweisgrenze liegt zur Zeit bei einem Milliardstel Gramm pro Kilo für Abwasser und bei einem Billionstel Gramm je Kubikmeter Abluft.

Die Firma Boehringer sah sich außerstande, diese Auflagen der Behörde zu erfüllen. «Damit sind wir verpflichtet, ab dem 19. 6. 1984 keine dioxinhaltigen Abfälle mehr anfallen zu lassen», hieß es in der Presseinformation. «Wir sehen uns deshalb gezwungen, ab sofort die Produktion einzustellen.» Die Muttergesellschaft Boehringer in Ingelheim jedoch handelt unverdrossen weiter. Sie kauft das Lindan anderweitig ein, bezieht es aus der UdSSR, aus China, aus Spanien und anderswo. Das Problem ist nicht aus der Welt, es wurde lediglich in andere Länder verlagert. Überall dort, wo aus technischem HCH Lindan gewonnen wird, fallen die gefährlichen Chemikalien weiterhin an.

Biozide in Pulverform sind schlimm genug. Die Sprays oder «Nebel» sind noch schlimmer, denn die meisten Lösungsmittel sind nicht nur ebenfalls giftig, sie steigern darüber hinaus meistens die Giftigkeit des eigentlichen Wirkstoffes. Und fein zerstäubt werden die Mittel besonders tief eingeatmet.

Insektenvernichtungsmittel mit Chlorkohlenwasserstoffen gibt es noch in anderer Form, als Räucherstäbchen. Die bange Frage ist, was passiert, wenn die vor sich hinkokeln? Nach allem, was bekannt ist, entstehen, sobald chlorierte Kohlenwasserstoffe (und Lindan ist einer) unter 1200 Grad verbrennen, mit höchster Wahrscheinlichkeit Dioxine und Dibenzofurane.

Im Jahr gehen für mehr als hundert Millionen Mark Insektenvernichtungsmittel über westdeutsche Ladentische, für den Privatverbrauch. Am beliebtesten sind Sprühdosen und «Strips». Die Stiftung Warentest nahm sich der Sache an und prüfte achtzehn dieser Insektenstreifen.

Daß sie wirken, ist unbestritten. Sechs Stunden nach Öffnung der Behälter waren sämtliche Fliegen tot. Die männlichen erwischte es zuerst, die sind weniger widerstandsfähig. Noch vier Monate später entströmten den Büchsen giftige Gase in so hohen Konzentrationen, «daß nach sechs Stunden von 100 Fliegen lediglich 9 bis 30 Fliegen überlebten».

Was da so mächtig und nachhaltig wirkt, ist DDVP, Dichlorvos, das ebenso wie das E 605/Parathion zur Gruppe des Phosphorsäureester gehört. Nach Angaben des Industrieverbandes Pflanzenschutz (IPS) sind bei Strips keine Vergiftungsfälle bekannt. Dichlorvos (2,2-Dichlorvinyldimethylphosphat) «wird vom Säureorganismus nach oraler, dermaler oder Inhalationsaufnahme schnell und vollständig abgebaut. Die Ausscheidung erfolgt innerhalb weniger Tage in Form von Metaboliten.» Als Vergiftungssymptome werden genannt «Erbrechen, verschwommenes Sehen, starkes Schwitzen, Schwäche, Schwindelgefühl, Bauchschmerzen». Kämen Sie bei diesen üblen Beschwerden darauf, daß Ihre netten kleinen Insektenstrips schuld daran sind?

Nun kann man sich auf die Angaben im Buch ‹*Wirkstoffe in Pflanzenschutz- und Schädlingsbekämpfungsmitteln – Physikalisch-chemische und toxikologische Daten*› allerdings auch in anderen Fällen nicht ver-

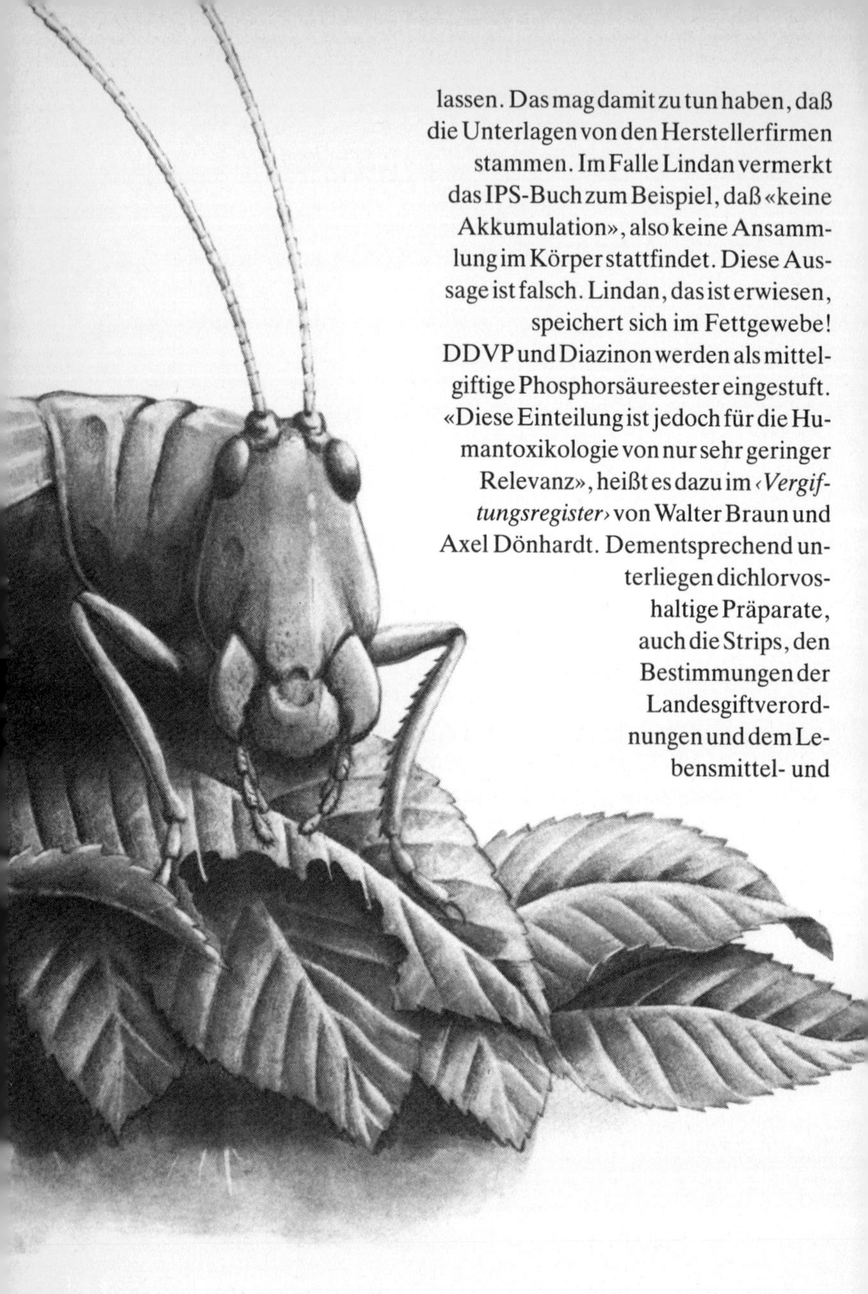

lassen. Das mag damit zu tun haben, daß die Unterlagen von den Herstellerfirmen stammen. Im Falle Lindan vermerkt das IPS-Buch zum Beispiel, daß «keine Akkumulation», also keine Ansammlung im Körper stattfindet. Diese Aussage ist falsch. Lindan, das ist erwiesen, speichert sich im Fettgewebe! DDVP und Diazinon werden als mittelgiftige Phosphorsäureester eingestuft. «Diese Einteilung ist jedoch für die Humantoxikologie von nur sehr geringer Relevanz», heißt es dazu im ‹*Vergiftungsregister*› von Walter Braun und Axel Dönhardt. Dementsprechend unterliegen dichlorvoshaltige Präparate, auch die Strips, den Bestimmungen der Landesgiftverordnungen und dem Lebensmittel- und

Bedarfsgegenstände-Gesetz. Dichlorvoshaltige Mittel dürfen in kleinen Räumen nicht angewendet werden.

In Kranken-, Schlaf- und Kinderzimmern haben sie ebensowenig etwas zu suchen wie in Zelten oder Campingwagen, von Kindern sind sie fernzuhalten. Die Nähe von Lebensmitteln ist zu meiden, desgleichen die Nähe von Heizquellen und sonnenbeschienenen Flecken, weil sie dort besonders heftig ausdünsten.

Entsprechend kompliziert und widersprüchlich sind weitere Regeln, die man im Umgang mit DDVP beachten soll: Täglich lüften, dabei aber Zugluft vermeiden. Der Wirkstoff darf nicht mit Händen, Mund, Augen in Berührung kommen. Falls eine ölige Flüssigkeit abtropft, sofort mit warmem Wasser und Reinigungsmittel abwischen.

Das Bundesgesundheitsamt, dem man wirklich nicht nachsagen kann, daß es voreilig gegen Industrieprodukte vorprescht, hat vor den Strips gewarnt. Sie stehen auch nicht auf der Liste jener Produkte, die gemäß dem Bundesseuchengesetz in öffentlichen Einrichtungen angewendet werden dürfen. Aus gutem Grund, denn bekannt sind «Hemmungen in der Aktivität bestimmter Enzyme, die die Reaktionsfähigkeit der Nerven und Muskeln bestimmen». Eine Dauerbelastung schädigt möglicherweise die Atemorgane. Die Stiftung Warentest warnt daher: Vorsicht bei Rauchern, Asthmakranken, bei Menschen, die unter Emphysemen und chronischer Bronchitis leiden.

Was sind dagegen schon ein paar Fliegen!

Dichlorvos wirkt auch in Flit, unterstützt von Piperonylbutoxid-Zusatz, der bei Phosphorsäureestern und Pyrethrumpräparaten die insektizide Wirkung verstärkt. Das Pyrethrum stammt von den Blüten der gleichnamigen dalmatinischen Chrysantheme. Es ist für Mensch und Haustier harmlos, für Insekten jedoch ein tödliches Nervengift. Fertige Pyrethrum-Seifenlösungen sind seit 1898 im Handel.

Muscaron Fliegenstreifen von Bayer enthielten früher E 605/Parathion, das heute die Phosphorsäureester Fenthion und Dichlorvos ersetzen. In den Tugon Fliegenmitteln der Firma wirken Dichlorvos und Trichlorfon, in den Fliegenkugeln das Carbamat Propoxur. Auch die Carbamate/Carbaminsäureester hemmen die Cholinesterase.

Den Ameisen geht es mit denselben Substanzen ans Leben, mit Lindan, Chlordan, Trichlorfon und anderen Phosphorsäureestern. Das Ameisenmittel Schering enthält, wenn die Formulierung nicht kürzlich geändert wurde, als Wirkstoff HCH, also mit Dioxinen und Dibenzofuranen verunreinigtes Hexachlorcyclohexan.

Vor hundert Jahren erwehrte man sich der Fliegen mit billigeren und gesünderen Methoden, «durch Vorsetzfenster von Gaze, mit klebrigen Stoffen überzogene Stöcke, Abkochung von Quassienholz (Fliegenholz), welche, mit etwas Zucker vermischt, die Fliegen in Mengen herbeilockt, aber nur betäubt, und durch Fliegenpapier (s. d.). Die Fliegen verlassen Räume, welche mit Lorbeeröl gestrichen sind, oder in denen trockene Kürbisblätter auf glühende Kohlen geworfen wurden. Man hängt auch einen Büschel von Beifußstengeln an der Zimmerdecke auf und zieht abends, wenn sich die Fliegen darin gesammelt haben, einen Sack von unten über den Büschel.» Andere Mittel gegen die sommerlichen Plagegeister waren frisch zerschnittener Fliegenpilz in Milch gelegt oder der gute alte Fliegenfänger, bandförmig aufgerollt, mit einem Leim aus Terpentinöl, Kolophonium, Leinöl, Wachs, Honig usw. versehen.

Das «Fliegenpapier» war bereits ein Vorgeschmack auf die neue Zeit, ein «zur Vergiftung der Stubenfliegen, mit arsenigsaurem Alkali getränktes Löschpapier, welches man befeuchtet und mit Zucker bestreut auf Teller legt».

Spezielle UV-Lampen, die seit einiger Zeit angeboten werden, sind kaum besser als Chemikalien. Stechmücken werden von den ultravioletten Strahlen sowieso kaum angelockt. Was da gegen die Lampe flattert und beim Berühren des Gitters, das unter Hochspannung steht, getötet wird, sind meist Nutzinsekten. Aus diesem Grund sind UV-Insektenlampen in einigen Bundesländern verboten.

## Insekten vertreiben

*Ameisen* fliehen vor Rainfarn (Tanacetum vulgare), den man trocknet, fein zerreibt und verstreut. Aus der Küche verschwinden sie, wenn Zitronenscheiben auf dem Fensterbrett oder in ihrer sonstigen Einzugsstraße liegen, auch Zimt können sie nicht riechen.
Blumentöpfe schützt man, indem man etwas Petroleum rings um den unteren Topfteil streicht.

*Fliegen* hassen blaue Wände. Wie andere Insekten vertreibt man sie mit einer Orange oder Zitrone, die man mit Nelken spickt und an der Decke aufhängt. Sonst von Zeit zu Zeit ein paar Tropfen Essig auf der Herdplatte verdampfen lassen. Oder Holunderblüten aufhängen.

*Motten* hassen Walnußblätter und Lavendelblüten. Gemahlener schwarzer Pfeffer, unter den Wollteppich gestreut, soll ihnen den Appetit verderben, auch mögen sie kein Zeitungspapier essen. Wolliges können Sie schützen, indem Sie getrocknete Orangenschale dazwischenlegen, aus dem Teppich verschwinden sie, wenn man ihn feucht abreibt, mit einigen Tropfen Terpentin im Wasser.

*Mücken* vertreibt man wie Fliegen mit Essigtropfen auf heißer Herdplatte, mit Zitronen und gespickten Orangen. Zusätzlich kann man sich vorbeugend einreiben mit Zitronen-, Eukalyptus- oder Nelkenöl, auch Lavendelwasser wehrt die Blutsauger ab.

*Zecken* entfernt man, indem man sie zunächst mit Öl benetzt. Gegen Hundeflöhe hilft ein Sack voller Rainfarn, und für Würmer gibt es ein wirksames Gegenmittel, das auch vorbeugt: regelmäßig rohe geschabte Möhren unters Fressen mischen.

Völlig unschädlich, das garantiert die Verbraucherzentrale Hannover, sind sogenannte Mückenpiepser. «Allerdings auch den Mücken gegenüber. Testpersonen mit Piepser waren jedenfalls genauso schnell zerstochen wie Vergleichspersonen, bei denen es nicht piepte.»

## Das Mottentrauma

Wie eine Motte aussieht, weiß kaum noch jemand. Trotzdem scheint alle Welt in panischer Angst vor diesen Faltern zu leben, ohne rechten Grund, denn in den Kleiderschränken hängen meist Textilien aus Kunstfasern, längst hat synthetischer Schaumstoff das Roßhaar als Polstermaterial verdrängt. Mit Recht bedroht fühlen sich indes Pelzbesitzer von der Tinea tapazella L., «mit an der Wurzel violettbraunen, dahinter gelblichweißen, an der Spitze mit violettgrauem Fleck gezeichneten Vorder- und grauen Hinterflügeln». Ihre kleinere Schwester, die «gelblich seidenglänzende Tinea pellionella L., mit einem oder zwei dunklen Pünktchen auf den Vorderflügeln und grauen Hinterflügeln», labt sich am liebsten an Wolle.

Ob Pelz- oder Kleidermotte, sie nagen gern am Echten, auch Seide, Federn und Polstermöbel sind ihnen recht, und wenn sie erst einmal zugeschlagen haben, kommt Rettung im allgemeinen zu spät.

Im Indogermanischen bedeutet «mat», aus dem sich das Wort Motte entwickelte, «nagendes, beißendes Ungeziefer». Die Weibchen dieser ungeliebten Spezies legen zweimal im Jahr etwa 50 winzige weiße Eier an Orte, die ihnen behagen, in Pelzwerk, Wollvorräte, Websachen, Federzeug, in Sofa- und Sesselpolster, sofern sie «echt» sind. Jedenfalls habe ich bisher nicht gehört, daß sich neuerdings Motten auf Kunststoff spezialisiert hätten. Dann müßte es mehr von ihnen geben. Vielleicht lernen sie ja noch von den Steinmardern, die hauptsächlich in Süddeutschland in abgestellten Autos allerlei Schläuche und Leitungen lädieren ...

Sobald die Raupen aus dem Ei gekrochen sind, machen sie sich an die Arbeit. Sie zernagen das Material, in das ihre Mutter sie gebettet hat, in winzige Fetzen, aus denen sie sackartige Gehäuse basteln. In diesen Unterkünften verwandeln sie sich in gelbliche Puppen, aus denen sie dann als Motte hervorschlüpfen. Ganz beachtlich, was die Kleinen so vertilgen: Die gesamte Nachkommenschaft eines einzigen Mottenweibchens zerfetzt in einem Jahr rund dreißig Kilogramm Wolle!

Wer die gefräßige Brut in seinen Wollvorräten oder Geweben zu Gast hatte, wird schwerlich eine Lanze für diese Tierchen brechen. Trotzdem ist die Frage: Abschrecken oder töten?

> «Gegen Motten schützt am besten das Wegfangen jeder einzelnen umherfliegenden Motte und vor allem häufiges Ausklopfen von allen gepolsterten Sachen, Pelzwerk und allen wollenen Stoffen. Da Letztere im Sommer wenig gebraucht werden, wird das Ausklopfen nur zu oft vergessen; es muß wenigstens alle 2 Monate geschehen. Um wollene Zeuge, wie Jacken, Strümpfe, Kleider, Mäntel, Pelze etc. vor Motten zu schützen, gebraucht man Kampfer, den man, in Papier gewickelt, zwischen die Sachen hinlegt, grob gestoßenen Pfeffer, Waldmeister und verschiedene andere stark riechende Dinge; am einfachsten und am sichersten ist aber immerhin Petroleum. Man feuchte einige Stücke alter Leinwand damit an, lege sie zwischen Papier in die Kleider oder Pelze hinein und verwahre dieselben fest verschlossen an einem kühlen Orte. Bevor man die Sachen wieder in Gebrauch nimmt, hängt man sie einige Zeit an die Luft, dann ist aller unangenehmer Petroleumgeruch verschwunden.»
>
> *Haushaltsbuch von 1882*

Regelmäßiges Lüften und Ausklopfen von Möbeln und Kleidung ist aus der Mode gekommen, ebenso Sumpfporstkraut, indische Mottenwurzel oder gelbe Katzenpfötchen, die Motten vertreiben. Statt dessen kamen Mottenkugeln, und die bestanden früher aus Naphthalin. Die weißen Kristallblättchen des $C_{10}H_8$ lösen sich sehr gut in Fett. Sowohl die Dämpfe, die stark reizend aus Schränken und Truhen strömen, als auch der lokale Kontakt, die Berührung, können allgemeine Vergiftungserscheinungen beim Menschen hervorrufen – Magen-Darm-Störungen, Krämpfe, Fieber, Atembeschwerden, allgemeine Schwäche, Ekzeme oder Kornea-Linsentrübungen, den sogenannten «Naphthalin-Star».

Der Stoff wird über die Haut sehr gut in den Körper aufgenommen. «Vergiftungen kommen auch vor, wenn eingemottete Kleidungsstücke ohne ausreichende Lüftung getragen werden (Windeln. Säuglinge sind besonders empfindlich).» Heute wird statt des Naphthalins in Mottenmitteln meist p-Dichlorbenzol plus Lindan eingesetzt. Auch ihre Dämpfe erzeugen Haut- und Schleimhautreizungen, Kopfschmerzen, Schwindel. In schweren Fällen verursacht p-Dichlorbenzol Augenschäden (Starbildung), Anämien und Nierenerkrankungen.

Kräuter und Wurzeln, Kampfer und Naphthalin wirken auf Motten in erster Linie abschreckend. Ab 1911 wurde getötet, mit p-Dichlorbenzol, einem narkotischen Atem- und Berührungsgift, ab 1920 auch mit Hexachloräthan. 1936 kam eine neue Mischung auf den Markt: Die Wirkung von p-Dichlorbenzol konnte durch Zusätze von fünf Prozent Hexachloräthan, Aceton, Chloroform, Chloralhydrat wesentlich gesteigert werden. Heute kommt immer häufiger auch DDVP, Dichlorvos, zum Einsatz.

1927 nahm Bayer Leverkusen, damals noch I. G. Farben, die Mottenbekämpfung in bewährte Hände. Anstatt abzuwarten, daß die Leute daheim den Faltern den chemischen Krieg erklärten, sicherte sich die Firma einen regelmäßigen Absatz: Sie beliefert Textilfirmen und chemische Reinigungsanstalten, die Wollstoffe mottensicher machen, noch ehe der Verbraucher sie in die Hände bekommt. «Mottenecht durch Eulan» lautet die Zauberformel. Zuerst verdarb chlorhaltiges Triphenylmethanderivat den Motten den Appetit, dann wirkten Triphenyl-3,4-Dichlorbenzyl-Phosphoniumchlorid und 3,4-Dichlorbenzolsulfomethylamid. Das «neue Eulan U 33» ist die Lösung eines Sulfonamids in einem Alkohol, es tötet Mottenlarven und schützt vor Befall.

Was die Handweber betrifft, so ist das Lager gespalten. Einige schwören auf «Eulan WA neu». Da sich gewaschene Rohwolle jedoch sehr viel schlechter verspinnen läßt als das fettige Vlies, ist das Problem nur halb gelöst. «Eulanisiert» wird die gesponnene Wolle nach dem Waschen, in den Rohvorräten aber können sich weiter die Kleidermotten tummeln.

Viele Handweber lehnen es ab, die natürlichen Fasern, die sie verarbeiten, mit Chemikalien zu behandeln. Die Schweizer Weberin Erna Bächi-Nussbaumer empfiehlt mit Vorbehalt das Chrysanthemengift Pyrethrum, das allerdings auch als synthetisches Präparat, als Allethrin, auf dem Markt ist. Die echten Blüten, auch «persisches Pulver» genannt, kommen hauptsächlich aus Kenia. Das Gift wirkt in winzigen

Mengen und ist für Warmblütler ungiftig. Es hat indes zwei Nachteile: Zum einen ist Pyrethrum nicht artenspezifisch, es tötet alle Insekten, die damit in Berührung kommen. Zum anderen werden Motten und andere Insekten gegen das Mittel resistent, wenn es regelmäßig eingesetzt wird. Vorbeugen ist in jedem Falle klüger. «Im kleinen kann die Mottenplage meist in Schach gehalten werden, wenn man die Wollvorräte regelmäßig prüft, die Gestelle immer wieder säubert, keine Plastiksäcke verwendet, weil sich dort gerne ein Brutklima entwickelt. Viele verwenden Zeitungspapier und meinen die Erfahrung zu machen, daß Druckerschwärze bei dem gefürchteten Kleingetier nicht geschätzt sei. Stille Vorräte umsetzen dürfte das beste sein.»

Weil aber längst nicht alle Wollsachen eulanisiert werden, sind noch andere Präparate im Handel. Zum Beispiel das Mitin der Firma Ciba-Geigy mit dem Dichlorphenylharnstoffderivat der 4,4'-Dichlor-1,1'-diphenyläther-2-sulfonsäure, daneben allerlei «Hausmittel», in denen DDVP, Hexachloräthan, meistens jedoch p-Dichlorbenzol und Lindan wirken. Und diese giftigen Gase, die Motten schrecken und töten, quellen nicht selten aus Kleiderschränken und Truhen ins Schlafzimmer. Wer versiegelt die Behälter mit «Eingemottetem» schon fugendicht?

**Die Kleider vor Motten und Schaben zu bewahren**

‹Wann man Kampffer mit Lein-Samen oder Pfeffer-Körner in ein leinen Tüchlein bindet, und in den Kleider-Kasten hin und wieder zu den Kleidern leget, daß der Geruch davon durchaus vermercket wird, so wird man keine Schaben verspühren können.

Oder man nimmt saubere Schachteln, bohret selbige überall voll Löcher, thut frische Citronen darein und stellet solche Schachteln hin und wieder in den Kleider-Schranck, so kommen keine Schaben zu den Kleidern.

Die Späne von Cypressen-Holtz in Kleider-Kasten geleget, vertreiben die Motten und Kleider-Würmer.»

*Aus: Johann Joachim Bechers* ‹Kluger Hausvater› *von 1747*

## Mäuse-, Ratten- und Menschengifte

Seitdem der Mensch Vorräte anlegt, halten sich Ratten und Mäuse in seiner Nähe. Ein einziges Mäusepaar bringt rund 360 Nachkommen pro Jahr zur Welt. Sie vernichten insgesamt achtzehn Zentner Getreide. Weder Wanderratte noch Hausratte oder Hausmaus waren ursprünglich in Europa heimisch. Sie stammen aus dem asiatischen Raum, und bis heute ist nicht geklärt, wann sie bei uns auftauchten. In Haithabu bei Schleswig fanden die Archäologen Knochenreste, die eindeutig als Ratte identifiziert wurden, damit wäre dieser Nager seit ungefähr tausend Jahren in unserer Gegend. Das ist nach Hans Reichenstein vom Kieler Institut für Haustierkunde «insofern bemerkenswert, als es sich hierbei um den ersten naturgeschichtlichen Nachweis zum frühmittelalterlichen Auftreten von Hausratten im nördlichen Europa handelt».

Es gilt als unwahrscheinlich, daß die lästigen Nager auf dem Landweg einwanderten. Sie kamen offenbar als blinde Passagiere auf den Schiffen der Kaufleute und Kreuzfahrer ins Abendland.

Ratten zeichnen sich, wie Reichenstein es ausdrückt, «durch ihre besonders enge Bindung an den Menschen» aus. Sie machten sich über die Vorräte in Haus und Keller her, sie lauerten in dunklen Ecken bei den Ständen und Fleischbänken der Wochenmärkte, sie wühlten in Gossen und Kloaken und brachten vielen tausend Menschen den Tod. Der Rattenfloh nämlich überträgt die Pest.

Das einfachste Mittel gegen Ratten und Mäuse sind Katzen. Doch die würden in den modernen Speicheranlagen nur stören, es wäre, trotz der Nager, auch ein elendes Leben für sie. Statt dessen werden Gifte eingesetzt.

Da gibt es einmal die Methode des Abschreckens, des «Vergrämens» – Actidion, Trinitrobenzolderivate, Thiuramdisulfide, Hexachlorophen, Zinkdimethyldithiocarbamatcyclohexaminkomplexe und anderes mehr werden auf Kisten und Kästen gesprüht, um den Nagern den Appetit zu verderben. Ansonsten wird gnadenlos getötet: Nasenbluten, Bluterbrechen, Bluthusten, Gehirnblutungen, zwölf Stunden nach Aufnahme, das bewirken die Cumarinverbindungen. Sie heben die Gerinnungsfähigkeit des Blutes auf, schädigen die Arterienwände, führen tödliche innere Verblutungen herbei.

Wenig bewährt hat sich Alpha-Naphtylthioharnstoff, der für Men-

schen weniger giftig ist, jedoch Hunde und Katzen umbringt. Wanderratten dagegen können sich an das Gift gewöhnen.

Recht gefährlich ist auch das Zinkphosphid, das wichtigste Mittel gegen Feldmäuse. Weizenkörner werden mit der Giftsubstanz überzogen, dieser «Giftweizen» dann in die Mauselöcher gelegt. Giftweizen tötet nicht nur Mäuse, sondern auch Haustiere und Geflügel, er kann dem Menschen gefährlich werden. Übelkeit, Angst, Erbrechen, Krämpfe, Bewußtlosigkeit, Atemlähmung, als Spätfolge Störungen der Leber- und Nierenfunktionen sind die körperlichen Reaktionen auf eine solche Vergiftung.

Noch gefährlicher als Zinkphosphid ist das Rattengift Thallium, beziehungsweise seine Verbindungen. Es zersetzt sich nicht, tötet demzufolge auch Hunde, Katzen und Raubvögel, die vergiftete Nager fressen. Ein Gramm ist für den Menschen tödlich, es sind zahlreiche Vergiftungen bekannt. Manchmal, so das ‹*Vergiftungsregister*›, tritt nach dem Verschlucken des Giftes Erbrechen auf. «Öfter wird das Präparat jedoch symptomlos vertragen. Erst nach einer Latenzzeit von zwei bis vier bis sieben Tagen, während der jedoch schon eine kaum beeinflußbare Obstipation besteht, zeigen sich charakteristische Symptome: starke neuralgische Schmerzen und Parästhesien in den Extremitäten (besonders in den Beinen. Vorher Kribbeln und Ameisenlaufen). Sie können so stark sein, daß der Patient das Gewicht der Bettdecke nicht mehr vertragen und nicht mehr gehen kann ... Bereits in den ersten Tagen der Vergiftung können dunkle Pigmentationen im Bereich der Haarwurzeln nachgewiesen werden. In der zweiten Vergiftungswoche entwickelt sich eine Tachykardie oft mit Blutdruckanstieg; einige Tage später setzt meist der Haarausfall ein, der etwa nach vier bis fünf Wochen beendet ist und der im Extremfall sämtliche Körperhaare betrifft. Die Vergiftung kann aber auch vorher unter Benommenheit, Sprechschwierigkeiten, Tremor, Krämpfen ... und Atemlähmung letal enden ... Sehstörungen (auch mit dauernder Erblindung) sind bekannt. Spätschäden sind etwa in 50 Prozent nachzuweisen (Gewichtsverlust, Lähmungen, Inkontinenz, Schlaflosigkeit, Impotenz, Schmerzen, Fieber).

Im großen ganzen gilt, daß alle Mittel, die Mäuse und Ratten umbringen, auch Haustieren und dem Menschen schaden. Ungiftiges Rattengift gibt es nicht. Es hat schließlich seinen Grund, daß an diesen Nagern Chemikalien erprobt werden, bevor man sie in Umlauf setzt.

Garantiert ungiftig sind natürlich Fallen. Aber da gibt es andere Bedenken. Die Dinger, die zuschnappen, sind ungefähr so human wie die Guillotine. Und wenn man das andere Modell verwendet, in dem die Tiere unversehrt eingesperrt werden, dann bleibt die bange Frage: Wohin mit dem Gefangenen?

Unsere Katze hält seit Jahren die gefräßigen Nager fern von Haus und Hof.

**Literatur**


BASF, «Wissen verpflichtet», Ludwigshafen o. J.

BASF, «Pflanzenschutz und Umwelt», Ludwigshafen o. J.

Hans-Joachim Dohmeier, Erich Janson, «Zum Töten von Fliegen und Menschen», Reinbek 1983

Walter L. H. Moll, «Taschenbuch für Umweltschutz», Darmstadt 1978

«Der Fischer Informations-Atlas, Bundesrepublik Deutschland '83», Frankfurt/Main 1982

Pat Roy Mooney, «Saat-Multis und Welthunger», Reinbek 1981

Arbeitsdokument 1-903/80 (4.3.1982) und Sitzungsdokument 1-903/81 vom 12.2.1981, Europäisches Parlament, Ausschuß für Umweltfragen, Volksgesundheit und Verbraucherschutz

«Düngemittel – natürlich!», Fachverband Stickstoffindustrie e. V., Düsseldorf o. J.

«Landwirtschaft und Nahrungsmittel» in: G. Michelsen, Öko-Institut Freiburg u. a., «Der Fischer Öko Almanach», Frankfurt/Main 1981

Römpp/Raaf, «Chemie des Alltags», Stuttgart 1979

«Wirkstoffe in Pflanzenschutz- und Schädlingsbekämpfungsmitteln, Physikalisch-chemische und toxikologische Daten», Industrieverband Pflanzenschutz e. V., Frankfurt/Main 1982

Imre Kerner, Dagny Radek, Thomas Weidenbach, «Dioxin, die chemische Zeitbombe», Köln 1984

«Chemiestadt Hamburg – Angeklagt: Boehringer», Chemiegruppe Bergedorf, Hamburg, Oktober 1983

Michael Hoffmann u. a., «Chlorierte Kohlenwasserstoffe als Schädlingsbekämpfungsmittel, Modellfall Lindan», IFEU Institut für Energie- und Umweltforschung, Heidelberg e. V., Heidelberg 1979

Arnhild Süssmann, Hermann Kruse, «Gesundheitsrisiken durch thermische Zersetzungsprodukte von Kunststoffen», Schriftenreihe der Untersuchungsstelle für Umwelttoxikologie des Landes Schleswig-Holstein, Heft 10, Kiel 1982

## Haushalt von A bis Z

Bevor Sie anfangen: Glyzerin, Petroleum, Salmiak, Spiritus und Terpentin (nie Ersatz nehmen!) dürfen nur sehr sparsam verwendet werden, möglichst bei offenem Fenster arbeiten. Kindersicher aufbewahren. Salz, Seife und Essig belasten das Abwasser und schädigen Wassertiere. Sorgsam dosieren!

*Aluminiumgeschirr:* Mit Zitronensaft abreiben, ab und zu mit Essigwasser auskochen. Dunkles Aluminiumgeschirr bekommt man wieder sauber, wenn man frische Rhabarberblätter oder Apfelschalen einige Zeit darin kocht. (Das Gekochte kann man nicht mehr genießen.)

*Ausgüsse:* verstopfte, bekommt man frei, wenn man kochendes Wasser hineingießt und mit der Saugglocke arbeitet. Passend geschnittener Fliegendraht, über das Ablaufloch gelegt, beugt Verstopfungen vor, ab und zu kochendes Wasser hineingießen.

*Backblech:* Warmes Blech mit Salz und Papier abreiben.

*Badekappen* werden nicht brüchig, wenn man sie mit einer hauchdünnen Schicht Glyzerin einreibt und mit Puder bestreut.

*Badewannen:* Gelbe Flecken von tropfenden Wasserhähnen entfernt man mit Zitronensaft.

*Blech* läßt sich mit Tomatensaft entrosten.

*Blumendünger:* Frische Eierschalen 2 bis 3 Wochen in Wasser legen oder: Man läßt Knochen im Herdfeuer liegen, bis sie weißlich-grau aussehen, dann pulverisieren und auf die Pflanzen streuen.

*Bratpfannen* reinigt man mit Salz und Zeitungspapier.

*Brausekopf* der Dusche: Kalkablagerungen entfernt man, indem man den Kopf abschraubt, soviel Kalk wie möglich mit hartem Gegenstand vorsichtig abkratzt, dann einige Stunden in heißes Salz- oder Essigwasser legen.

*Brillengläser* laufen nicht an, wenn man sie regelmäßig mit Glyzerin oder trockener Seife einreibt, anschließend mit Lederläppchen nachpolieren.

*Bronze* reinigt man mit Seifenlauge und einigen Tropfen Spiritus, nachspülen, trocknen, mit Wolltuch polieren. Bronzeleuchter kann man mit gereinigtem Terpentin säubern, nachpolieren.

*Bügeleisen:* Rauhe Stellen mit Salz und Wasser reinigen. Klebrige Unterseite reibt man vorsichtig mit feinem Sandpapier ab. Kalkreste entfernt man mit Essigwasser.

*Bürsten*, neue, macht man haltbar, wenn man sie in eine Salzwasserlösung taucht und trocknen läßt.

*Bürsten und Kämme* reinigt man in einem Teil Salmiakgeist, acht Teilen Wasser, klar nachspülen.

*Chrom* reinigt man mit Petroleum, mit sauberem Wollappen nachpolieren. Oder mit weichem Lappen und etwas Mehl auf Hochglanz bringen.

*Eisen:* Rost entfernt man mit heißem Öl, oder mit Zwiebelsaft einreiben, einwirken lassen, abwaschen, ölen.

*Eisenschrauben* schützt man vor Rost, wenn man sie mit einer Mischung aus Schmieröl und Graphit bestreicht.

*Elfenbein:* Mit lauwarmem Seifenwasser oder Milch abreiben, mit weichem Lappen nachpolieren.

*Emaille* springt nicht ab, wenn man den Topf etc. vor Gebrauch in einen größeren Topf setzt und in Wasser auskocht.

*Farbgeruch* in der Wohnung: Schüsseln mit Kochsalz oder halbierten Zwiebeln aufstellen.

*Fenster,* klemmende, müssen meist nicht abgeschliffen werden, oft hilft Einreiben mit Fett oder Wachs.

*Fensterleder* bleiben weich, wenn man sie nach Gebrauch in lauwarmem Salzwasser auswäscht.

*Fensterscheiben*, blinde, werden klar, wenn man sie mit Brennesseln abreibt. Oder: mit Wolltuch und etwas Olivenöl reinigen. Bevor man mit Wasser nachwäscht, das Öl mit Lappen oder Papier entfernen.

*Fliegenschmutz* entfernt man von Fensterscheiben mit Salmiakgeist, von Goldrahmen mit einer halbierten Zwiebel, von Möbeln und Seide mit lauwarmem Essigwasser, von Metall mit Spiritus.

*Fotos*, fleckige, reibt man mit einem Wattebausch und ein paar Tropfen Spiritus ab. Das ganze Bild bearbeiten, um Ränder zu vermeiden.

*Frühstücksbrettchen* aus Holz mit Sandpapier abreiben, mit Öl einreiben.

*Fußböden*, versiegelte, werden wie neu, wenn man sie mit kaltem schwarzem Tee aufwischt.

*Gartenschläuche*, harte, werden wieder geschmeidig, wenn man sie in einer Mischung aus einem Drittel Salmiakgeist und zwei Dritteln Wasser einweicht. Undichte Schläuche lassen sich wie ein Fahrradschlauch flicken: undichte Stelle mit Sandpapier aufrauhen, passendes Stück Gummi drüberkleben.

*Gerüche* im Ausguß – heißes Seifenwasser hineingießen. In der Küche – feuchten Schwamm an die Zimmerdecke hängen.

*Gips* tut man in Wasser, nicht umgekehrt. Er härtet langsamer, wenn man ihn mit Essig statt mit Wasser anrührt. Wenn er zu langsam bindet, Salz hinzufügen.

*Gipsfiguren:* Mit dick gekochter Stärke übergießen oder eintauchen. Sobald die Stärke trocken ist, lassen sich mit ihr alle Unreinlichkeiten von der Figur entfernen.

*Glacéhandschuhe:* Nach dem Reinigen mit Glyzerin hauchdünn einreiben.

*Gläser*, neue, in einen Topf mit kalten Salzwasser stellen, auf kleiner Flamme langsam zum Kochen bringen, Gefäß vom Herd nehmen, erkalten lassen. Sie sind dann unempfindlich gegen Temperaturschwankungen.

*Glasvasen:* Kaffeesatz einwirken lassen, mit kaltem Wasser nachspülen. Oder: kleingeschnittene rohe Kartoffeln und ein paar Löffel Essig hineingeben. Kalkrückstände mit Salz und Essig entfernen.

*Goldbronze:* Lösung aus 2 Eßlöffeln Salmiakgeist und einem Liter Wasser, klar spülen, trocknen. Stark verschmutzte Gegenstände mit einer Lösung aus einem Eßlöffel Spiritus und einem Liter Seifenwasser reinigen, klar nachspülen, trockenreiben.

*Gold- und Silberschmuck:* Angelaufenen Schmuck reinigt man mit einem Flanelltuch und Zigarrenasche. Oder: Seifenwasser mit weicher Bürste, klar nachspülen, in neunzigprozentigen Alkohol legen. Mit Ledertuch nachpolieren.

*Goldrahmen:* Ein Viertelliter Wasser, zwei Eßlöffel Salmiakgeist und sauberer Schwamm. Sie glänzen wieder, wenn man sie mit einer Mischung aus Eiweiß und etwas Salz überpinselt. Nachpolieren.

*Granatschmuck:* Seifenwasser mit Salmiakzusatz. Den Schmuck ein, zwei Stunden in der Lösung baden, kalt nachspülen, trockenreiben.

*Grünspan* verschwindet aus Metall, wenn man es mit reinem Essig abreibt, lauwarm nachspülen.
Von Kupfer und Messing entfernt man ihn mit einem Brei aus Salz und Essig, mit dem man die befallenen Stellen bearbeitet.

*Gummisachen* bleiben weich und geschmeidig, wenn man sie ab und zu mit Glyzerin einreibt. Niemals Öl nehmen, das zersetzt Gummi.

*Gummischuhe*, undichte: Kolophonium in Spiritus auflösen, aufstreichen, erhärten lassen. Nach jedem Tragen mit Wasser reinigen und trocknen, jedoch nicht in der

Nähe eines Heizkörpers. Anschließend mit etwas Glyzerin einreiben.

*Haarbürsten* mit handwarmem Wasser und einigen Tropfen Salmiakgeist reinigen, gut mit klarem Wasser nachspülen.

*Handbürsten* bleiben länger weich, wenn man sie von Zeit zu Zeit in Salzwasser legt (1 Liter Wasser, 1 Eßlöffel Salz). Im kalten Wasser läßt man sie einige Stunden liegen.

*Handschuhe*, schweinslederne, reinigt man mit handwarmem Seifenwasser und einigen Tropfen Salmiakgeist. Handwarm nachspülen, an der Luft trocknen lassen. Waschlederne: Handschuhe anziehen, mit warmem Seifenwasser waschen, ohne zu spülen trocknen lassen.

*Holz* wird feuerfest, wenn man es mit Wasserglas anstreicht.

*Holzleuchter* bekommen keine Brandflecken, wenn man sie mit Wasserglas anstreicht.

*Holzmöbel*: Obstflecke entfernt man mit einem Wattebausch, den man in Kochsalz und Öl taucht.

*Horn* reinigt man mit einem weichen Lappen, anschließend mit Salmiakwasser (1 Eßlöffel Salmiakgeist, 1 Liter Wasser) waschen, nachspülen, trockenpolieren, mit Salatöl einreiben.

*Hornbestecke* dürfen nicht in heißem Wasser gespült werden, sonst quellen die Griffe. Lauwarmes Wasser, gut nachpolieren.

*Kacheln* und Fliesen reinigt man mit unverdünntem Essig.

*Kerzen* tropfen nicht, wenn man sie eine Stunde in Salzwasser legt. Sie brennen länger und heller, wenn man auf das flüssige Wachs ein paar Salzkörner streut.

*Klaviertasten*, gelbe, werden wieder weiß, wenn man sie mit etwas Spiritus abreibt oder mit Zitronensaft. Sehr schmutzige Tasten reinigt man mit terpentingetränkter Watte, reibt mit klarem Wasser nach und poliert sie trokken.

*Kokosmatten* reinigt man mit Seifenlauge und einer harten Bürste.

*Korbgeflecht* reinigt man mit warmem Salzwasser und harter Bürste, weich nachpolieren.

*Korken* reinigt man in kochendem Salzwasser.

*Kristall:* Mildes Seifenwasser, das keinesfalls heiß sein darf. Kristall ist druckempfindlich. Es glänzt wieder, wenn es mit angefeuchtetem Salz abgerieben wird.

*Kühlschränke* reinigt man mit einer schwachen Sodalösung oder mit Essigwasser.

*Kupfer* säubert man mit einer Mischung aus Buttermilch und etwas Salz oder einer Mischung aus Essig und Salz (eine halbe Tasse Essig, drei Eßlöffel Salz). Oder: mit Zitronensaft gründlich einreiben, nachspülen, polieren.

*Kupfer* wird wieder glänzend, wenn man es mit feinem weißem Sand scheuert, mit dicksaurer Milch abreibt, mit Holzasche nachpoliert.

*Lackleder* wird wie neu, wenn man es mit einem Lappen abreibt, den man in ungekochte Milch getaucht hat. Lackleder behält seinen Glanz, wenn man es mit einer Zwiebelscheibe einreibt.

*Lackschuhe* reibt man mit reinem Rizinusöl ein, dann gibt es keine Falten. Sie brechen nicht so leicht, wenn man sie öfter mit Salatöl einreibt, vorhandene Risse ziehen sich wieder zusammen.

*Leder* wird an feuchtem Ort nicht schimmelig, wenn man es mit reinem Terpentinöl einreibt.

*Leder* bleibt geschmeidig, wenn man es von Zeit zu Zeit mit Rizinusöl einreibt. Taschen pflegt man mit einer schwachen Essiglösung, feucht abreiben, polieren. Leder kann man auch mit der Innenseite einer Orangenschale abreiben.

*Lederhandschuhe* werden durch Rizinusöl wieder weich. Empfindliche Handschuhe reibt man mit der Innenseite einer Bananenschale ab. Nie in praller Wärme trocknen, sie werden sonst brüchig und hart.

*Leim* kann man selbst herstellen: Entweder ein Teil Roggen- oder Weizenmehl auf 20 Teile Wasser, aufkochen lassen. Oder ein Eiweiß schaumig schlagen und wieder zerfließen lassen.

*Linoleum* säubert man mit Seifenwasser. Heißes Wasser schadet. Stark verschmutzte Böden säubert man mit ein paar Tropfen reinem Terpentin, klar nachspülen, sofort trocknen, dann einwachsen.

*Linoleum*, brüchiges, wird wieder geschmeidig, wenn man es mit einer Mischung aus Terpentinöl und Leinöl bestreicht.

*Mahagoni-Möbel* frischt man auf, indem man sie mit einem feuchten Lappen abreibt, den man in schwarzen Tee oder eine Essiglösung getaucht hat. Mit weichem Lappen nachpolieren.

*Marmor* säubert man mit Wasser und Seife. Wenn stärker verschmutzt, mit Salmiakwasser, trockenreiben, dünn Bienenwachs auftragen. Flecke entfernt man mit Seife oder Zitronensaft.

*Messer*, fleckige, reibt man mit roher Kartoffel ab. Die Schneide wird stumpf, wenn man sie in heißes Fett taucht. Messer schleift man mit feinem Schmirgelpapier, einem Wetzstahl oder dem unglasierten Rand eines Tellers.

*Messing* wird mit Zitrone gereinigt. Ist er stark verschmutzt, den Lappen in Essig tauchen, dann in Salz, nachpolieren.

*Milchglasfenster* reinigt man mit heißem Essigwasser.

*Möbelpflege:* Gestrichene Möbel reinigt man mit milder Seifen- oder Feinwaschmittellauge.

Lasierte Möbel nur trocken behandeln. Flecke mit Spiritus vorsichtig entfernen, Wasserflecke mit Wachs behandeln.

*Möbel*, gobelinbezogene, Bezüge mit Wattebausch und heißem Kartoffelwasser vorsichtig abreiben. Wenn trocken, mit weicher Bürste nachbürsten.

*Mosaikfußboden* nach Reinigung mit Seifenwasser und gründlichem Trocknen mit Leinöl einreiben, mit Wolltuch blankreiben, kein Bohnerwachs verwenden, zu rutschig. Flecke reibt man mit Zitronensaft fort.

*Nagelfeilen* werden wieder sauber und scharf, wenn man Leukoplast draufklebt und es mitsamt dem Schmutz abreißt.

*Nagelscheren* werden wieder scharf, wenn man mehrmals durch feines Sandpapier schneidet.

*Nappaleder* mit Rizinusöl behandeln.

*Nickel* wird mit heißem Wasser sauber, mit Zeitungspapier trockenreiben. Flecke mit Kochsalz behandeln. Rost auf Nickel verschwindet, wenn man einige Stunden lang Petroleum oder Vaseline einwirken läßt, einen Brei aus Kreidepulver und Salmiakgeist (Vorsicht!) aufträgt, und nach einiger Zeit alles mit einem weichen Tuch abreibt.

*Packpapier* wird wasserdicht, wenn man es in folgende Lösung taucht und an der Luft trocknen läßt: 0,5 Liter heißes Wasser, vermischt mit 0,1 Liter Alaun, etwas Wachs und etwas Kernseife.

*Papier:* Fettflecke entfernt man durch Erwärmen und Aufstreuen von etwas Kartoffelmehl. Wenn es eingetrocknet ist, abbürsten.

*Parkettfußboden:* Mit mildem Haushaltsreiniger abreiben, schmutzige Stellen mit Spiritus reiben, einwirken lassen, mit warmem Wasser abbürsten. Nicht versiegeltes Parkett: Mit mildem Haushaltsreiniger längs der Maserung putzen, gut trocknen lassen, dann bohnern. Darf nur halbfeucht geputzt werden, sofort trockenreiben.

*Pinsel* bleiben weich, wenn man sie in Leinöl aufbewahrt. Zum Auswaschen reines Terpentinöl.

*Polierte Möbel* mit hellen Flecken kreisförmig mit Olivenöl einreiben, einwirken lassen, nachpolieren.

*Polster* und Plüsch mit Essigwasser abreiben. Kunstfasern mit Seifenlösung.

*Porzellan* wird wieder glänzend, wenn man einen weichen Lappen in Salz taucht und damit poliert. Brandflecke entfernt man, indem man es mit einem nassen Korken abreibt, den man vorher in Salz taucht.

*Reinigungsmittel* für Türen, Fensterrahmen, Fensterbretter und andere Ölfarbenanstriche, die durch Seife angegriffen werden: Quillayarindenwasser oder das Kochwasser von Kartoffeln.

*Rost:* Eisen schützt man vor Rost durch eine dünne Schicht Vaseline. Von Rost befallenes Eisen mit Petroleum behandeln, mit Sandpapier abreiben. Rostflecke auf Bügeleisen: mit Kerze oder Wachs einreiben, Salz über Fläche streuen und mit Wolltuch abreiben. Rostflecke auf Kuchenblechen mit trockenem Bimsstein ausreiben. Rostbildung auf Metall wird verhindert, wenn man das Metall mit einem Gemisch aus Petroleum und Speiseöl einreibt. Nicht bei Gegenständen, die mit Lebensmitteln in Berührung kommen!

*Schimmel* auf Möbeln entfernt man mit einer Lösung aus Essig und Spiritus. (Vorsicht!)

*Schleiflackmöbel* und weiße Türen reinigt man mit dem Abgußwasser von gekochten Kartoffeln.

*Schnittblumen* halten sich länger, wenn man dem Wasser Kochsalz beigibt.

*Schubladen*, klemmende, Laufschiene mit Kernseife oder Kerze abreiben.

*Schuhcreme,* eingetrocknete, etwas Terpentinöl untermischen.

*Schuhe:* Harte, brüchige mit Rizinusöl einreiben. Schuhsohlen knarren nicht, wenn man sie mehrmals mit Leinöl einreibt und gut trocknen läßt. Weiße Ränder durch Schnee und Regen entfernt man mit heißem Wasser, anschließend reichlich einfetten, über Nacht einziehen lassen.

*Schwämme* reinigt man in einer Salzlösung (125 g Kochsalz auf einen Liter Wasser). Glitschige Schwämme mit Zitronensaft auswaschen, vorher in Salmiakgeistlösung legen.

*Schweinsleder* pflegt man mit Lederseife. Niemals Benzin oder ähnliches verwenden, das gibt Flecke!

*Silber* wird strahlend blank, wenn man es mit warmem Kartoffelwasser übergießt, lauwarm nachspült, mit weichem Tuch trockenreibt. Fleckiges Silber 30 Minuten in saure Milch legen, lauwarm abwaschen. Oder Besteck in Porzellankrug, Silberpapier dazu und etwas Salz, mit kochendem Wasser auffüllen. Trockenreiben.

*Spiegel*, angelaufene, mit Gemisch aus warmem Wasser, Spiritus und Salmiakgeist zu gleichen Teilen einreiben, mit Ledertuch nachpolieren. (Vorsicht!) Starke Sonnenbestrahlung vermeiden, sonst werden die Spiegel blind.

*Spielkarten:* Mit Alkohol abreiben, nachpolieren.

*Staubtücher* reinigen besser, wenn man einige Tropfen Glyzerin ins letzte Spülwasser gibt.

*Steintöpfe* nehmen leicht einen dumpfen Geruch an, den man mit heißem, unverdünntem Essig entfernt.

*Stragula* nur feucht wischen, anschließend Bienenwachs auftragen.

*Strohhüte* werden sauber, wenn man sie mit Zitronensaft und klarem Wasser zu gleichen Teilen abbürstet, sofort mit trockenem Tuch nachreibt und im Schatten trocknen läßt. Farbige Strohhüte werden wieder frisch, wenn man sie dünn mit Salatöl einpinselt.

*Strohmatten:* Gut ausklopfen, trocken abbürsten und dann mit warmem Salzwasser (drei Eßlöffel auf einen Liter Wasser) abbürsten. Mit klarem Wasser spülen, an der

Luft trocknen lassen. Wenn man sie anschließend mit Leinöl überpinselt, halten sie länger.

*Tapeten:* Fettflecke entfernt man mit Löschblatt und Bügeleisen.

*Teekannen:* Braune Flecken verschwinden, wenn man sie mit Essig und Salz abreibt. Teekannen nie innen scheuern, der Tee schmeckt immer besser, je dicher die Kruste wird!

*Teppiche* und Polstermöbel bekommen wieder frische Farben, wenn man sie mit Essigwasser abreibt.

*Thermosflaschen* (und enge Glasvasen) werden sauber, wenn man sie mit zerkleinerten Eierschalen füllt, einen Eßlöffel Essig zugibt, dann etwas heißes Wasser nachgießt. Flasche schließen und schütteln. Mit warmem Wasser nachspülen.

*Töpfe*, stark angebrannte, sofort mit starkem Salzwasser kochen und reinigen. Sonst über Nacht in starker Sodalösung einweichen und eine halbe Stunde kochen.

*Wandfliesen* werden durch Abreiben mit Schlämmkreide wieder sauber. Nachpolieren.

*Waschbecken* mit Salz abreiben.

*Wasserstein* entfernt man mit einem Gemisch aus Salz, Essig und Wasser, das man zum Kochen bringt und einige Zeit stehen läßt.

*WC-Verstopfung:* Mehrere Eimer heißes Wasser nachgießen, mit Saugpumpe arbeiten. Geruch entfernt man, indem man Essig ins Spülwasser gibt.

*Wildleder:* Flecken entfernt man mit feinem Sandpapier.

*Zahnputzgläser:* trüben Belag entfernt man mit Essig und Salz.

*Zelte* imprägniert man folgendermaßen: ein Pfund Eichenrinde auf acht Liter Wasser, kochen, Zelt einige Tage darin liegen lassen. Dann mit kaltem Wasser gut ausspülen, trocknen lassen.

*Ziegenleder* wird weich, wenn man es mit einem feuchten Lappen und Kernseife abreibt.

*Zinkgefäße:* Becher kocht man in starker Sodalösung aus, spült mit heißem Wasser nach.

*Zinn:* Bier erwärmen, einreiben, polieren. Oder Schlämmkreidebrei auftragen, antrocknen lassen, entfernen, polieren.

# Glossar

| | |
|---|---|
| 1 mg/kg | = 1 ppm = part per million |
| (Milligramm pro Kilogramm) | 1 Teil pro 1 Million Teile |
| 1 µ/kg | = 1 ppb = part per billion |
| (Mikrogramm pro Kilogramm) | 1 Teil pro 1 Milliarde Teile |
| 1 ng/kg | = 1 ppt = part per trillion |
| (Nanogramm pro Kilogramm) | 1 Teil pro 1 Billion Teile |

**Asbest** (Bergflachs, Chrysotil, Amosit, Blauasbest u. a.) *Verwendung:* Brems- und Kupplungsbeläge, feuer- und säurefeste Schutzkleidung, Filtertücher für die chemische Industrie, Wärmeisolierungen und hitzebeständige Elektroisolierungen, Dichtungsmaterial, Spezialverpackungen, Asbestpappen und -papiere, Asbestwolle, Spritzasbest, Platten, Fußbodenbelagmassen. *Wirkung:* Feinstäube (Asbestfasern) lagern sich in den Lungenbläschen ab. Reizhusten, Brustschmerzen, Bronchitis, Brustfellreizung und -entzündung, schließlich ausgedehnte Lungenfibrose, die tödlich enden kann. Krebserregend (Rippenfellkarzinom).

**Benzol** (Benzene) *Verwendung:* Extraktions-, Entfettungs-, Reinigungs- und Lösemittel, beim Lackieren in Tauch-, Streich- und Spritzverfahren, zur Lack- und Farbenentfernung, zum Abbeizen. Dient zur Herstellung von Kunststoffen und Putzmitteln, als Lösemittel für Druckfarben und Gummi, zum Vulkanisieren, Kleben, als Beimischung zu Brenn- und Treibstoffen. *Wirkung:* starkes Gift. Bewirkt durch Anreicherung im Gehirn Erregungszustände (Benzolrausch), dann Narkose. Begleiterscheinungen: Schwindel, Kopfschmerzen, Erbrechen, Krämpfe und Atemlähmung. Einatmung hochkonzentrierter Dämpfe kann in wenigen Minuten zum Tod führen. Chronische Belastung: schwere Schädigungen des blutbildenden Systems, speziell des Knochenmarks, Degenerationserscheinungen an Leber, Nieren, Milz und Fortpflanzungsorganen.

**Blei** *Verwendung:* Aus Weich- und Hartblei: Akkumulatoren, Kabelummantelungen, Bleiblech, Folien, Röhren, Homogenverbleiung von Stahl, Gewichten, Geschossen und Schrot, von chemischen Apparaturen wie Bleikammern und Säuredampfschalen, Abschirmungen im Schallschutz und Strahlenschutz und Zusatz zu Messing und Bronze. Blei steckt in Drucklettern, in der Lötmasse von Konservendosen. *Wirkung:* Chronische Bleivergiftung: allgemeine Schwäche, Müdigkeit, Appetitlosigkeit, Kopfschmerzen, anhaltende Verstopfung, Gewichtsverlust, dann Unterleibsschmerzen, Magen- und Darmkoliken, Nierenschäden, Kreislaufstörungen, Anämie, Verfärbung der Haut, Zittern, Lähmung der Hände und Arme, Schädigung des Nervensystems. Blei wirkt als Enzymgift, das die Zellatmung blockiert und dessen Hauptangriffspunkt neben den Blutkörperchen und dem Knochenmark die Nervenzelle ist. Kann bei Kindern zu Verhaltensstörungen, geistigen Entwicklungsstörungen und Schädigung des Sehnervs (Nachtblindheit) führen.

**Cadmium** *Verwendung:* fällt bei der Gewinnung von Zink, Kupfer und Blei an, weil es fast immer als Begleiter dieser Erze auftritt. Cadmiumsulfid wird technisch in großen Mengen hergestellt, der Farbton hängt von der Korngröße ab und reicht von gelb bis orange. Tiefere Rottöne erreicht man mit Cadmiumsulfidselenid. Pigmente, Stabilisatoren, Batterien, Legierungen, Glasindustrie. *Wirkung:* Chronische Erkrankungen: nach Latenzzeit von zwei Jahren bildet sich ein gelber Cadmiumring am Zahnhals aus. Ausfallen des Geruchssinns, Nieren- und Lungenschäden, schmerzhafte Knochenveränderungen. Bei oraler Aufnahme Erbrechen und Durchfall, allgemeine Abwehrschwäche gegen Infektionskrankheiten, schwere Nierenschäden.

**Carbolineum** *Verwendung:* Holzschutzmittel für Eisenbahnschwellen, Telefonmasten und Pfähle, zur Bekämpfung von Obstbaumschädlingen (mit Zusatz von Seifen, Sodas und Laugen). *Wirkung:* mäßig starkes Gift. Bei Kontakt hautreizend. Orale Aufnahme: Magen-Darm-Störungen, Übelkeit und Erbrechen. Dämpfe entzünden Schleimhäute, bei Einatmung hoher Konzentrationen narkotische Zustände, Kreislaufkollaps und Bewußtlosigkeit. Als Holzschutzmittel oft mit Giftstoffen wie Arsen, Quecksilber, Fluor oder Chrom und chlorierten Aromaten vermengt.

**Chloroform** *Verwendung:* Extraktionsmittel für Fette, Wachse, Öle, für Alkaloide und Antibiotika (besonders Penicillin), zusammen mit Methylenchlorid als Abbeizpasten und -bäder. *Wirkung:* Klassisches Narkotikum. Akute Überdosierung führt zu Tod durch Herzstillstand. Bei Inhalation der Dämpfe zentral bedingte Erregung, dann Relaxation und Lähmung. Schädigt Leber, Herz und Nieren.

**1,2-Dichloräthan** *Verwendung:* Extraktionsmittel für Fette und Öle, Lösemittel für Harze, Asphalte, Bitumen und Kautschuk, als Abbeizmittel, Bestandteil von Antiklopfmittel für Vergaserkraftstoffe. Die Hauptmenge wird zu Vinylchlorid weiterverarbeitet. *Wirkung:* Kopfschmerzen, Übelkeit, Erregungs- und Reizzustände, danach tiefe Bewußtlosigkeit mit Gefahr der Atemlähmung. Dann zweites Stadium: Magen-Darm-Störungen, schwere Leber- und Nierenschäden, die zu Kreislaufkollaps und Tod führen können. Nach Abklingen der akuten Vergiftungserscheinungen bleiben häufig Dauerschäden durch irreversible Veränderungen des Zentralnervensystems zurück.

**Dinitrophenol** *Verwendung:* Ausgangsmaterial für Azofarbstoffe und Schwefelfarbstoffe (Schwarz), Herstellung von Sprengstoffen, für fotografische Entwickler, Schädlingsbekämpfungsmittel (Chloranil), Holzschutzmittel, hauptsächlich für die Farbenherstellung. *Wirkung:* bei akuter Vergiftung zunächst Wohlgefühl, dann Schwitzen, Übelkeit, Fieber, Durst, Kollaps und Atemlähmung. Bei lokalem Kontakt Akne. Chronische Schäden: Gewichtabnahme, Veränderungen des Blutbildes, Leber- und Nierenschäden, Nervenentzündungen, Seh- und Hörstörungen, Gelbfärbung der Haut. Ein Gramm DNP wirkt tödlich.

**Epichlorhydrin** *Verwendung:* zur Synthese von Glyzerin, Ausgangsprodukt von Epoxid- und Phenoxy-Harzen, Lösemittel für Imprägnierharze (Papierveredelung), Vulkanisieren von Gummi, Verarbeitung von Zellulose-Estern und -Äthern, als Stabilisierungsmittel für Insektizide und als Bodendesinfektionsmittel. *Wirkung:* stark reizend auf Haut, Schleimhäute und Augen, Kontakt führt zu Verätzungen mit Blasenbildung. Übelkeit, Brechreiz und Atemnot bis Atemlähmung. Chronische Einwirkung: Augenentzündungen, Leber- und Nierenschäden, Allergien.

**Formaldehyd** (Methanal, Methaldehyd, Ameisensäurealdehyd, Formalin) *Verwendung*: Ausgangsmaterial für Kunstharze (Pheno- und Aminoplaste, Melamin- und Acetylharze), von Äthylenglykol, Hexamethylentetramin (Urotropin) und Pentaerythrit. (Aus den beiden letzteren werden hochbrisante Sprengstoffe Hexogen, Cyclonit und Nitropenta hergestellt). Spanplatten, Faserplatten, Sperrholz, Farbstoffindustrie, Spiegelindustrie, Kautschukindustrie, in Textilindustrie als Faserschutzmittel für Wolle, zur quellfesten Ausrüstung von Reyon und Zellwolle zusammen mit Harnstoff, Melamin usw., zur Knitterfestausrüstung von Textilien, als Gerbstoff, zum Stabilisieren von Grundierungsbädern in der Naphtholfärberei, zur Wasser- und Waschechtheitsverbesserung einiger Druckfarben, in Fotolabors als Härtungsmittel für Gelatineschichten und Fixierzusatz, Desinfektions- und Konservierungsmittel, Kleber, Harnstoff-Formaldehyd-Ortsschäume. *Wirkung*: Bildet mit dem Zelleiweiß wasserunlösliche Kondensationsprodukte, führt zum Absterben der Zelle bei Hautkontakt. Inhalation von Dämpfen führt zu schweren Reizzuständen der Schleimhäute bis zu Stimmritzen- und Lungenödem, verursacht Hautkrankheiten, Allergien und vermutlich Krebs.

**Kaliumhydroxid** (Ätzkali, Kalihydrat, kaustische Pottasche, Kalium) *Verwendung*: Herstellung von Flüssigseifen (Schmierseifen), beim Elektroplattieren, bei Fotogravüre und Lithographie. Auch als Farben- und Lackentferner, als Beize für Holz und bei der Mercerisierung von Baumwolle. *Wirkung*: siehe Natriumhydroxid (Ätznatron).

**Kohlenwasserstoffe** sind chemische Verbindungen des Kohlenstoffs mit Wasserstoff, sie gliedern sich in kettenförmige (Methan, Äthan, Propan, Butan) und ringförmige (Benzol) Verbindungen. Probleme mit der Umwelt bringen vor allem die ringförmigen (zyklischen und polyzyklischen) aromatischen Kohlenstoffe (Naphthalin, Benzopyren) und die chlorierten und polychlorierten Kohlenstoffe (DDT, PCB, Lindan).

**Bromierte Kohlenwasserstoffe** werden in großen Mengen hergestellt. Sie sind meist leicht flüchtig, werden daher gut verteilt (Dibromäthan). Sie können Schäden an Herz, Leber und Nieren verursachen, das Nervensystem beeinträchtigen. Andere stehen im Verdacht, Krebs hervorzurufen, Sterilität und Mißbildungen zu verursachen. Das stark krebserzeugende 1,2-Dibromäthan (Äthylenbromid) wird zusammen mit 1,2-Dichloräthan (Äthylenchlorid) dem Benzin bei der Verbleiung zugesetzt, um Ablagerungen von Blei zu verhindern. Durch das Benzin-Blei-Gesetz wurden beide Stoffe ebenso wie das Blei verringert. Dichloräthylen zersetzt sich im Motor zum Teil zu Vinylchlorid.

**Chlorierte Kohlenwasserstoffe** werden sehr langsam abgebaut, reichern sich im Fettgewebe an (hohe Fettlöslichkeit), eine Reihe von ihnen ist äußerst giftig. Wie viele von ihnen Krebs verursachen, ist noch unbekannt. Anwendungsgebiete: Biozide, Holzschutzmittel, Reinigungsmittel, Ausgangsprodukte für Kunststoffe und Lösemittel. (DDT, Hexachlorbenzol, Hexachlorhexan, Toxaphen, Chlorbenzilat, Aldrin, Endrin, Dieldrin, Lindan, Chlordan, Isodrin, 2,4,5-T, Perchloräthylen, Tetrachlorkohlenstoff, Trichloräthylen, Chloroform, Dichloräthan, Dichlorpropan, Tetrachloräthylen, Methylenchlorid, 1,1,1-Trichloräthan).

**Flurochlorkohlenwasserstoffe,** FCKWs, sind eine Gruppe der halogenierten Kohlenwasserstoffe, als Frigen oder Freon im Handel. Leichtflüchtige Gase als Treibmittel in Spraydosen, als Kühlmittel in Kühl- und Gefriergeräten, Wärmepumpen, Klimaanlagen, in der chemischen Reinigung, bei der Kunststoffverschäumung (z. B. von Styropor). Sie schädigen die Ozonschicht, womit sich das Risiko des Hautkrebses erhöht. An offener Flamme entsteht Phosgen. Erstickungsanfälle und Tod bei austretenden FCKWs, weil sie den Sauerstoffgehalt der Luft herabsetzen.

**Halogenierte Kohlenwasserstoffe (Organohalogene)** sind organische Verbindungen des Chlors (chlorierte Kohlenwasserstoffe), Fluors (Fluorchlorkohlenwasserstoffe), des Broms und des Jods. Mehr als tausend umweltgefährdende Organohalogene sind bekannt, ein Viertel davon sind Biozide.

**Natriumfluorid** (Fluornatrium, Fluorol) *Verwendung*: wie die übrigen Alkalifluoride bei der Konservierung von Nutzhölzern, Kalkleim, Kleister und Klebstoffen, als Desinfektionsmittel für Brauerei- und Brennereizubehör, Bestandteil von Insektiziden, in beschränktem Maß als Medikament zur Zahnbehandlung und Fluoridierung von Trinkwasser, als Flußmittel bei der Herstellung von Siemens-Martin-Stahl, zum Löten und Schweißen in der Leichtmetallurgie, Zusatz zu Email und keramischen Stoffen, als optisches Filter in IR- und UV-Spektralfotometern. *Wirkung*: Seine Salze entziehen dem Körper Serum-Kalzium, indem sie unlösliches Kalziumfluorid bilden, reagieren mit dem Zelleiweiß, wodurch lebenswichtige Stoffwechselvorgänge blockiert werden. Chronische Vergiftung (Fluorose): nach Latenzzeit von mehr als sechs Monaten typische Veränderungen des Knochenaufbaus, insbesondere an Beckenknochen, Rippen, Wirbeln und Zähnen. Als Folge Gliederschmerzen, verdickte Gelenke, Schmelzdefekte an den Zähnen, Störungen des Stoffwechsels.

**Natriumhydroxid** (Ätznatron, kaustische Soda, Natronhydrat), *Verwendung*: bei der Seifenfabrikation, Chemikalien- und Kunstseifenproduktion, in der Farbstoffindustrie, bei der Zellstoff- und Papierherstellung, beim Mercerisieren von Baumwolle, in der Textilindustrie, bei der Filmproduktion, der Herstellung von Aluminium, beim Elektroplattieren und bei der Erdölraffination. Haushalts- und Sanitärreiniger. *Wirkung*: Natronlauge kann beim Kontakt mit Zink, galvanisiertem Eisen und Aluminium Wasserstoff entwickeln, der mit dem Sauerstoff der Luft explosible Gemische bildet (Knallgas!!). Fest und gelöst wirkt es ätzend und zersetzend auf alle Körpergewebe, Verbrennungen und Geschwüre hinterlassen tiefe Narben. Nebel und Dämpfe oder Stäube können zu Verbrennungen führen, bei Kontakt mit Augen kann es zu schweren Schädigungen der Hornhaut kommen, beim Einatmen zu Reizungen und starken Verätzungen des Atem- und Verdauungstraktes.

**Pentachlorphenol** (Penta) *Verwendung*: Schädlingsbekämpfungsmittel. Als Herbizid in Ananas- und Zuckerrohrplantagen, als Algenbekämpfungsmittel und Fungizid in Anstrichmitteln, als Bakterizid, Molluskizid und Holzschutzmittel gegen Pilze und holzschädigende Insekten. *Wirkung*: starkes Gift, ruft irreversible Gesundheitsschäden wie Leberzirrhose, Knochenmarkschwund und Nervenschädigungen hervor.

**Perchloräthylen** (Per, Tetrachloräthylen, Äthylentetrachlorid) *Verwendung*: zu 60 bis 70 Prozent für die Entfettung und Reinigung von Metallen, 20 bis 30 Prozent in der chemischen Reinigung, 5 Prozent als

Extraktionsmittel in der Textilindustrie und der Tierkörperbeseitigung, 5 Prozent zur Herstellung von Fluorkohlenwasserstoffen. *Wirkung*: ruft auf der Haut, Schleimhaut und im Auge heftiges Brennen und Entzündungen hervor, kann zu Sehstörungen führen. Chronische Schäden: nach drei Wochen bis zu sechs Jahren nervöse Störungen. Lebenschäden.

**Phenol** (Karbolsäure, Benzophenol, Phenylalkohol, Steinkohlenkreosot) *Verwendung*: Herstellung von Kunstharzen (Phenol-Formaldehydkondensations-Produkte, Phenoplaste), Farbstoffe, Arzneimittel, Schädlingsbekämpfungsmittel, Weichmacher, synthetische Gerbstoffe, Riechstoffe, Pikrinsäure, Biphenol, Schmieröle und zahlreiche andere Chemikalien, als Lösemittel und zur Desinfektion. *Wirkung*: starkes physiologisches Gift, auf der Haut ätzend, wird leicht resorbiert. Durch Hautresorption kann es zu tödlichen Vergiftungen kommen. Sonst Benommenheit, Schwindel, Störungen von Kreislauf- und Nervensystem. Spätschäden: Störungen der Nieren- und Leberfunktion, Veränderung des Blutbildes, Entzündung der Bronchien.

**Phosphorsäureester** (Alkyl- oder Alkyl-Aryl-Phosphate) *Verwendung*: hauptsächlich zur Schädlingsbekämpfung, daneben als Weichmacher, Flammschutzmittel und Kampfstoffe (Tabun, Soman, Sarin). *Wirkung*: sie wirken allesamt, zum Teil erst nach der Umwandlung im Organismus, durch eine Hemmung der Cholinesterase. Über Haut und Schleimhäute werden sie leicht in den Körper aufgenommen. Für den Menschen sind alle giftig: Parathion (E 605), Methylparathion, TEPP, Systox, DFP, OMPA, Malathion, Chlorthion, Dipterex, DDVP und Diazinon. Erste Anzeichen einer Vergiftung sind meist Übelkeit, Unruhe, Schwindel, Sehstörungen, Krämpfe. Bei schweren Vergiftungen kann es zu einem Lungenödem und zum Tod durch Atemlähmung kommen.

**Polychlorierte Biphenyle**, PCBs *Verwendung*: weil sie thermisch stabil sind, unbrennbar, zähflüssig und einen hohen Siedepunkt besitzen, verwendet man sie als Kühlmittel und Hydraulikflüssigkeit, als Imprägniermittel für Holz und Papier, als Transformatorenflüssigkeit, als Weichmacher für Kunststoffe und als Isoliermaterial. *Wirkung*: sie werden in der Umwelt nur sehr langsam abgebaut und reichern sich über die Nahrungskette an (Summationsgift). Vergiftungen äußern sich je nach Schwere als Hautveränderungen, Ausschläge (Chlorakne), Dunkelfärbung der Haut, sie bringen Leber-, Milz- und Nierenschäden und bösartige Tumoren. In der Bundesrepublik Deutschland dürfen sie nur noch in geschlossenen Systemen verwendet werden.

**Quecksilber** *Verwendung*: bei der Chlor-Alkali-Elektrolyse, Bioziden, Farben, elektrischen und elektronischen Einrichtungen, Batterien und Katalysatoren, Papier- und Zellstoffherstellung. *Wirkung*: Dämpfe und Staub führen zu Schleimhautreizungen, Durchfall, Schäden an Nieren und Zentralnervensystem. Organische Quecksilber-Vergiftungen: Erregungszustände, Tremor, Sprachschwierigkeiten, Schluckbeschwerden, Todesfälle durch Kammerflimmern sind bekannt. Wiederholter Hautkontakt kann zu Dermatitis führen oder zum Merkurialismus mit Kopfschmerz, Schwindel, Lockerung und Ausfallen der Zähne, Schnupfen, Eiterungen, Appetitlosigkeit, Schmerzen und Taubheitsgefühl in den Gliedern. Reizbarkeit, Depressionen, Delirien, Halluzinationen.

**Tetrachlorkohlenstoffe** *Verwendung*: Lösemittel für Fette, Öle, Harze, Pech, Bitumen, Teer, Asphalt und Firnis. In der Textilindustrie an Stelle von Benzin als Detachiermittel zur Reinigung von Geweben, Leder und Pelzen. In der Landwirtschaft zur Vergasung für Getreidelagerschädlinge, zur Entwesung des Ackerbodens und als Lösemittel für Schädlingsbekämpfungsmittel. Wird weiterverarbeitet zu Fluorchlorkohlenwasserstoffen (Freon und Frigen). *Wirkung*: starkes Zell- und Nervengift. Inhalation höherer Konzentrationen kann schnell zu Bewußtlosigkeit und Tod durch Lähmung des Atemzentrums führen. Sonst Magen- und Darmstörungen, Koliken, Fieber, Leber- und Nierenschäden. Chronische Vergiftung: Kopfschmerzen, Schwindel, Müdigkeit, Appetitlosigkeit, Gewichtsabnahme. Bei Hautkontakt schwere Dermatosen, Allergien, Verbrennungen mit Blasen- und Geschwürbildung.

**1,1,1-Trichloräthan** *Verwendung*: ausgezeichnetes Lösemittel für Öle und Fette, greift jedoch Isolierlack an. Reinigung von elektrischen Maschinen, elektronischen Anlagen und Präzisionsinstrumenten, als Aerosol-Treibmittelzusatz, als Bestandteil gummihaltiger Klebemittel, Fleckenwasser. *Wirkung*: im allgemeinen nur über den Atemtrakt, wirkt wie alle gesättigten aliphatischen Halogenkohlenwasserstoffe narkotisch auf das Nervensystem, reizt Bindehaut und Schleimhäute. In schweren Fällen tiefe Narkose, von Krämpfen begleitet, Lähmung der Regulationszentren für Atmung und/oder Kreislauf. Bei Hautkontakt kommt es zu Reizerscheinungen bis hin zur Dermatose. Chronische Vergiftung: Leber- und Nierenschäden.

**Trichloräthylen** (Tri, Äthylentrichlorid) *Verwendung*: 65 Prozent für Metallentfettung und -reinigung, 20 Prozent chemische Reinigung, 15 Prozent Extraktionsmittel, Lösevermittler oder Kaltreiniger. *Wirkung:* stark depressorisch auf das Zentralnervensystem, Überdosierung führt zu Tod durch Atemlähmung. Wiederholte Einwirkung führt zur Gewöhnung und zu psychischer Abhängigkeit.

**Xylol** (Dimethylbenzol, Xylene) *Verwendung*: Löse- und Reinigungsmittel, Ausgangsstufe von Farbstoffen. Es verbessert als Zusatz Flugkraftstoffe, dient als Trägersubstanz beim Versprühen von Pestiziden. *Wirkung:* Übelkeit, Erbrechen, beim Einatmen von Dämpfen niedrigerer Konzentration kommt es zu Kopfschmerzen, Brechreiz, Reizung der Atemwege und des Magen-Darm-Traktes. Höhere Dampfkonzentrationen führen zu Rausch- und Erregungszuständen, Bewußtlosigkeit, in schlimmen Fällen zu Atemlähmung, Krämpfen und Tod.

(Verwendung und Wirkung nach ‹*Handbuch gefährliche Stoffe in Sonderabfällen*›, Umweltbundesamt 1978, und Braun/Dönhardt ‹*Vergiftungsregister*›, 1982)

# Wichtige Adressen

**Einrichtungen des Bundes**

Bundesgesundheitsamt
Thielallee 88–92
1000 Berlin 33
Tel. 030/83080

Umweltbundesamt
Bismarckplatz 1
1000 Berlin 33
Tel. 030/89031

Bundeszentrale für gesundheitliche Aufklärung
Ostmerheimer Str. 200
5000 Köln 91
Tel. 0221/89921

**Verbraucherorganisationen und -institutionen**

Die nachfolgende Liste von Verbraucherorganisationen und -institutionen erhebt keinen Anspruch auf Vollständigkeit.

Arbeitsgemeinschaft der Verbraucher e. V.
Heilsbachstr. 20
5300 Bonn 1
Tel. 0228/641011

Arbeitsgemeinschaft Hauswirtschaft e. V.
Poppelsdorfer Allee 15
5300 Bonn 1
Tel. 0228/224063

Deutscher Hausfrauenbund
Adenauerallee 193
5300 Bonn 1
Tel. 0228/211200

Deutscher Landfrauenverband
Godesberger Allee 142–148
5300 Bonn 2
Tel. 0228/378051

Hausfrauenvereinigung des Katholischen Deutschen Frauenbundes e. V.
Kaesenstr. 18
5000 Köln 1
Tel. 0221/314930

Stiftung Verbraucherinstitut
Reichpietschufer 72–76
1000 Berlin 30
Tel. 030/2611765

Stiftung Warentest
–Beratungsdienst–
Lützowplatz 11/13
1000 Berlin 30
Tel. 030/2623014

Verbraucherschutzverein
Lützowplatz 11–13
1000 Berlin 30
Tel. 030/2549070

und die Verbraucherzentralen der einzelnen Länder

**Ernährung**

Auswertungs- und Informationsdienst für Ernährung, Landwirtschaft und Forsten (AID)
Godesberger Allee 108–112
5300 Bonn 2
Tel. 0228/376904

Deutsche Gesellschaft
für Ernährung e. V.
Feldbergstr. 28
6000 Frankfurt 1
Tel. 069/720146

**Beratungsstellen der Deutschen Gesellschaft für Ernährung**

Beratungsstelle und Lehrküche
der DGE
Lützowplatz 11–13
EG und 4. OG.
1000 Berlin 30
Tel. 030/2623044/45

Beratungsstelle der DGE
Pützerstr. 6
6100 Darmstadt
Tel. 06151/49984

Beratungsstelle der DGE
Ernährungsberatungsdienst
Haushalt und Heime
Feldbergstr. 28
6000 Frankfurt 1
Tel. 069/720146

Deutsche Ges. f. Ernährung
Goebenstr. 3a
3000 Hannover
Tel. 0511/666558

Beratungsstelle der DGE
Futterstr. 2
6600 Saarbrücken
Tel. 0681/34332

Beratungsstelle und Lehrküche
der DGE
Hermann-Weigmann-Str. 1–27,
Haus 1
2300 Kiel
Tel. 0431/62706

**Lebensmittelüberwachungsämter**

*Baden-Württemberg*

7500 Karlsruhe · Tel. 0721/1353611
7600 Offenburg · Tel. 0781/72001
7530 Pforzheim · Tel. 07231/391
7480 Sigmaringen · Tel. 07571/1011
7000 Stuttgart · Tel. 0711/20504711
7000 Stuttgart (Stadt) · Tel. 0711/216-3473

*Bayern*

8520 Erlangen · Tel. 09131/6143
8500 Nürnberg · Tel. 0911/162418
8042 Oberschleißheim · Tel. 089/315601

*Berlin*

1000 Berlin · Tel. 030/397051

*Bremen*

2800 Bremen · Tel. 0421/4975447

*Hamburg*

2000 Hamburg · Tel. 040/34910-1

*Hessen*

6100 Darmstadt · Tel. 06151/125769
6300 Gießen · Tel. 0641/33018
3500 Kassel · Tel. 0561/12781/83

6200 Wiesbaden · Tel. 06121/79007/8

*Niedersachesen*

3300 Braunschweig · Tel. 0531/4841000
3000 Hannover · Tel. 0511/671044
3140 Lüneburg · Tel. 04131/43483
2900 Oldenburg · Tel. 0441/74091

*Niedersachsen*

5100 Aachen · Tel. 0241/514048
4800 Bielefeld · Tel. 0521/512657
4630 Bochum · Tel. 0234/6218712
5300 Bonn · Tel. 0228/772438
4600 Dortmund · Tel. 0231/542-23649
4000 Düsseldorf · Tel. 0211/8993258
4100 Duisburg · Tel. 0203/2832487
5180 Eschweiler · Tel. 02403/25035
4300 Essen · Tel. 0201/1813344
4650 Gelsenkirchen · Tel. 0209/1692300
5800 Hagen · Tel. 02331/20724715
4700 Hamm · Tel. 02381/172604
5000 Köln · Tel. 0221/2217612
5090 Leverkusen · Tel. 02171/402455
4150 Krefeld · Tel. 02151/862815
4020 Mettmann · Tel. 02104/790432
4130 Moers · Tel. 02841/202792
4400 Münster · Tel. 0251/79058
4054 Nettetal · Tel. 02157/6013
4040 Neuß · Tel. 02101/528266
4200 Oberhausen · Tel. 0208/8252879
4790 Paderborn · Tel. 05251/3083438
4350 Recklinghausen · Tel. 02361/532107
5630 Remscheid · Tel. 02191/447917
5900 Siegen · Tel. 0271/3377461
5600 Wuppertal · Tel. 0202/5636206

*Rheinland-Pfalz*

6500 Mainz · Tel. 06131/62076
5400 Koblenz · Tel. 0261/391264
6720 Speyer · Tel. 06232/5930
5500 Trier · Tel. 0651/22005

*Saarland*

6600 Saarbrücken · Tel. 0681/53041

*Schleswig-Holstein*

2390 Flensburg · Tel. 0461/85878
2300 Kiel-Suchsdorf · Tel. 0431/313870 u. 313511
2400 Lübeck · Tel. 0451/1223319

## Giftnotruf-Zentralen

*Berlin* – Tel. 030/3023022
Universitätskinderklinik, Beratungsstelle für Vergiftungserscheinungen, Heubnerweg 6,
1000 Berlin 19,
Tel. 030/30351
Klinikum Charlottenburg,
Reanimationszentrum der FU
Spandauer Damm 130,
1000 Berlin 19

*Bonn* – Tel. 0228/26061
Universitätskinderklinik, Informationszentrale gegen Vergiftungen
Adenauerallee 119, 5300 Bonn 1

*Braunschweig* – Tel. 0531/62290,
6880 Medizinische Kinderklinik des Städtischen Klinikums, Salzdahlumer Str. 90, 3300 Braunschweig

*Bremen* – Tel. 0421/4975268, 4973688
Zentralkrankenhaus, Klinikum für Innere Medizin
– Intensivstation –
St.-Jürgen-Str., 2800 Bremen 1

*Freiburg* – Tel. 0761/2704300/1, 2701
Universitätskinderklinik,
Mathildenstr. 1, 7800 Freiburg

*Göttingen* – Tel. 0551/396239/41
Universitätskinderklinik,
Humboldtallee 38
3400 Göttingen

*Hamburg* – Tel. 040/6385345/46
I. Med. Abt. des Krankenhauses Barmbek, Giftinformationszentrale,
Rübenkamp 148, 2000 Hamburg 60

*Homburg/Saar* – Tel. 06841/162257, 162846
Beratungsstelle für Vergiftungsunfälle im Kindesalter
Universitäts-Kinderklinik,
6650 Homburg/Saar

*Kiel* – Tel. 0431/5974268, 5972444/45
Zentralstelle für Beratungen bei Vergiftungsunfällen
I. Med. Universitätsklinik,
Schittenhelmstr. 12, 2300 Kiel

*Koblenz* – Tel. 0261/499648
Städtisches Krankenhaus Kemperhof, I. Med. Klinik, Koblenzer Str. 115, 5400 Koblenz

*Ludwigshafen* – Tel. 0621/503431
Städtische Krankenanstalten
Entgiftungszentrale, Bremserstr. 79,
6700 Ludwigshafen

*Mainz* – Tel. 06131/232466
II. Medizinische Universitätsklinik
Langenbeckstr. 1, 6500 Mainz

*München* – Tel. 089/41402211
II. Med. Klinik rechts der Isar der TU, Toxikologische Abteilung
Ismaninger Str. 22, 8000 München 80

*Münster* – Tel. 0251/836245
Medizinische Klinik und Poliklinik
Domagkstr. 3, 4400 Münster

*Nürnberg* – Tel. 0911/3982451
II. Med. Klinik des Städt. Klinikums
Toxikologische Intensivstation
Flurstr. 17, 8500 Nürnberg 90

*Papenburg* – Tel. 04961/831
Marienhospital, Kinderabteilung,
Hauptkanal rechts 75
2990 Papenburg

**Umweltschutz**

Bundesverband Bürgerinitiativen Umweltschutz e. V.
Friedrich-Ebert-Allee 120
5300 Bonn 1
Tel. 0228/233094

Bund für Umwelt und Naturschutz Deutschland e. V.
In der Raste 2, 5300 Bonn 1
Tel. 0228/462084

Deutscher Naturschutzring e. V.
Kalkuhlstr. 24
5300 Bonn-Oberkassel
Tel. 0228/441505

Umweltbundesamt
Bismarckplatz 1
1000 Berlin 33
Tel. 030/8903-1

Weitere wichtige Adressen enthält die Broschüre *‹Bürger im Umweltschutz›*, die das Umweltbundesamt herausgibt und die man dort anfordern kann.

Ferner in:
Rainer Grießhammer: *‹Der Öko-Knigge›*, Reinbek 1984
*‹Der Fischer Öko-Almanach›*, hg. von Gerd Michelsen und dem Öko-Institut Freiburg/Br., Frankfurt/Main 1984

# Register

# Öko-Ratgeber

Rainer Grießhammer
**Der Öko-Knigge**
288 Seiten mit zahlreichen Fotos und Abbildungen von Franziska Becker und Peter Laux. Laminierter Pappband

Rainer Grießhammer/Siegfried de Witt
**Der Öko-Koch**
304 Seiten. Laminierter Pappband

Herausgegeben von der Redaktion des ÖKO-TEST Magazins
**Der Öko-Test**
288 Seiten mit Fotos und Illustrationen. Laminierter Pappband

Herausgegeben von der Katalyse Umweltgruppe
**Was wir alles schlucken**
Zusatzstoffe in Lebensmitteln. Mit Tips für den Verbraucher. 256 Seiten mit zahlreichen Abbildungen. Laminierter Pappband

C 2306/1 a